상위 1등급
비문학 테마
출제 후보

1권

북아이콘

지식은 의미 있는 '기억'으로, '이해'를 통해 강화되고 확장된다.

1

지식이란 무엇인가? 뇌 과학에 따르면, 기억은 이미 저장된 머릿속 정보를 다시 불러오는 두 뇌 활동으로, 그 과정에서 뇌 신경세포의 연결 패턴이 활성화되면서 정보는 체계화·개념화 되고, 그에 따라 머릿속 정보는 '의미 있는' 기억으로 거듭난다. 그 의미 있는 '기억'이 지식이 다.

지식이 만들어지려면 먼저 새로운 정보가 뇌로 들어와야 한다. 새로운 정보를 습득하면 뇌 신경세포의 연결 패턴이 바뀌면서 '새로운 지식'을 만들어낸다. 뇌는 새로운 정보와 머릿속 기억을 서로 조합하여 하나의 새로운 기억, 즉 체계화되고 개념화된 의미 있는 기억인 '지식' 을 추가로 만들어내는데, 이것이 곧 '학습'이다. 이미 우리 뇌 속에 프로그램화되어 있는 수 많은 뉴런(뇌 신경세포)을 서로 연결하여 점점 더 강력한 뉴런 네트워크의 결합 패턴, 즉 의 미 있는 기억이자 체계화된 지식으로 만들어가는 과정이 곧 학습이다.

학습의 기본 원리는 뇌 신경세포를 '동시에 활성화하면서 서로 연결'하는 데 있다. 지식, 곧 의미 있는 기억이란 학습을 통해 형성된 신경세포(뉴런) 사이의 새로운 관계를 활발히 유지 하는 과정에서 형성된다. 학습을 통해 뇌 신경세포의 신경망이 활성화될수록, 학습한 내용 은 기억하기 쉬워진다. 뇌 신경망의 발달은 신경세포를 지속해서 활성화한 결과로, 학습은 새로운 정보(지식과 경험)를 더 쉽고 더 의미 있게 기억하게 만든다.

따라서 학습, 특히 비문학 지문 독해에서 지식의 습득은 다음과 같은 중요한 의미를 지닌 다. 첫째, 기억이 또 다른 '기억'을 낳듯이, 지식은 새로운 '지식'을 생성하고 확장한다. 머릿 속에 기억된 그 무엇(사전 지식)이 있어야 학습한 내용은 비로소 의미 있는 새로운 기억(확장 된 지식)으로 거듭난다. 즉 학습을 위해서는 신경회로의 발화점이 있어야 한다. 우리가 익숙 하지 않은 어떠한 것을 학습하기 위해서는 익숙한 것의 신경회로가 우리 뇌 속에 들어있어 야 한다.

우리는 모르는 것을 이해하기 위해 이미 알고 있는 것을 사용한다. 즉 우리는 익숙하지 않은 어떤 것을 익숙한 것을 이용하여 이해한다. 우리는 무언가를 배울 때 머릿속에 이미 형성된 뇌 신경회로를 이용하여 새로운 연결을 추가한다. 지식과 경험으로 이미 형성한 머릿속 뇌 신경망이 계속해서 활성화될 때, 새로운 신경회로를 만드는 것은 한결 더 수월해진다. 학습에서 **배경지식** 습득과 반복 훈련이 중요한 이유가 여기 있는데, 눈앞에 제시된 글 내용과 머릿속 배경지식을 연결해서 생각하는 과정에서 뇌는 활성화되고, 그런 의식적인 노력 과정에서 새로운 지식이자 의미 있는 기억으로 머릿속에 각인된다.

둘째, 지식은 '기억된' 것의 결과물이 아니라, '기억된 것을 활용할 수 있는' **'능력'**이다. 글을 읽거나 무언가를 학습할 때 뇌 신경세포는 외부의 새로운 정보(또는 지식)를 익숙한 머릿속 정보(또는 지식)와 연결한다. 새로운 지식을 머릿속 기성 지식과 통합하는 것은 마치 뇌 안에 길을 하나 새로 내는 것과 같다. 이때 방금 배운 지식을 머릿속 기억으로 저장하기 위해 형성한 새로운 시냅스(뇌 신경세포)가 지적 통로 역할을 한다. 우리가 나중에 그 정보를 기억해낼 수 있는 이유가 이 때문으로, 뇌의 타고난 가소성(머릿속 기억으로 붙잡아 두려는 성질)이 이것을 가능하게 만든다. 뇌 신경 가소성은 신경회로의 연결을 바꾸는 뇌의 능력으로, 이는 학습하여 기억한 정보를 새로운 경험에 활용(사고)할 수 있어야 발화를 한다.

기억은 활용할 수 있어야 지식으로 거듭난다.

그 과정에서 새로운 연결의 조합, 즉 새로운 **'맥락'**이 생긴다. 새로운 맥락이란 글을 읽어 머릿속에 유입되는 정보와 머릿속 기억으로 이미 잘 자리 잡은 기존 지식, 즉 유의미한 기억과 체계적으로 연결하는 과정에서 형성된다. 이를 두고 미국의 심리학자 윌리엄 제임스는 "기억의 연결은 진정한 사고다."라고 했다.

글을 읽고 내용을 이해하기 위해서는 머릿속의 의미 있는 기억을 단서로 하여 **맥락으로 사고**할 수 있어야 한다. 이를 위해서는 무엇보다 머릿속에 저장한 관련한 의미 있는 지식을 '끄집어내 활용하는' 능력이 뛰어나야 하는데, 이를 '사고력'이라고 한다.

그렇기에 기억하는 뇌는 기억을 처음 형성하는 그 뇌가 아니다. 오래된 기억을 현재의 뇌가 이해하기 위해 기억은 매번 '맥락'으로 업데이트되는 것이다. 새로운 기억을 의미 있는 기억으로 머릿속에 저장할 때 기억은 강화되고, 강화된 기억은 더욱 확장한다. 기억을 확장할 때마다 우리의 지적 활용 능력은 높아진다. 학습한 지식은 시간이 지나면서 머릿속 기억에서 사라진 것 같지만 사실은 우리 뇌의 깊은 곳에 숨어 암묵적 지식(유의미한 암묵기억)으로 작동한다. 읽기 능력이 뛰어난 학생과 그렇지 않은 학생은 사실상 이 지점에서 갈리는데, 그 점에서 지식은 곧 '생각하여 기억해낸' 지적 사고의 결과물이라 할 수 있다.

셋째, 지식은 **'이해'**의 산물이다. 글을 읽어 내용을 기억하여 이를 지식으로 축적하는 방법에는 두 가지가 있다. 하나는 이해 없이 반복 암기하여 기억하는 방법이고, 다른 하나는 새로운 정보를 머릿속 배경지식과 연결해서 의미 있는 기억으로 만드는 방법이다.

단순 암기는 정보의 이해와 기억이 이루어지는 연결 흐름을 깨뜨려 학습의 본질인 '이해→기억→지식'의 선순환을 가로막는다. 글 내용에 대한 충분한 이해 없이 특정 문장이나 핵심 개념, 중심 사상을 단순 암기하는 학습과 맹목적으로 읽는 습관화된 글 읽기는 자칫 미성숙한 사고의 **'도식(스키마)'**을 강화하는 부정적인 결과를 초래할 수 있다. 경직된 도식은 기억의 왜곡을 불러오고 잘못된 기억을 소환함으로써, 지식과 정보를 통합하고 조직화하는 능력을 갖추는데 필수적인 이해력과 사고력을 낮출 뿐이다.

언어력, 특히 독해 능력은 '지식이 아닌 능력'이란 사실을 깨닫는다면, 언어 능력을 높이는 것은 단순히 지식을 습득하는 것과는 다른 것이다. '이해' 없이 암기하여 외운 지식의 단점은 머릿속 기억으로 오랫동안 저장되지 못할 뿐 아니라, 의미 없는 기억이 되어 적시에 올바르게 활용하기 어렵게 만든다.

말했듯이, 지식과 사고의 확장은 어떤 새로운 지식이나 정보가 주어진 환경 하에서, 그것을 머릿속 유의미한 기억으로 입력된 지식 및 정보와 새롭게 결합하는 과정에서 일어난다. 그 핵심은 **기억력과 이해력** 향상에 있다. 이해는 머릿속 읽기 신경회로가 효율적·효과적으로 작동한 결과로, 글을 유창하게 읽으면서 글 내용의 핵심을 빠르게 간파하려면 두뇌 속 읽기 경로가 발달해야 한다. 이때 두뇌 속 읽기 경로를 넓히고 강화하려면 무엇보다 정보를 체계화·개념화한 '의미 있는 기억'으로서의 풍부한 배경지식이 뒷받침되어야 한다. 글을 통해 처음 마주한 지식이 이해를 통해 의미 있는 기억인 기성 지식과 결합하여 새로운 지식으로 거듭나는 것이다. "많은 것을 알수록 더 많은 것이 보인다."라는 의미가 이를 두고 하는 것이다.

2

확실히 수능 국어 비문학 독해에서 **배경지식**의 학습은 무척 중요하다. 배경지식은 일종의 '마중물'과도 같아서, 지문에서 다루는 핵심 개념에 대한 지식을 머릿속에 떠올리는 것만으로도 글 내용의 이해는 한결 수월해지고, 글의 중심 생각이 단박에 눈에 잡힌다. 지문에 실린 핵심 개념을 잘 알고 있는 것만으로도 글의 중심 생각은 어렵지 않게 포착할 수 있으며, 글의 중요한 부분에 집중하면서 빠르고 정확하게 정보를 처리할 수 있게 한다.

배경지식이 풍부하면 이해도 빠르고 기억 효과도 크다. 반대로 배경지식이 부족하면 이해가 어렵고 기억 효과도 덜하다. 어휘력과 배경지식은 이해력과 사고력 향상에 필수적으로, 사용하는 어휘의 양이 많고 또 배경지식이 폭넓을수록 글을 더 쉽고 더 잘 이해할 수 있다.

배경지식 학습을 놓고서 이것이 중요하다거나, 또는 필요하지 않다는 식으로 의견이 팽팽하게 갈리는데, 이런 논의는 무의미하다. 앞서, 배경지식은 '글 내용의 이해를 바탕으로 체계화한 의미 있는 기억'이라고 했다. 이것은 글을 읽어 내용을 '이해'하였기에 머릿속 '기억'으로 붙잡아둘 수 있다는 것이고, 그렇게 해서 축적된 지식, 즉 의미 있는 기억을 끄집어내 새로운 지식과 정보에 활용할 수 있다는 뜻이다.

결국 지식(우리 눈앞에 제시된 글 내용)과 지식(머릿속 의미 있는 기억을 구성하는 배경지식)이 결합하는 사고과정에서 하나의 의미 체계를 이루는 새로운 지식이 형성되면서 다시 머릿속 의미 있는 기억으로 거듭나고, 이것이 사고의 발화를 일으키면서 새롭게 마주하는 글의 이해도를 높인다. 이렇듯 비문학 독해에서 지식의 역할은 **절대적**이며, 지식이 부족하면 글 내용은 그만큼 이해하기 어렵게 된다.

이것을 확인하는 것은 그리 어렵지 않다. 다음은 ≪2024학년도 EBS 수능특강 국어영역 독서≫ 지문에서 핵심 제재로 다뤘던 '노자의 도(道)' 사상 관련 기술과 이를 연계하여 출제한 ≪2024학년도 수능≫ 지문 내용이다. 이를 통해, 바뀐 수능은 EBS 수능특강에 실린 핵심 개념을 차용하되, 여기에 제재를 바꾸면서 관련한 글 내용을 심층적으로 파고들었음을 확인할 수 있다.

이처럼 지문 '이해'의 중요성이 더욱 강조되는 방향으로 출제 경향이 바뀐 상황에서 학생들이 과연 얼마만큼 '노자의 도(道)' 개념을 눈여겨 보았으며, 관련한 배경지식을 이해하려고 노력했을까? 지문 내용이 이전보다 쉬워진 데 비해 관련한 개념적 설명의 생략과 축약으로 오히려 글 내용을 이해하기 까다로운 상황에서, 관련한 배경지식 습득은 지문 독해를 위해 절대적인데도 불구하고 말이다. 실제 '노자의 도(道)' 사상의 핵심을 개략적으로 살펴본 학생이라면, 그것만으로도 수능 지문에 실린 내용을 막힘없이 이해할 수 있었을 것이다.

지문 이해의 핵심은 '도(道)'와 '기(氣)'의 관계 파악으로, 이 부분에 대한 이해에서 정·오답이 갈렸을 것이다. 아래의 '이기론' 설명은 관련한 배경지식을 설명한 것으로, 이를 지문 내용과 비교하여 파악하면서 다음 설명을 유추할 수 있다면, 글 내용은 이해한 것이라 할 수 있겠다.

노자는 도를 우주 만물의 근원이자 본질(**자연법칙**)로 보면서, 도는 기(氣)의 작용으로 끊임없이 생성·변화한다고 보았다(體用일원론, 이기일원론으로 발전). 이에 비해 공자는 도를 인간 사회가 지켜야 할 보편원리(**윤리 규범**)로 규정하면서, 도는 이(理)가 현실화한 것으로서 절대 가치를 지닌다고 보았다(이기이원론으로 발전).

[이기론(理氣論)]
- 이(理)와 기(氣)는 세계를 구성하는 두 범주적 개념으로, 이기론은 성리학의 토대가 되는 존재론적 사유이다.
- 이(理)는 우주를 이루고 만물에 보편적으로 적용되는 절대적인 법칙 내지 변하지 않는 근본 원리로, 정신적 속성을 지닌다. 기(氣)는 변화하는 운동 작용을 통해 세계를 이루는 구성 요소이자 만물을 구성하는 재료로, 주로 물리적 속성을 지닌다.
- 예를 들어 물이 들어있는 그릇이 있다고 가정할 때, 물 그 자체는 '이'에 해당하고 물을 담고 있는 그릇은 '기'에 해당한다. 물이 어느 그릇에 담아도 변하지 않는 근본적인 물질이라면, 그릇은 그 모양과 넓이에 따라 달라지는 피상적인 물질이라 할 수 있다.
- 이기론에서, 이(理)는 '체(體)', 곧 부동의 본체로서 형이상자(形而上者: 본질·원인)를 의미한다. 기(氣)는 '용(用)', 곧 동(動)의 작용으로서 형이하자(形而下者: 기질·작용)를 뜻한다. 여기서 말하는 '형이상(形而上)'과 '형이하(形而下)'는 서양철학에서 말하는 '본체와 현상', '형상과 질료', '정신과 물질'처럼 고정된 개념이 아니고, 동(動)과 부동(不動)의 작용면을 가리켜 말하는 것으로, '이'와 '기'는 다 같이 **본체를 구성하는 실체**를 가리킨다.
- 심성(心性)을 논할 때, 이기론에서는 '성(性)=體로서의 理', '정(情)=用으로서의 氣'로 본다. 즉, '理=性', '氣=情'에 해당한다. (출처: 『상위 1등급 비문학 독해 배경지식 2권』, 김태희)

[2024학년도 EBS 수능특강 독서, 주제통합 05: 한비자와 마키아벨리의 통치론 비교]
(가의 단락2) 이러한 한비자의 통치론이 구체화 된 책이 『한비자』이다. 이 책에서 한비자는 노자의 『도덕경』을 자주 인용하고 있다. 노자는 세계를 근원적으로 포괄하는 자연 질서이자 만물의 근원인 도(道)에 따라 사는 것을 바람직한 삶이라고 여기고, 통치자는 백성들이 자발적으로 여러 가지 일들을 하게 이끌 수 있어야 한다고 하였다. 한비자는 이러한 노자의 사상을 근거로 하여 자신의 통치론을 펼쳤다. 한비자는 누구나 부, 고귀함, 장수 등을 원하지만 현실에서는 빈곤, 비천함, 멸망 등을 피하기 어려우므로 미혹함에 빠지지 말고 노자의 도에서 벗어나지 말 것을 강조하였다. (…)
(나) 마키아벨리의 통치론 설명

[2024학년도 수능 국어영역, 문제 12~17: 노자의 도에 대한 한비자와 유학자들의 해석]

(가) … 한비자는 『노자』에 대한 해석을 통해 자신의 법치 사상을 뒷받침했고, 이러한 면모는 『한비자』의 『해로』, 『유로』 등에서 확인할 수 있다.

『노자』에서 '도(道)'는 만물 생성의 근원으로 묘사된다. 도를 천지 만물의 존재와 본질의 근거라고 본 한비자의 이해도 이와 다르지 않다. 그는 자연과 인간 사회의 모든 현상은 도의 영향을 받지 않을 수 없다고 보고, 인간 사회의 일은 도에 따라 제대로 행했는가의 여부에 따라 그 성패가 드러나는 것이라고 이해했다.

한비자는 『노자』에 제시된 영구불변하는 도의 항상성에 대해 도가 천지와 더불어 영원히 존재하는 것을 의미하는 것이지, 도가 모습과 이치를 일정하게 유지하는 것은 아니라고 이해했다. 그리고 도는 형체가 없을 뿐 아니라 일정하게 고정되어 있지 않기 때문에 때와 상황에 따라 유연하게 변화하는 것이라고 파악했다. 도가 가변성을 가지고 있어야 도가 일정한 곳에만 있지 않게 되고, 그래야만 도가 모든 사물의 존재와 본질의 근거가 될 수 있다고 파악한 것이다. 그는 도가 가변적이기 때문에 통치술도 고정되어서는 안 된다고 주장했다.

한편, 한비자는 도를 구체적인 사물과 사건에 내재한 개별 법칙의 통합으로 보고, 『노자』의 도에 시비 판단의 근거라는 새로운 의미를 부여했다. 항상 존재하는 도는 개별 법칙을 포괄하기 때문에 다양한 개별 사건의 시비를 판단하는 기분이 될 수 있고, 이러한 도에 근거해서 입법해야 다양한 사건을 판단할 수 있다고 본 것이다. 이러한 이해를 바탕으로 그는 만족을 모르는 인간의 욕망을 사회 혼란의 원인으로 지목한 『노자』의 견해에 동의하면서도, 『노자』에서처럼 욕망을 없애야 한다고 주장하지 않고 인간은 욕망을 필연적으로 가질 수밖에 없음을 지적하며 욕망을 제어하기 위해 법이 필요하다고 강조했다.

(나) 노자의 도에 대한 왕안석, 오징, 설혜의 견해

3

그렇다면 수능 국어 비문학 독해를 위해서 배경지식은 어디까지, 얼마만큼 공부해야 할까? 어떤 식으로 배경지식을 학습하는 것이 글 읽기에 효과적일까? 크게 다음 세 가지를 염두에 두고서 꾸준히 공부해나가면 된다.

첫째, 배경지식 학습의 본질을 명확히 알고서 그것에 맞게 공부해나가야 한다. 많은 학생이 배경지식은 '암기'하는 것이라는 통념으로 공부하려 드는데, 이것은 대단히 위험한 생각이자, 오히려 글 읽기를 방해하는 잘못된 공부 방법이다. 배경지식 학습에서 암기할 내용은 극히 제한적이며, 무조건적 암기가 오히려 '스키마(고정관념, 선입견)'로 작용하면서 글 내용의 올바른 이해를 가로막는다. 말했듯, 배경지식 학습의 핵심은 **'이해'**에 있다. 인류 지식의 보고(寶庫)라고 할 수 있는 핵심 개념은 단순 암기로 얻을 수 있는 성질의 지식이 아니다. 그만큼 심오한 내용을 담고 있거나, 세계를 구성하는 근본원리를 다루고 있기에, 그 중심 사

상을 올바르게 이해하는 것만으로도 의미 있는 기억이자 활용 가능한 지식으로 거듭나게 할수 있다.

둘째, 배경지식 특히 핵심 개념이나 중심 사상과 관련한 배경지식은 서로 긴밀히 관계한다는 사실을 절대 명심해야 한다. 하늘 아래 새로운 지식은 그리 많지 않다. 핵심 개념은 위대한 사상가나 과학자가 생애를 바쳐 이룩한 위대한 사상을 후세 학자들이 이어받아 이를 강화하거나, 체계화거나, 반박하면서 다른 사상에 접목하고, 비판적으로 계승·발전해 나가면서 켜켜이 쌓아 올린 지식의 총체라 할 수 있다. 사상과 지식은 개념을 통해 그렇게 발전해 나가는 것이다. 개념을 단순 암기하는 것만으로 모든 것을 다 안다는 식의 오만한 태도를 버리고, 개념에 담긴 **의미**를 읽어낼 수 있도록 노력을 기울여야 한다. 그것이 올바른 개념학습이자, '나'의 것으로 만드는 확실한 방법이다.

셋째, 개념 이해와 더불어 개념이 어떤 식으로 확장해 나가면서 사상과 지식의 지평을 넓히는지를 파악할 수 있어야 한다. 지식과 지식, 개념과 개념, 원리와 원리, 사상과 사상은 서로 **긴밀하게 관계**하면서, 그리고 영역을 넘나들면서 생각과 사고를 확장한다. 바로 이 부분에서 수능 국어 독서 지문이 집중적으로 출제된다는 사실에 주목한다면, 그리고 지문에 실린 지식 및 개념을 확장하여 지문 내용을 구성한다는 것에 집중한다면, 관련한 배경지식 특히 ≪EBS 수능특강≫에 실린 핵심 개념이나 중요한 테마에 대한 배경지식은 빠짐없이 챙겨야 할 것이다. 지문에 실린 핵심 개념은 물론이고, 그것과 관계하는 중요한 관련 개념이나 사상까지 빠짐없이 익힐 필요가 있다.

4

이 책은 기출간된 ≪상위 1등급 비문학 독해 배경지식 1, 2권≫의 연장선에서 기술한 것으로, 21세기 철학의 최전선을 따라 '지금, 여기'에서 전개되고 있는 사상의 핵심을 체계적으로 집약한 것이다. 이른바 **존재론적 전환**'이라는 사상적 대전환을 따라 그동안 우리 사회를 지배해왔던 '인간 중심주의' 사상에서 탈피할 것을 요구하고 있는 '새로운 실재론', '신유물론', '현대 심리철학', '인공지능의 철학', '인류세의 철학', 그리고 20세기 말의 '언어적 전환'을 반영한 '현대 형이상학'과 '메타 윤리'가 그것이다.

이들 사상의 중심에 '분석철학'이 자리하는데, 21세기 철학의 중심 사상을 이해하고 관련한 사상가별 핵심 주장을 살피려면 서양철학에서 분석철학이 자리하는 위치는 물론이고 사상사적 논의의 큰 흐름을 파악할 필요가 있다. 그 이해를 돕기 위해 '인식론적 전환 → 언어적 전환 → 존재론적 전환'이라는 서양 사상사적 대전환의 흐름별 특징을 살피는 한편, 이를 통해 21세기 철학의 사상별 핵심 내용과 사상가별 중심 논의를 살피는 방향으로 글 내용을 기술했다. 이러한 접근 방식은 글 내용의 이해에 무척 효과적인데, 이를 책을 읽으면서 직접 확인하기 바란다.

이 책이 수능 국어 비문학 독해 공부에 효과적이고 또 배경지식 학습에 무척 유용한 이유는 차고 넘친다. 무엇보다 **새롭게** 지문으로 엮어 출제될 가능성이 크기 때문이다. 수능 국어 영역 독서 지문은 항상 새로워야 하는데, 이를 위해 출제자는 지금까지 다루지 않은 새로운 사상이나 핵심 개념을 지문으로 끌어오거나, 이미 다루었던 사상이나 개념도 좀 더 깊게 파고 들어가면서 글 내용을 구성하고, 기존 개념과 새로운 개념을 함께 엮어 지문을 출제하려 든다.

출제자에게 새로운 사상과 개념은 수능 지문 출제를 위해 무척이나 매력적이다. 이전까지 다루지 않았던 새로운 사상이나 개념을 갖고서 지문 내용을 구성할 수 있을 뿐만 아니라 기존 지식이나 사상과 한데 묶어서 글 내용의 핵심을 비교 서술할 수 있기 때문이다. 실제 이 책에서 소개하는 핵심 개념이나 사상가별 중심 생각을 담은 지문이 수능 모의고사는 물론이고 EBS 수능특강에서 곧잘 등장하고 있는 것을 통해 확인할 수 있다.

그렇더라도 글 내용은 그다지 깊게 다루지 못하는 것이 일반적인데, 그 이유는 현 시점에 한창 논의가 진행되고 있는 사상이어서 해석상의 어려움이 따르기도 하고, 자칫하다가는 시비의 소지를 만들 수 있기 때문이다. 최근 활발한 논의가 이뤄지고 있는 21세기 사상을 지문으로 다루되, 그 핵심 개념이나 중심 생각을 위주로 글 내용을 기술하게 되는 것이다.

따라서 이러한 부분에 집중하여 글 내용을 이해해 나간다면, 수능 국어 비문학 독해 능력은 크게 향상할 것이다. 또한 서양 사상사별 흐름과 중심 생각까지 일목요연하게 파악할 수 있어, 철학 전반에 걸친 이해의 폭이 한층 넓어질 것이다. 게다가 수능에서 생소한 개념이나 사상과 맞닥뜨릴 때 겪게 될 울렁증에서 벗어나 지문에 집중할 수 있는 효과까지 얻을 수 있을 것이다. 그 점에서 수능 국어 비문학 공부에서 이 책이 갖는 의미는 적지 않을 것이라고 믿는다.

김태희

1

출제 빈도가 높아지고 있고
고득점에 필수인 현대 사상의
최신 주제와 개념 구성

현대 사상가들이 주목하는 최신 주제와 개념을 중심으로 내용을 구성하였습니다. 인간의 모든 생각이나 사상과 관련한 현대적 주제들은 이 책에서 거의 모두 다루어진다고 해도 과언이 아닙니다. 실제 이 부분에서 최근 출제 빈도가 높아지고 있는데, 그 이유는 다른 무엇보다 학생들로 하여금 글 내용을 생경하게 느끼도록 하여 변별력을 높이기 위해서입니다. 이 책의 글 내용을 접하는 것만으로도 다른 학생들보다 비교우위에 설 수 있을 것입니다. 이런 주제와 개념일수록 배경지식을 활성화할 수 있어야 글이 눈에 들어옵니다. 따라서 여기서 다루는 개념과 지식에 친숙해질 필요가 있으며, 수능 고득점을 받기 위해서는 반드시 그래야만 합니다.

2

개념과 지식의 학습이
곧 지문 독해 연습의 과정으로
독서 지문 읽기 효과 발생

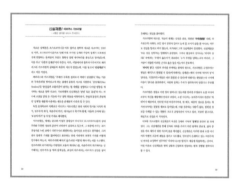

수능 국어는 독서 전 분야에 대한 상식 이상의 배경지식을 요구합니다. 글에 대한 독해 속도는 이러한 배경지식의 수준에 따라 좌우된다고 할 수 있습니다. 따라서 독서 영역 분야별 개념과 지식을 익혀 독해 속도를 늘리는 것이 중요합니다. 해당 주제에 대한 지식을 어느 정도 갖고 있으면 지문이 훨씬 많이 보이고 해석하기가 수월해집니다. 이 책은 특히 현대 사상을 주제별, 단위별로 수능 지문 길이 형식으로 구성하여 학습의 과정이 곧 독서지문 읽기 효과로 연결될 수 있도록 하였습니다. 즉 읽는 과정에서 자연스럽게 독해력이 향상되는 것입니다. 이를 통해 다른 어떤 핵심 개념과 맞닥뜨리더라도 그 의미를 어렵지 않게 파악할 수 있을 것입니다.

3
현대 사상의 큰 맥락과 흐름을
원리적으로 다루어
응용력 향상 가능

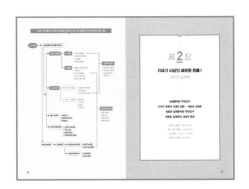

현대 사상의 큰 맥락과 흐름을 원리적으로 다루어, 여기서 나올 수 있는 모든 지문 테마에 대한 응용력을 키울 수 있도록 하였습니다. 거의 대부분의 현대 사상은 이 범위에 포함됩니다. 새로운 실재론, 신유물론, 마음의 철학, 인공지능의 철학, 인류세의 철학, 분석적 형이상학, 메타 윤리 등이 그것으로, 이러한 철학과 사상의 원리적 이해가 가능하도록 구성하였습니다. 앞으로 펼쳐질 수능과 논술 등의 모든 비문학 시험은 이 범위를 벗어날 수 없습니다. 특히 개념과 개념, 지식과 지식이 서로 겹치고 쪼개지면서 확장·분화되고 있음을 통해 사상의 숲을 계통적으로 확인할 수 있습니다. 또 그 접점에 '맥락'이 자리하므로, 이것만 잘 파악하면 주제와 개념을 충실히 이해할 수 있습니다. 수능과 논술에서 '제재'와 '화제'를 달리하면서 펼쳐내는 그 어떤 지문도 막힘없이 읽을 수 있을 것입니다.

4
출제 예상 배경지식 학습으로
수능, 논술, LEET, 편입, 공무원 등
모든 시험의 대비 가능

시험 현장에서 알지 못하는 낯선 주제의 지문을 접하게 되면 당황하게 됩니다. 평소에 다양한 분야의 글을 읽는 것이 필요하지만, 어떤 분야든지 배경지식을 조금이라도 갖고 있으면 마음이 편해지고 집중력이 생깁니다. 이를 위해 학생들이 특히 어려워하는 현대 사상 전 분야에 있어 출제 예상 배경지식을 학습할 수 있도록 구성하였습니다. 이 책으로 현대 사상과 관련한 최신 경향의 지문들에 대한 효과적인 대비가 가능할 뿐 아니라, 수능·논술·LEET·편입·공무원 등 최신의 주제와 개념이 필요한 각종 시험의 대비가 가능합니다.

제 **1** 장

서양 철학의 사상적 대전환

사고의 대전환 1 – 인식론적 전환

사고의 대전환 2 – 언어적 전환

사고의 대전환 3 – 존재론적 전환

역사적으로 서양 지성과 철학 사상은 크게 두 번의 지식 대폭발과 몇 차례에 걸친 사고의 대전환을 통해 발전을 거듭해 왔다.

첫 번째 대폭발은 기원전 4세기 무렵에 일어났다. 플라톤과 아리스토텔레스로 대표되는 고대 그리스 철학자들은 '인간 중심'의 세계관을 바탕으로 인간의 본질과 삶의 의미에 대해 폭넓은 철학적 사유를 전개했다. 영국의 철학자 화이트헤드는 "서양 철학은 플라톤 사상의 주석에 불과하다."라고 할 정도로, 고대 그리스 철학에서 논의된 폭넓은 사고와 지식은 이후 서양 철학의 모든 분야에 큰 영향력을 발휘했다.

두 번째 대폭발은 중세의 속박에서 벗어나 서양 근대의 태동을 알린 17세기 무렵에 일어났다. 베이컨·케플러·갈릴레이·뉴턴으로 이어지는 근대 과학혁명은 인문·예술·문화 등 서양 사상 전반에 큰 영향을 주었고, 인식론·형이상학·윤리학을 중심으로 한 근대 철학의 비약적인 발전을 가져왔다. 데카르트에서 시작된 인간의 재발견은 이후 로크·칸트·헤겔을 거치면서 더욱 정교하게 다듬어졌으며, 물질(신체)보다 정신(이성)을 우위에 두고 세상을 인식하는 '주체의 철학'으로 확립되면서 서양 철학의 주류로 확고하게 자리매김했다.

근대 이후, 철학의 사상적 패러다임 전환을 가져왔던 사유의 획기적인 변곡점이 몇 차례 있었다. 흔히 철학에서의 '코페르니쿠스적 전환'이라고 불리는 것으로서, 우리가 그동안 생각해 보지 않았던 새로운 사고로의 발상 전환이라 할 수 있다. 철학적 사유 전환은 그전까지 수많은 철학자를 괴롭혀왔던 철학적·인문학적 물음의 난제를 일거에 해결하는 계기를 마련하곤 했으며, 그 이후부터 사상과 지식은 차원을 달리하면서 비약적으로 발전했다.

이처럼 서양 철학의 역사를 돌이켜 보면, 시대 흐름이 급격히 전환될 때마다 다양한 철학적 사유와 폭넓은 사상적 논의가 활발하게 전개되었다. 시대 변화에 따라 다양한 양상과 양태로 일어나는 사건·사태·현상의 본질을 올바르게 인식하기 위해서는 분야와 영역을 뛰어넘어 철학적으로 깊게 숙고하는 자세가 필요했기 때문이다.

사고 전환의 흐름: '나' ⇨ '타자' ⇨ '언어' ⇨ '자연'

사고의 대전환이 일어난 첫 번째 사건으로서 18세기 칸트로부터 시작된 **'인식론적 전환'**을 들 수 있다. 이른바 철학에서의 '코페르니쿠스적 전환'에 비견되는 인식론적 전환은 크게 두 차례에 걸쳐 서양 철학의 사상적 흐름을 뒤집었다.

그 첫 번째 사상적 흐름의 전환은 칸트로부터 시작됐다. 칸트는, 인식은 대상에 의존한다는 전통 관념을 뒤집어, 대상의 인식은 주관인 '나'에 갖춰진 이성 능력에 의해 성립한다고 주장했다. 기존 인식론에서는 이미 존재하는 대상을 주관이 받아들이는 것으로서 인식은 성립한다고 보았지만, 칸트는 그것을 뒤집어 주관이 대상의 인식을 성립시킨다고 생각했다.

인간 바깥의 도움 없이 인간 안에서 인식 주체를 구하는 칸트의 인식론은 우리의 인식능력으로는 보편타당한 지식과 절대적인 진리를 구할 수 없다는 '회의론'에서 벗어나는 하나의 기점이 되었다. 칸트는 자신의 인식론을 코페르니쿠스에 의한 천동설에서 지동설로의 전환에 비유하였는데, 이로써 인간은 세계의 중심이자 이성의 주관자이며 사유하는 주체로 우뚝 서게 되었고, 이성 중시 사상과 주체 중심의 사고가 더욱 견고하게 자리를 잡으면서 서양 근대를 활짝 열었다.

18세기의 인식론적 전환 이후 주체 중심의 서양 근대 사상은 오랫동안 확고한 지위를 구축했지만, 19세기 들어서 그 지반이 크게 흔들리기 시작했다. 이른바

'탈 주체'의 '해체 철학'을 이끈 일련의 사상적 흐름이 일어났는데, 이것이 서양 인식론의 두 번째의 사상적 흐름 전환이라 할 수 있다. 그 핵심에 **구조주의**'가 있으며, 사상적 기반이 된 것이 후설의 '현상학'이다.

후설은, 인식론의 가장 큰 난제라 할 수 있는 '주관과 객관의 일치' 문제에 생각을 집중했다. 그는 "세계는 우리가 (주관적으로) 인식하는 그대로 (객관적으로) 존재한다."라는 칸트의 생각에 맞서, 인간은 자신의 의식에서 나올 수 없기에 눈앞의 세계가 진실(객관적 사실)인지 아닌지 확인할 수 없다고 보았다.

후설은 이런 문제를 해결하기 위해서는, 오직 인식한 지각만을 탐구하는 현상학적 방법으로 어떠한 철학적 전제나 선입견 없이, 타자(대상, 사물, 세계)를 '**있는 그대로**' 받아들이고 이해하려는 태도를 견지할 것을 주장했다. 그렇게 되면 타자도 나와 '같은 세계를 성립한다.'라고 확신하는 것을 다시금 '확신'하면서, 나의 세계와 타인의 세계가 같다고 확신하는 '객관적' 세계가 만들어진다고(실재한다고) 보았다. 이로써 '나'와 '타자'의 관계는 종속 관계가 아닌 **등가 관계**를 이루면서, 주체 중심의 철학은 탈 주체인 '**타자**'까지도 외연이 확산한다.

사고의 대전환을 이룬 두 번째 사태는 20세기 후반의 사상 흐름을 주도한 '포스트모더니즘'으로, 그 사상적 지반에는 논리실증주의자 비트겐슈타인의 '**언어적 전환**'이 자리한다. 철학에서의 언어적 전환은 이후 사상적으로 더욱 정교하게 다듬어지면서 '과학철학', '언어철학', '심리철학', '메타 윤리학' 같은 현대철학의 주류 흐름으로 발전했다.

그랬던 것이 21세기 최근 들어 또 한차례 사유의 전환이 일어났다. 포스트모던의 인기는 사그라지고 이를 대체하는 새로운 사상이 떠오르게 되었는데, 이른바 '**존재론적 전환**'이라는 이름으로 인간과 자연의 관계를 재설정하려는 시도가 그것이다. 존재론적 전환은 종말론적 '**인류세(人類世)**'로 요약되는 오늘날의 인류 위기 상황에 대한 올바른 해결책을 제시하는 철학적 사유로서, 앞으로의 철학적 논의와 사상적 흐름을 주도하는 제 역할을 담당할 것으로 기대를 모으고 있다.

따라서 '존재론적 전환'을 따라 21세기 철학의 흐름을 주도하는 사상적 주제인 '새로운 실재론', '신유물론', '심리철학', '인공지능의 철학', '인류세의 철학', 그리고 '언어적 전환'을 따라 20세기 후반 이후의 사상적 흐름을 이어오고 있는 '현대 형이상학'과 '현대 윤리학'의 핵심 내용을 설명하려면, 먼저 서양 철학사에서 일어난 사상적 대전환의 흐름부터 살펴야 할 듯하다. 이들 모든 사상은 **영미 분석철학**에 뿌리를 두고 있으며, '언어 분석을 통한 과학적 접근' 및 '인간 중심에서 자연 중시 사상으로의 인식 전환'을 기반으로 한다는 점에서 일치한다.

서양 전통 인식론은 존재의 **'확실성'** 추구, 즉 확실한 인식 대상인 존재 그 자체를 규정하는 데 초점을 맞추어 왔다. 고대 그리스 철학에 따르면, 대상(존재)에 대한 인식(또는 지식)은 인식 주체, 즉 '정신' **바깥에서** 온다. 고대 플라톤의 이데아 사상이나 중세의 신(神) 존재 증명은 모두 '앎'의 근원은 외부에 있고, 모든 앎(지식)은 정신 활동 바깥에서 온다는 확신에서 비롯한다. 실체는 언제나 그 자체로 존재하고(실재하고), 정신은 외부의 실체를 인식 대상으로 삼을 뿐이다.

근대 들어 사상가들은 인식론의 물음의 핵심으로, '인간은 사물(대상)을 어떻게 인식하는지'를 탐구하기 시작했다. 대상 인식의 절대적 확실성을 인간 내면에서 찾으려 들면서, 주체인 '나'의 경험과 이성을 통해 바깥의 세상을 알고자 했다.

경험론자들에 따르면, 사물에 대한 인식은 그 사물을 직접 보고, 듣고, 느끼는 과정에서 이루어지는 것으로, '감각'을 통해 세계를 이해할 수 있다. 반면 합리론자들에 따르면, 경험과 관계없이 생득관념을 따라 사물을 인식할 수 있으며, '이성'을 통해 세계를 이해할 수 있다.

경험론에 따르면, 대상은 경험을 따르며, 대상(의 본질)은 우리가 경험을 통해 감각적으로 인식한 모습(현상)과 같다. 반면 합리론에 따르면, 대상은 인식을 따르며, 대상(의 본질)은 우리가 생득관념을 따라 이성적으로 인식한 모습(현상)과 같다. '감각'을 좇든 '이성'을 따르든, 둘 다 주체인 '내'가 '인식'한다는 점에서 합치하며, 인식하는 대상인 사물이 우리 '바깥에' 있다는 점에서 또한 같다. 다만, 대상 인식이 추체험적(경험)인가, 아니면 선험적(생득관념)인가의 차이만 있을 뿐이다.

이처럼 경험론과 합리론 어느 쪽이든, "인식(감각, 이성)이 대상(사물, 세계)을 향한다. 대상은 인식에 앞선다. 따라서 인식은 **대상에 의존**한다."라고 본다. 다시 말해, "주관인 '내'가 이미 존재하는 대상을 받아들이는 것에서 인식은 성립한다."

라는 명제를 따라, '주관(주체)과 객관(대상)'의 관계에 근거한 인식(의식) 분석에 집중한다.

하지만 칸트는 이러한 전통 인식론을 뒤집어, "대상이 인식을 향한다. 인식하기에 대상은 존재한다. 따라서 대상은 **인식을 따라 결정**된다."라고 보았다. 다시 말해, 주관인 '내'가 대상의 인식을 성립시켜 대상을 구성한다."라고 생각했다.

칸트는, "먼저 대상이 우리 앞에 놓여 있고, 인식 주체인 우리가 그 대상을 향함으로써 대상을 인식하게 된다."라고 주장하는 전통 인식론으로는 인식의 객관성을 얻을 수 없다고 생각했다. 그 대신에, 인식의 방향을 완전히 바꾸어 대상이 인식의 '**주체**' 쪽으로 향한다며 생각하고는, 감각을 통해 대상에 대해 알게 된 것을 '**초월적 자아**(아프리오리 인식 시스템)'가 조직하여 인식을 완성한다고 생각했다. 대상의 인식은 주관에 갖춰진 능력(오성)에 의해 성립한다고 본 것이다.

칸트는 인식(주체, 주관)과 대상(객체, 객관)의 관계에 대한 방향 전환(**인식론적 전환**)을 하늘과 땅의 움직임이 역전된 코페르니쿠스의 지동설에서 따와 '코페르니쿠스적 전환'이라고 말하면서, 주체가 대상을 수동적으로 인식하는 것이 아니라 '**능동적**'으로 구성하는 것이라고 주장했다. 마치 원료를 가공해 제품을 제조하는 공장처럼, 우리의 정신은 외부의 감각 자료를 '**오성(悟性)**'을 통해 능동적으로 해석해 경험으로 만들어내는 것이라고 보았다. 칸트 이전에는 인식의 출발점에 대상이 있고 주체는 그 대상을 수동적으로 비추는 거울로 간주했다는 점에서, 칸트의 인식론(초월적 관념론)을 '**코페르니쿠스적 전환**'이라고 부르는 것이다.

칸트는, 감각적 경험은 공간적·시간적인 관념과 함께 이성에 의한 추론을 이용해야만 인식할 수 있다고 보면서, 경험과 이론 모두 꼭 필요한 것으로 인식해 경험론과 합리론의 통일을 생각했다. 이런 대전환으로 칸트는 그전까지 수많은 철학자를 괴롭혀왔던 인식론의 커다란 난제를 일거에 해결했다. 그동안 합리론은 정신의 인식 작용에 너무 매달렸고, 경험론은 대상의 실체 확인을 지나치게 강조했다. 이에 칸트는 정신 안에 대상을 인식할 수 있는 메커니즘이 내재해 있다고 보면서 합리론과 경험론의 한계를 극복하려고 들었다.

주체의 철학

서양 근대 철학을 한마디로 요약하면, 사물을 이루는 실체를 놓고서 이를 물질(대상)보다는 정신(이성)을 우위에 두고 세계를 인식하는 **'주체의 철학'**이라고 말할 수 있다. 합리론과 경험론으로 나뉜 근대 철학의 흐름은 구체적인 인식 과정을 해명하기 위한 목적으로 일관되게 진행되었다. 데카르트가 확립한 인식 주체인 '나'가 인식 대상인 '사물'을 어떻게 인식하느냐가 이 시기의 주된 물음으로, 결국 칸트가 나서 인식 주체와 인식 대상을 결합함으로써 인식론의 시대를 활짝 열었다.

데카르트는 인식의 출발점을 확립하기 위해 주체의 존재를 논증했다. "나는 생각한다. 그러므로 존재한다."라는 사상은 모든 존재의 인식 근거를 인간의 **'이성(정신)'**에 두는 것을 의미한다. 그 결과 데카르트에게서 자신의 육체를 포함한 모든 세계는 '이성'에 의해 인식되고 파악되는 대상이 되었다.

칸트 철학은 데카르트적 사유의 유산을 그대로 물려받았다. 칸트 철학의 핵심 과제는 주체와 대상, 주관과 객관, 자아와 세계, 인식과 존재의 분리를 극복하고 인식과 행위의 보편적 근거를 찾는 것이었다. 칸트는 이를 사고방식의 혁명에서 찾았다. 사고방식의 혁명이란 **'주체'의 관점**에서 세계를 보는 것으로서(이것을 **'인식론적 전환'**이라고 한다), 인식의 세계든 실천적 행위의 세계든 간에 세계는 주체, 즉 '나'의 활동에 따라 규정되고, 생산되며, 실현되는 세계일 뿐, 그 밖의 다른 어떤 것이 아니다.

칸트의 주체 관념은 헤겔을 거쳐 독일 관념론으로 이어졌고, 스피노자의 '자기 자신 안에 존재하며 자신을 통해 파악되는 것'으로서의 '실체' 개념 역시 관념론을 따라 **'주체'** 개념으로 전환됐다. 그리하여 서양의 '주체' 개념은 사실상 신적 존재와 다를 바 없을 정도로 절대화되면서, '옳음과 그름', '주관과 객관', '이성과 감성', '정신과 육체', '서양과 동양', '남성과 여성' 등 이항 대립적 위계를 따라, 전자가 후자보다 우월하다고 간주하는 서양 특유의 **'이분법적 사고'**를 낳았다. 그 결과, 주체 중심의 인식론적 사고는 철저히 이원론적 대립에 바탕을 두면서, 주체가 타자, 즉 인간이 인간은 물론이고 비인간 사물을 억압하고 배척하고 지배하는 기제로서의 사상적 근거를 제공했다.

주체의 전복

19세기 중엽 이후, 헤겔 중심의 독일 관념론에 대한 반동으로, 본질을 추구하는 '이성주의 철학', 인간 이성의 우월성을 강조하는 '주체 중심의 철학'에 대한 비판이 일어났다. 이른바 '반이성의 철학', **'탈 주체의 철학'**이 시작된 것이다.

'주체' 중심 사고를 거부하는 커다란 담론 전환을 통해 현대 사상으로의 획기적인 발상의 전환을 이끈 대표적 사상가로 키르케고르와 니체, 그리고 마르크스가 있다. 이들 사상가는 주체의 합리성과 초월성을 비판하거나 주체의 사회적 관계를 재규정하면서 서양 근대성으로부터의 탈출을 꾀하였다.

키르케고르는 '주체성이 진리다'라는 실존 사상을 펼쳤다. 그전까지의 사상가들이 인간 이성의 절대성에 근거한 보편적인 진리를 추구한 데 비해, 키르케고르는 **개인의 주체성**을 따라 '나에게 진리인 진리'를 추구한 최초의 사상가라 할 수 있다.

키르케고르는 '이것도 저것도' 다 취한 보편 진리가 아니라 자신만의 진리를 추구할 것을 주장했다. 누구나 긍정하는 진리는 때론 소수의 의견을 억압하므로, 그보다는 각자 자신의 진리를 중시할 필요가 있다고 역설했다. 기존의 가치관에 얽매이지 않고 진리를 목표로 삼는 **'예외자'**로서의 삶을 지향할 때, 인간은 진정한 '단독자'로서의 실존적 삶을 살아갈 수 있다고 보았다. 이로써 보편 가치로서의 인간중심주의 사고는 개인의 **'실존'** 앞에서 무력화되었다.

니체는 키르케고르의 사상에서 한 걸음 더 나아가 '주체는 **허구**다'라고 주장하면서, 주체 중심의 이분법적 사고를 거부했다. 물리적 현상 배후에 그 현상을 가능케 하는 어떤 '원인'이 있다거나, 행위 배후에 그 행위를 하는 어떤 행위 '주체'가 있다거나, 신체 배후에 그 신체를 움직이는 '정신'이 있다거나, 세계를 초월해 그 세계를 창조하고 섭리하는 '신'이 있다거나 하는 생각은 다 같이 인간중심주의 사고에서 나온 생각에 지나지 않는다면서, 주체 중심의 형이상학적 사고를 거칠게 비판했다.

한편, 마르크스에 따르면, 인간은 물질적·신체적 조건, 사회적·경제적 조건의 그물 안에서 자신의 모습을 그려가는 존재일 뿐으로, 그와 같은 조건을 넘어선 그 어떤 초월적 주체가 아니다. 마르크스는 세계 안에서 인간의 위치를 규정하면서 사회와 역사를 움직이는 것은 인간의 의식과 같은 정신적인 것이 아니라, 생산관계의 토대를 이루는 것으로서의 **'물질'**적인 것이라고 보았다. 이러한 유물론적 사고를 바탕으로, 마르크스는 정신(의식)이 사람들의 존재를 규정하는 것이 아니라, 반대로 그들의 사회적 존재가 의식을 규정한다고 주장했다.

'실존철학'의 키르케고르, '유물론적 변증법'의 마르크스, '니힐리즘'의 니체, 그리고 철학자는 아니지만 **'무의식'**을 정신의 수면 위로 끌어올린 프로이트 사상의 핵심은, **인간 이성의 비합리성**과 관련한 비판이라 할 수 있다. 그들은 현대철학에서 다양한 분파의 사상이 태동하는 데 절대적인 영향을 끼쳤다.

이후의 20세기 현대철학은 크게 세 흐름으로 나아갔다. 1960년대 무렵까지 큰 영향력을 미친 마르크스주의, 실존주의, 그리고 분석철학이 그것이다. 그러던 것이 1970년대에 이르면서 마르크스주의와 실존주의는 차츰 영향력을 잃었고, 그 자리를 대체하여 **'구조주의'**와 '포스트 구조주의'가 발흥하면서 이후의 '포스트모더니즘' 사조를 이끌었다. 한편, **'분석철학'**은 그 내실을 다지면서 언어철학과 과학철학으로 발전했으며, 오늘날에도 여전히 영향력을 발휘하면서 현대철학의 중심을 굳건히 지키고 있다.

해체의 철학

20세기 들어 두 차례에 걸친 세계 전쟁을 거치면서, 서양의 인식론은 두 번째의 사상적 흐름의 전환을 가져왔다. 이른바 '탈 주체'의 '해체 철학'을 이끈 일련의 사상적 흐름으로, 그 핵심에 **'구조주의'**가 있다.

구조주의는 인간의 의식과 행동은 그들을 둘러싼 **'구조'**에 의해 규정된다는 사상을 말한다. 인간 행동에 영향을 미치는 어떤 현상이나 사건·사실의 규정에서, 그 실체적 요인을 인간 내부에서 찾는 것이 아니라, 대상이나 사물과의 **'관계'**를 살펴 현상 배후에 있는 구조, 즉 **'본질'**을 밝히려는 사상이다.

구조주의는 인간을 포함한 세상 사물의 존재성을 **'상대주의'** 관점을 따라 구조라는 **'관계'**의 틀 안에서 인식하려 든다. 인간은 사물과의 관계 속에서 존재의 의미와 가능성을 지니며, 구조를 이루는 현상 배후에서 작동하는 사물의 본 모습을 직시한다. 주체인 인간을 구조의 산물로 규정하는 점에서, 구조주의는 주체 중심, 이성 중시의 사고를 절대화하는 서양 고유의 **인간중심주의**와 대립했다.

그렇더라도 구조주의 역시 사물을 인간을 위한 대상(객체)으로서의 고정된 그 무엇으로 규정하고 있는 점에서, 서양 전통철학의 근간을 형성하는 '주체 중심, 인간 중시'의 이항 대립적 사고에서 크게 벗어나지 못했다. 구조주의는 근대성이 지닌 인간중심주의 사고를 비판하면서도, 서구가 지향해온 인간 인식의 합리성을 따라서 주체와 대상을 구분하여 인식한다. 그 점에서 구조주의는 여전히 '인간'을 우위에 두고 세상을 인식하려 드는 사상이라 할 수 있다.

포스트 구조주의는 이러한 인간중심주의 사고에서 벗어나, **'주체의 전복'**이라는 새로운 철학의 방향성을 모색한 일련의 사상적 흐름이다. 해체주의 및 현상학과 긴밀히 관계하는 포스트 구조주의는 정치·경제·사회·문화 전 영역에서 근대성이 지닌 이성 만능, 주체 중심 사고를 **'해체'**하면서 반이성주의적·상대주의적·다원론적 가치를 지향하는 시대정신인 **포스트모더니즘**의 사상적 기반으로 작용했다. 그 결과, 포스트 구조주의는 **'차이와 다양성'**의 가치를 중시하는 사고의 확산을 통해 사회 전반의 **'탈중심화'** 현상을 이끌었다.

포스트 구조주의의 대표적 사상가로서 데리다가 있다. 데리다는 그동안 서구의 근대성에 의해 쫓겨나고, 은폐되고, 무시당한 것을 찾아 이를 바로잡아야 한다고 주장했다. 이를 위해서는 **'탈 구축'**의 방법으로 이항 대립적 사고가 초래한 폭력적 위계를 '해체'해야 한다면서, 인간을 구속하는 이분법적 우열 관계의 타파를 시도했다.

요약하면, 포스트 구조주의는 주체의 전복을 통해 그동안 서구 사상의 중심을 이루었던 인간중심주의의 한계를 극복하는 한편, 주체 중심 사고의 해체를 통해 구조에 내재한 텍스트의 의미를 올바로 해석함으로써 **주체(인간)와 대상(타자)의 조화와 공존**을 도모하는 사상이라 할 수 있다.

사고의 대전환 ❷ 언어적 전환 | '진리'는 어디에도 존재하지 않는다.

서양 근대를 '인식론적 전환'의 시대라고 부르듯이, 20세기의 철학적 담론은 '**언어적 전환**'이라 할 수 있다. 현대 들어 철학적 화두는 '언어'가 되었다. 17세기 이래 서양 철학을 지배했던 '정신(의식)'의 문제는 20세기 들어 '언어'의 문제에 자리를 내주었다. 언어적 전환은 언어 바깥에 존재하는 대상을 향한 우리 '의식'의 분석에서, 우리가 사용하는 '**언어**' 그 자체의 분석으로 철학적 사유의 무게 중심을 바꿔버렸다.

언어적 전환을 이끈 현대 분석철학은, 언어를 통한 논리적이고 개념적인 분석 방법을 철학적 사유의 전면에 내세움으로써, 전통 존재론 및 인식론의 접근 방법에 획기적인 전환점을 마련했다. 정통 철학은 인식한 내용을 언어로 표현하는 형태를 취했지만, 그로 인해 인식한 내용은 언어에 따라 달라지는 혼란이 일어났다. 이에 분석철학자들은 독단적이고 주관적인 철학을 객관적인 언어 문제로 전환하려 들었는데, 이를 '**언어적 전환**'이라고 한다.

언어적 전환 이후부터 철학은 존재나 사유의 본질에 관한 기존의 사변적이고 형이상학적 태도에서 과감하게 벗어나, 언어의 논리적인 분석을 통한 '**의미의 명료화**'를 철학의 과제로 제시하였다. 그 점에서 언어적 전환은 서양 철학사에서 하나의 획기적인 사건으로 받아들여졌다. 즉, '언어적 전환'은 철학적 주제를 좀 더 명료하고 세련되게 다듬는다는 점에서, 그리고 좀 더 포괄적이고 심층적으로 사유에 접근한다는 점에서 철학사적 발전에 크게 공헌했다. 소쉬르의 언어학에 영향을 받은 구조주의와 그 이후 등장한 포스트 구조주의, 가다머의 해석학과 하버마스가 제창한 커뮤니케이션론도 큰 틀에서 보면 언어적 전환을 수용하는 사상 체계라고 이해될 수 있다.

20세기 철학의 핵심 사유 체계인 '언어적 전환'은 1970년대 이후의 사상적 흐름을 주도한 '포스트모더니즘'과 연결해서 생각하면 그 의미가 좀 더 쉽게 이해된다. 주로 예술과 문화 분야에서의 탈근대주의를 지향한 포스트모더니즘은, 인문 철학 및 정치·사회 영역에서의 탈근대주의를 선언한 포스트 구조주의와 마찬가지로 **진리의 상대성과 가치의 다양성**을 중시하면서, 특정한 진리나 가치를 기준으로 사물을 판단하는 것은 옳지 않다고 보았다.

이러한 포스트모더니즘 사상이 지향하는 언어적 전환을 끝까지 밀고 나가면, "세계는 언어로 이루어진다."라는 '언어 구성주의' 관점과 "언어는 공약(公約) 불가능하다."라는 '상대주의' 관점에까지 이른다. 먼저, **언어 구성주의** 입장을 대표하는 것으로서 데리다의 "텍스트 바깥에는 아무것도 없다."라는 표현이 있다. 이것은 "텍스트는 자기 완결적이지 않고 언제나 열려 있으며, 특정된 어느 하나로 규정할 수 없다."라는 의미다. 언어는 세계를 구성한다는 시각에서 볼 때, 현실(세계, 진리)이 언어로 이루어져 있다면, 언어가 달라질 때 현실도 달라지듯이 "누구나 인정하는 하나뿐인 진리는 없다."라는 결론으로 귀결된다. 이것은 포스트모더니즘적 사고에 부합한다.

다음으로, **언어 상대주의**를 반영하는 것으로 쿤의 '공약 불가능성' 개념이 있다. 서로 다른 패러다임에 속한 이론은 공약 불가능하다는 쿤의 주장처럼, 개념적 어휘 구조가 다르면 언어의 의미가 달라진다. 따라서 여러 언어에 담긴 의미를 포괄하는 하나의 보편 규칙이란 없다. 사용하는 용어가 비슷하다고 해서 그것들을 동일한 개념으로 범주화하는 것 자체가 불가능하기에, 상대주의 관점을 따라 언어적 '**차이**'가 지닌 의미의 다양성을 살펴야 한다. 이런 시각 역시 포스트모더니즘 사고에 부합한다.

포스트모던을 철학 용어로 공론화한 사람은 프랑스의 구조주의 철학자 리오타르로, 저서 『포스트모던의 조건』에서 포스트모던을 '서양 근대가 추구해온 거대 담론에 대한 **불신**'으로 정의했다. 거대 담론이란 이를테면 누구나 인정하는 진리와 규범을 일컫는다. 리오타르에 따르면, 오늘날 우리가 진리와 규범을 담은 담론을 믿지 않으려 드는 성향을 보이는 것은, 많은 사상가가 언어적 전환을 따라 진리와 가치의 보편성과 절대성을 '회의(懷疑)'하는 태도가 크게 작용한다. 이를테면 푸코는 **'담론'**을 시대에 따라 변하는 지식 구조로 보면서, 인간은 권력 주체가 행사하는 '규율 권력'에 의해 지배되고 통제된다고 비판했다.

이렇듯 20세기 후반 언어적 전환이 철학의 주된 관심사가 되면서, 오래지 않아 포스트모던의 유행과 동시에 사회구성주의와 상대주의가 강력하게 대두됐다. 이런 입장을 따른다면 도덕적 '선·악'이나 법적 '정의'에 관해서도 **보편 진리나 절대 가치란 존재하지 않으며,** 그와 관련하여 다양한 의견 제시와 폭넓은 해석이 따를 뿐 어느 주장이 옳은지를 결정할 수 없다.

우리가 언어적 전환을 따라 진리와 가치의 참 의미를 되짚어야 하는 이유는 분명하다. 현대 윤리학에서 중요하게 다루고 있는 사상으로서 '선·악'과 같은 언어의 의미를 분석적으로 생각하는 '메타 윤리', 그리고 오늘날 우리 사회의 주된 관심사인 정의론과 관련한 '공정 담론'을 살피기 위해서도, 철학적 사유에서 언어를 살펴야 하기 때문이다.

분석철학

구조주의 사상과 함께 현대철학에서 큰 사상적 흐름을 이루는 것이 **'분석철학'**이다. 20세기 초엽, 구조주의 철학의 출발점이라 할 수 있는 소쉬르의 언어학에서 시작하여, 이후 프레게, 러셀, 비트겐슈타인, 무어 등 논리학으로부터 언어의 의미를 연구하는 분석철학이 시작됐다.

'분석철학'은, 철학의 역할은 '~은 ~인가'처럼 형이상학적 물음에 대한 대답을 구하는 것이 아니라 **'언어의 의미'**를 분석하는 것에 있다고 보는 철학 사조를 말한다. 정통 철학처럼 '신'이란 무엇인가를 고찰하는 것이 아니라, '신'이란 언어를 어떤 의미로 사용되고 있는지를 분석하면 신과 관련한 문제를 해결할 수 있다는 것이 분석철학자들의 생각이다.

분석철학자들은 철학이 언어와 관련을 맺는 이유를 언어에서 찾았다. 철학적 사유는 언어를 통해서 가능하기 때문으로, 언어 분석을 통해 진리를 탐구할 수 있다고 생각했다. 대표적인 분석철학자 비트겐슈타인은 철학은 '**언어**'를 분석하는 것이라면서, 철학의 임무는 언어의 논리적 구조를 밝히고 개념을 명료화하는 것이라고 주장했다.

비트겐슈타인은 저서 『논리철학논고』에서 '말할 수 있는 것'과 '말할 수 없는 것'의 경계를 명확히 구분하고자 했다. 이때 말할 수 있는 것은 '생각할 수 있는 것'과 같은데, 그는 짧고 강렬한 이 저작에서 언어의 한계, 즉 '**사유의 한계**'를 밝히고자 했다. 사유의 한계는 칸트가 『순수이성비판』을 기술한 목적이기도 한데, 칸트가 감성·오성·이성 등 우리의 인식 능력과 인식 작용을 사유의 전면에 내세운 데 비해, 비트겐슈타인은 논리를 전면으로 내세운 점에서 차이 난다.

참고로 비트겐슈타인의 철학의 핵심을 말하자면, 그의 철학은 언어와 세계의 대응 관계를 밝히려고 한 전기(前期)와 일상 언어의 분석에 치중한 후기(後期)로 나뉜다. 전기 철학의 핵심인 「그림 이론」에서, 언어는 '세계를 모사(模寫)'한 것으로서 영혼이나 신 같은 검증할 수 없는 형이상학적 언어를 완벽히 배제한 과학적 언어로 세계를 그림처럼 그려낼 수(대상을 이해할 수) 있다고 생각했다. 한편, 후기 철학을 대표하는 「언어게임」에서, 모든 언어는 생활양식의 하나로, 사람들은 용법에 맞춰 의미가 정해진 언어게임을 하고 있다고 보았다. 게임은 참가자들 간에 규칙을 공유하지 않으면 성립하지 않듯이, 언어도 서로 간에 규칙을 이해하지 못하면 자신의 의사를 정확히 전달할 수 없다고 주장했다.

비트겐슈타인 철학은 언어, 논리, '**의미**'에 집중함으로써, 철학은 언어를 매개로 해서 '세계'의 실체에 접근해 나갈 수 있음을 제시했다는 점에서 의의가 있다. 그리고 이를 배경으로 등장한 '논리실증주의'에서 '검증 원리', 즉 어느 한 명제의 의미는 곧 그 명제의 검증 방법에 달렸다는 생각에까지 이르렀고, 형이상학과 존재론 등 전통철학에서 중요하게 다루는 개념은 무의미한 '헛소리'에 불과하다고 선언하기에 이르렀다.

비트겐슈타인에서 출발한 분석철학은 기호 윤리학의 연구로부터 시작하여, 이후 미국을 중심으로 한 '**과학철학**'과 영국을 중심으로 한 '일상언어학파'로 발전했다. 분석철학에 따르면 일상 언어는 은유적인 표현이 많아 이를 과학적으로 분석하기 어렵다. 분석철학을 추종하는 과학철학자들은 모순되지 않는 '기호' 같은 확실한 언어(인위적인 언어)를 만들어 사용해야 한다면서 철학을 과학적으로 파악하려고 들었다. 카르납, 전기 비트겐슈타인 등 빈학파를 중심으로 한 논리실증주의 역시 과학철학으로 분류할 수 있다.

그에 비해 라일, 오스틴, 후기 비트겐슈타인으로 대표되는 '**일상언어학파**'는 철학과 과학철학을 같은 것으로 간주했다. 그들은 인위적인 언어를 만들어 분석해봐야 의미가 없다면서, 일상 언어로부터 철학의 문제를 고찰해야 한다고 주장했다. 오늘날 현대 영미 철학은 분석철학이 주류를 이루며, 분석철학은 미국과 유럽 등 전 세계에서 가장 영향력이 큰 철학 분야이다.

분석철학의 새로운 태도와 연구 방법이 20세기 현대 사상에 끼친 영향력은 실로 엄청나고 또 폭넓다. 심리철학, 언어철학, 분석적 형이상학, 메타 윤리학, 과학철학 등 다양한 분야와 폭넓은 주제로 확장하고 심화했다. 이 책에서 중점적으로 다룰 핵심 테제인 '**존재론적 전환**'을 따라 펼쳐지는 일련의 사상적 흐름과 새로운 이론은 대부분 현대 영미 분석철학에 뿌리를 둔 것이다. 20세기 후반, 논리 철학자 콰인을 필두로 한 건전한 의미의 존재론과 형이상학을 모색하려는 움직임 역시, 분석철학과 논리실증주의에 대한 비판적 수용을 통해 사유를 확장·발전시킨 것이라 하겠다.

인간중심주의 사상의 한계

포스트모더니즘의 특징이라 할 수 있는 사회구성주의는 사회와 문화를 일종의 언어적 구성물로 보면서, 우리가 사용하는 언어를 한층 더 깊게 이해하면 사회 현상의 본질을 파악할 수 있다고 보았다. '언어적 전환', 다시 말해 언어로 세계를 인식할 수 있다는 생각이 20세기 후반의 사상을 지배하는 패러다임이 된 것이다.

하지만 이러한 접근은 사회 현상의 근원이나 본질, 그리고 사회를 구성하는 제 요소를 설명하는 데 있어서 언어의 역할을 지나치게 강조하는 반면, '물질'의 역할을 간과한다는 자각과 반성을 불러왔다. 자연·물질·기술 등 **비인간 사물**도 사회를 구성하는 핵심 요인이자 사회 변화의 주체로서 인간과 **'동등'**한 관계라고 인식하는 태도가 그것으로, 21세기 들어 사회과학 전반에서 새로운 패러다임으로 등장한 **'새로운 실재론(신실재론)'** 또는 **'신유물론'**이 이에 해당한다.

물론 20세기 사상에서도 자연이나 사물의 본성을 중요하게 다루었다. 그렇더라도 이 역시 서양 전통철학이 추구하는 주체 중심의 이항 대립적 사고를 따르면서 여전히 '인간'을 우위에 두고 세상을 인식하며, 비인간 사물은 인간과는 본질 면에서 속성이 다르기에 분리해서 생각해야 한다고 보았다. 인간은 이성과 자유의지를 전유하는 유일한 존재이자 언어로 세상을 인식하는 능동적 '주체'라고 보는 데비해, 비인간 사물은 순수한 물질로서 인과 법칙을 따라 자신의 지위가 결정되는 수동적 '객체'로 받아들였다.

그 결과 인간은 비인간 사물보다 우월한 존재지만, 비인간 사물은 인간을 위해 사용되는 도구나 자원, 혹은 인간에게 기회나 제약을 가하는 조건에 불과하다고 생각했다. 인식론적 전환을 따르든 언어적 전환을 따르든, 둘 다 구성주의 관점에서 **'존재는 주체가 만드는 것'**이라는 인식이 계속해서 이어져 온 것이다.

20세기 사상의 큰 흐름으로 '탈 주체'의 '해체 철학'을 추구하는 구조주의나 포스트 구조주의 역시 주체와 타자, 즉 강자와 약자 사이의 우열 관계 해체에 집중한다는 점에서, 논의의 초점을 물질이 아닌 **'인간'**에 두었다. '구조'로써 작동하는 비인간 물질은 그것이 옳든 그르든 어디까지나 인간을 위해 존재하는 것으로 보는 점에서 인간과 비인간 물질의 관계에는 관심을 두지 않는다. 그 점에서 구조주의 역시 '인간중심주의' 사고라 할 수 있다.

'인간중심주의' 사상에 기반하여 인간과 비인간 사물을 구분하려 드는 서구 중심의 이분법적 사고는 근대를 거쳐 오늘에 이르기까지 여전히 위력을 떨치고 있다. 21세기 사상은 이러한 인간 중심적 이원론적 사고에 대한 반동으로 출현했는데, 그 중심에 '신유물론'과 '새로운 실재론'이 자리한다.

오늘날 인류는 지구 온난화, 에너지 위기, 쓰레기 대란, 인수 공통 전염병의 확산과 함께 인공지능과 빅데이터로 대표되는 4차 산업 혁명이 초래할 수 있는 실로 엄청난 사회 위기와 마주하고 있다.

인류가 이런 위기 상황을 맞이한 이유는 분명하다. 인류가 인간중심의 이원론적 사고를 따라 과학기술 발전에 몰두하면서, 인간과 비인간 물질 간 '상호관계'의 중요성을 몰각한 때문이다. 인류는 다양한 비인간 사물과의 관계, 즉 인간과 비인간 사물이 서로 영향을 주고받는 '**하이브리드(혼성)**'적 삶 속에서 살아야 하고 또 살아갈 수밖에 없다. 그런데도 인류는 인간 중심의 이분법적 사고에 기초해서 '자연과 사회', '비인간과 인간'을 철저히 구분하는 한편, 비인간(자연, 사물, 기계)을 인간의 영향력 아래 두고서 이들을 철저히 지배하려 들었다. 작금의 위기 상황은 말하자면 '주체−객체'의 이분법적 사고에서 벗어나 비인간을 인간과 '**동등한 행위자**'로 인정해달라는 자연의 요구이자, 인간을 향한 비인간 사물의 역습인 것이다.

종말론적 '**인류세(人類世, 인간세)**'로 요약되는 오늘날의 인류 위기 상황은 오직 인간만이 모든 행위의 주체라는 서구적 인간중심주의의 귀결이자, 그동안 인류가 자연 생태계를 침범하고 약탈해온 것에 대한 대가라 할 수 있다. 21세기 사유의 대전환은 이러한 인간 인식의 한계와 인류가 직면한 위기를 출발점으로 한다. 기후 변화, 생태 위기, 4차 산업 혁명 같은 21세기 당면 현안은 인간 행위와 비인간 행위의 상호성 증가로 인해 많은 사회 문제를 불러일으킬 수 있는데, 인간 중심적 이원론에 기초한 20세기 사상은 더는 이 문제에 대한 올바른 해결책을 제시하지 못하고 있다.

그에 따라 21세기 사상은 바야흐로 새로운 흐름을 맞이하고 있다. 우리가 사는 세계는 인간과 비인간 행위자의 다양한 결합으로 이루어져 있다는 생각을 따라,

인간과 비인간의 경계를 허물려는 시도가 사회 전반에서 일어나고 있다. **'탈 인간적 일원론'**의 입장에서 동물·식물·무생물 같은 생명체는 물론이고 공간·기술·건물 같은 사물 개체를 인간과 동등한 행위자로 간주하면서, 인간과 비인간 사물의 다양하고 역동적인 관계를 이해하려고 노력해야 한다는 의식적인 노력이 그것이다.

이른바 **'존재론적 전환'**이라는 이름으로 인간과 자연의 관계를 **'재설정'**하려는 시도가 활발히 이뤄지고 있다. 철학적 사고에서의 '존재론적 전환'은 현대 탈 주체 철학의 중심 사상이자, 인류학과 사회학 같은 인문과학은 물론이고 생태학과 지리학 같은 자연과학을 가로지르는 거대한 사상적 흐름이며, 생태위협, 생명공학 및 인공지능의 부상에 대응하여 인간의 존재 방식을 근본적으로 다시 사유하려는 경향이다. 브뤼노 라투르, 캉탱 메이야수, 마르쿠스 가브리엘, 에두아르도 콘 등의 대표 학자들은 과학기술, 반려동물, 미디어, 환경, 자연 같은 다양한 주제를 탐구하면서, 인간이 다른 사물과 어떻게 연결되어 있는지를 살폈다.

존재론적 전환은 그동안 '물질'을 수동적이고 무기력한 재료로 간주해왔던 서양 중심의 이원론적 인식론을 거부하면서, 인간으로부터 독립해 있는 사물의 **'실재성'**과 함께 '지금, 여기에서' 살아 움직이는 물질의 **'행위성'**에 주목하면서 인간의 존재 방식을 근본적으로 다시금 사유하려 든다. '인간이 바라본 자연'이 아니라 **'자연이 바라본 인간'**, 즉 존재론적 전환을 따라 인간 중심의 세계 이해에서 벗어나 자연의 시각에서 인간을 바라보면, 자연과 인간은 동등한 행위자로서 위치하면서 인간과 타자, 문화와 자연이라는 이분법적 구분은 더는 의미가 없어지게 된다.

인간과 비인간이 동등한 행위자로서 관계하고 있다는 사실은 우리의 일상생활에서 자주 확인된다. 예를 들어, 자동차라는 비물질 '객체'는 인간이라는 능동적 '주체'가 시키는 대로 수동적으로 움직인다고 생각하지만, 반드시 그렇지만은 않다는 사실을 우리는 여러 경험을 통해 확인할 수 있다(자동차 급발진 사고를 생각해볼 것). 만약 인간 행위자가 어떠한 지시를 내리더라도 자동차가 호락호락 순응하지 않는다면, 우리는 자동차가 요구하는 대로 정신과 몸을 움직여야만 안전하게 운전할 수 있다. 여기에서 이른바 물질의 행위성이 확인되는데, 자율주행 자동차가 상용화되면 기계의 자율성은 더욱 커지면서 기계가 인간 행위에 미치는 영향력은 갈수록 커질 것이 분명하다.

21세기 들어 객체 중심, 사물 지향의 존재론적 전환 사고는 분야를 넘나들면서 전방위로 확산하고 있다. 탈인간주의 경향은 학문과 사상, 문화와 예술은 물론이고 과학기술 전반에서 폭넓게 자리하면서 20세기 포스트모더니즘 이후의 가장 큰 흐름으로 나타나고 있다.

존재론적 사유 전환의 사상적 흐름

21세기 철학에서 존재론적 사유로의 '전환'은 크게 다음 네 가지 흐름으로 나타난다.

첫 번째는 **'물질적(존재론적)'** 사유로의 전환으로, 그 중심에 '새로운 실재론'과 '신유물론'이 있다. **'새로운 실재론'**은 주체의 인식에 좌우되지 않는 부정하기 힘든 **'절대성'**을 지닌 '실재'가 있다는 사상의 흐름으로, 캉탱 메이야수의 '사변적 실재론', 그레이엄 하먼의 '객체 지향 존재론', 마르쿠스 가브리엘의 '신실재론', 캐런 버라드의 '행위적 실재론'이 이에 해당한다.

다음으로, **'신유물론'**은 과거 유물론과 관념론이 간과했던 물질의 **'행위성'**을 이론화하면서 물질을 중심으로 세계를 고찰하려는 입장이다. 마누엘 데란다의 '새로운 유물론', 브뤼노 라투르의 '행위자-연결망 이론', 제인 베넷의 '생기적 유물론', 로지 브라이도티의 '포스트 휴머니즘', 닉 보스트롬의 '트랜스 휴머니즘', 도나 해러웨이의 '퇴비주의'가 이에 해당한다.

새로운 실재론과 신유물론의 구분은 넓은 의미에서 '신실재론'이라는 동일한 패러다임을 따라 폭넓은 철학적 논의가 펼쳐지고 있는데, 이것을 본론의 설명을 통해 직접 확인할 수 있을 것이다.

두 번째는 **'자연주의적 전환(인지과학적 전환)'**이다. 인지과학 발달에 힘입어 지금까지 베일에 놓여 있던 **'마음'**의 실체와 기능을 밝히는 한편, 뇌 과학을 통해 '도덕'을 설명하는 사상적 경향이 펼쳐지고 있는데, 그 중심에 사유의 자연주의적 전환이 자리한다. 데이비드 차머스의 '자연주의적 이원론', 존 로저스 설의 '생물학적 자연주의', 데이비드 암스트롱의 '기능주의', 폴 처칠랜드의 '소거주의' 등이 이에 해당한다.

세 번째는 **'미디올로지(매개론)' 전환**이다. 문화의 전달 작용을 **'기술'**과의 관계 속에서 논의하는 사상의 흐름이 그것으로, 매체와 인간 문화(사상) 사이의 관계를 뒤엎는 '고고학적 도전'이라 할 수 있다. 중심 사상가로 프리드리히 키틀러, 레지스 드브레, 베르나르 스티글레르가 있다.

네 번째는 **'인류학적 전환'**, 즉 '존재론의 인류학적 전환'이다. 일군의 학자들은 서구 인류학으로는 아무것도 설명할 수 없다면서, 인류학에 동물과 산맥 등 **'자연'**을 포함하는 사상을 열어가고자 시도한다. 대표적인 학자로 메릴린 스트래선, 필리프 데스콜라, 에두아르도 콘이 있다.

여기까지의 논의를 바탕으로, '21세기 철학'의 새로운 사조로서 존재론적 전환을 따라 전개되는 사상인 '신실재론, 신유물론, 마음의 철학, 인공지능의 철학', 그리고 이러한 사상을 모두 포괄하는 개념이자 21세기 사상적 담론이라 할 수 있는 '인류세의 철학'에 대해 설명한다. 그와 함께 분석철학이란 같은 뿌리를 두되, 인식론적 전환의 연장 선상에서 새롭게 펼쳐지고 있는 현대 형이상학과 현대 윤리학의 핵심을 설명하면서, 이것이 존재론적 사유 전환과 어떻게 관계 맺음을 하는지 살핀다.

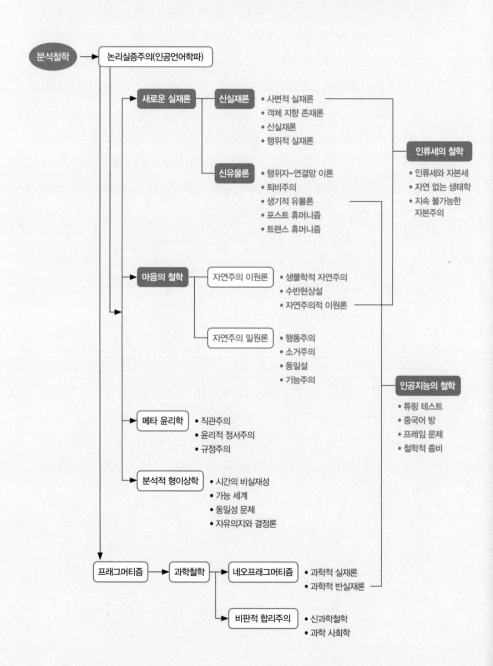

20세기 분석철학과 프래그머티즘에서 파생한 21세기 현대철학의 사상적 분파와 핵심 이론

분석철학 → 논리실증주의(인공언어학파)

새로운 실재론
- 신실재론
  - 사변적 실재론
  - 객체 지향 존재론
  - 신실재론
  - 행위적 실재론
- 신유물론
  - 행위자-연결망 이론
  - 퇴비주의
  - 생기적 유물론
  - 포스트 휴머니즘
  - 트랜스 휴머니즘

인류세의 철학
- 인류세와 자본세
- 자연 없는 생태학
- 지속 불가능한 자본주의

마음의 철학
- 자연주의 이원론
  - 생물학적 자연주의
  - 수반현상설
  - 자연주의적 이원론
- 자연주의 일원론
  - 행동주의
  - 소거주의
  - 동일설
  - 기능주의

인공지능의 철학
- 튜링 테스트
- 중국어 방
- 프레임 문제
- 철학적 좀비

메타 윤리학
- 직관주의
- 윤리적 정서주의
- 규정주의

분석적 형이상학
- 시간의 비실재성
- 가능 세계
- 동일성 문제
- 자유의지와 결정론

프래그머티즘 → 과학철학
- 네오프래그머티즘
  - 과학적 실재론
  - 과학적 반실재론
- 비판적 합리주의
  - 신과학철학
  - 과학 사회학

제 **2** 장

21세기 사상의 새로운 흐름 1
새로운 실재론

실재론이란 무엇인가

21세기 철학의 신(新) 경향 – 새로운 실재론

새로운 실재론이란 무엇인가

새로운 실재론의 사상적 특징

사변적 실재론/ 캉탱 메이야수

객체 지향 존재론/ 그레이엄 하먼

신실재론/ 마르쿠스 가브리엘

행위적 실재론/ 캐런 버라드

21세기 사상의 새로운 흐름 1 - 새로운 실재론

'실재론'이란 무엇인가 | 의식이나 주관으로부터 독립하는 '실재'를 인정하는 사상

철학에서 실재는 '현상'과 대립하는 개념이다. 현상의 배후에 있으면서도 현상의 그늘에 가려 그 실상을 온전하게 드러내지 못하는 중요한 그 무엇을 철학자들은 '실재'라는 개념을 사용해 말한다. 실재론은 현상과 무관하게 독립적으로 존재하는 현상의 근원적 존재를 철학적 논의의 중심으로 삼는다.

21세기 사상의 핵심 사조로서 사유의 '물질론 사유로의 전환'을 이끄는 '새로운 실재론'을 이해하기 위해서는, 먼저 '실재론'의 의미와 사상적 분파부터 파악할 필요가 있다. 인식론에서 말하는 일반적인 의미에서의 실재론은 '관념론'과 대척점에 있으며, 존재론적 관점에서 실재론은 '유물론'과 궤를 같이한다. 따라서 21세기 사상의 흐름을 주도하는 '새로운 실재론'은, 사변적 실재론으로 대표되는 '신실재론'과 더불어 현대 자연주의 철학·신실존주의·페미니즘의 존재론적 근간으로서의 '신유물론'을 아우르는 **하이브리드(혼성)** 개념이라고 이해하면 된다.

'실재론'에 따르면, 사물이나 현상과 같은 인식 대상(사물)은 인식 작용인 우리의 의식이나 주관(나)에서 독립하여 존재하며, 대상을 객관적으로 파악할 수 있어야만 참다운 인식은 성립한다. 그와 더불어 인식 대상이 우리의 주관과는 아무런 관계없이 **객관적 실재(객관적 진리)**로서 독자적으로 존재한다는 견해, 그리고 이와는 달리 관념적이라고 보거나 정신적이라고 보는 견해도 성립할 수 있다(중세의 실재론).

실재론은, 인식 대상을 외적 사물로 보는 시각에서는 '유물론'과 통한다. 형이상학적으로는, 개념적인 '보편(보편자)'은 인간의 사고와는 독립해 있으며, 사물 '**이전**'(플라톤의 실재론)이나, 사물 '**안**'(아리스토텔레스의 실재론)에 스스로 실재하고 있다는 견해다. 인식론에서는, 인간의 사고와 독립해 있으나, 사고 속에서 인식되는 현실(실재)이 존재한다는 견해다.

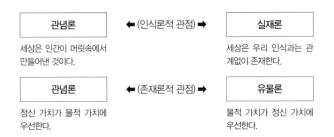

실재론은 다양하고 폭넓은 사상적 흐름을 이루면서 발전해 왔다. 세계(사물)는 우리가 보는 그대로 존재한다는 '**소박한 실재론**(자연적 실재론, 상식적 세계관)', 세계를 이루는 있는 그대로의 객관적 실재는 알 수 없다는 '**비판적 실재론**(반성적 실재론)', 정신이야말로 세계의 참된 실재라고 보는 '**관념론적 실재론**(객관적 관념론)'이 있다. 한편, 과학에서의 이론적 대상을 놓고서, 이것이 실재한다고 보는 '**과학적 실재론**'과 편의적 고안물에 불과하다는 '**반실재론**'으로 구분된다.

✚ 다양한 실재론적 사유

■ **소박한 실재론(자연적 실재론)**

일상적인 감각의 대상은 있는 그대로 실재한다고 믿는 견해이다. 사물은 우리가 지각하거나 의식하는 그대로 존재하며, 우리가 지각 또는 의식하든지 않든지 간에 정신에 '독립적'으로 존재한다고 믿는다.

■ **비판적 실재론(반성적 실재론)**

비판적 실재론은 사회과학을 이해하기 위한 철학적 접근 방식으로, 상식적인 지각의 세계가 곧 실재의 세계라는 견해를 과학적으로 비판하면서 실재와 감각을 분리하여 생각한다. 비판적 실재론은 과학철학(초월적 실재론)과 사회철학(비판적 자연주의)이 결합한 사상으로, 있는 그대로의 객관적 실재는 알 수 없다고 보면서 경험주의와 실증주의를 반대한다.

■ 관념론적 실재론(객관적 관념론)

대상의 본질은 인간의 의식을 초월한 정신적·객관적인 것이라는 입장이다. '정신'이야말로 세계의 참된 실재로서 우주의 원형이며, 만물은 그 표현에 지나지 않는다고 본다. 플라톤의 이데아, 헤겔의 절대정신, 변증법적 유물론이 있다.

■ 과학적 실재론과 반실재론

전자와 같은 소립자는 실제 관찰할 수 없고 과학에서나 이론으로 다루는 대상을 '이론적 대상'이라고 한다. 이론적 대상은 당연히 실재한다고 보는 입장을 '**과학적 실재론**'이라고 하는데, '과학은 객관적 사실이다.'라는 생각이 이에 해당한다. 대표적인 과학적 실재론자인 아인슈타인은, '내가 달을 보고 있지 않아도 달은 존재한다.'라면서, '실재'라는 것은 관찰로써 정의될 수 있는 것이 아니라고 주장했다. 이와 달리 이론적 대상은 실제 현상을 설명하기 위해 만들어낸 편의 장치에 불과하다고 보는 입장을 '**반실재론**'이라고 한다. 예를 들어 콰인의 '총체주의'에 따르면, 이론에 부합하지 않는 실제 경험 결과가 도출되더라도 그 이론의 어느 부분이 잘못되었는가를 확정하기 어렵다.

　　과학적 실재론과 반실재론 논쟁은 현대 자연주의 사상의 핵심 테마로, 생태학과 뇌과학에 기반한 정신철학에서 중요하게 다루는 '마음과 의식의 본성'에 관한 존재론적 물음과 연결된다(그 자세한 내용은 '자연주의적 전환'에서 자세히 설명한다).

21세기 철학의 신(新) 경향 – 새로운 실재론

비인간 사물의 존재와 행위를 생각한다.

서양 철학사는 그동안 탐구 대상이 '존재(세계, 실재) → 주체(이성, 의식) → 언어(논리, 개념) → 다시 존재(초월자, 실재)'로 전환되면서, 그 사상적 흐름이 '세계 인식(주관과 객관의 일치 문제) → 인식론적 전환(주체 중심의 철학) → 주체의 전복(탈 주체의 철학) → 언어적 전환(분석철학) → 존재론적 전환(사변적 실재론)'을 따라 발전했다.

21세기에 접어든 오늘날, '사물 자체'와 '이성' 개념을 **사변적(思辨的)**으로 다시 회복하고자 시도함으로써, 근대 '인간중심주의' 철학과 현대 포스트모던의 '상대주의' 입장이 지닌 문제점을 극복하기 위한 새로운 실재론 사상이 나타났다. 21세기 철학의 흐름을 주도하고 있는 새로운 실재론은 **인간 이후**의 세계를 폭넓게 고찰함으로써 인간의 사유가 미치지 못하는 장소이기도 한 (실재로서의) '세계'를 사유하는 방향으로 나아가고 있다. 현재 메이야수의 '사변적 실재론', 하먼의 '객체 지향 존재론', 가브리엘의 '신실재론', 버라드의 '행위적 실재론'을 중심으로 다양한 논의가 전개되고 있다.

그렇다면 '사변적 실재론'과 '신실재론' 등 현재 대륙 철학은 물론이고, 영미 철학에서 가장 영향력 있는 사상적 조류로 평가받고 있는 새로운 실재론이 지향하는 것은 무엇일까? 그것은 주체의 인식에 결단코 좌우되지 않는 부정하기 힘든 **'실재'**이자 인간과 분리 가능한 **'세계'**가 있음을 철학적 사유를 통해 밝히려는 시도라 할 수 있다. 다시 말해, 주체의 의식을 초월하는 '실재'에 관해 사유하면서, 포스트모던에서 나타나는 상대주의 세계관과 인간중심주의 가치관을 타파하고 (새로운) 실재론을 철학적 사고의 축으로 복권하려는 노력이라 하겠다.

21세기 실재론적 조류가 '시대 정신'으로 부상하고 있는 지금, 존재론적 사유 전환의 핵심 테제로 자리 잡은 '새로운 실재론'과 '신유물론'은 모두 각자의 논점에 따라 내용이 달라지기 때문에 전부를 하나로 뭉뚱그려 설명하기 어렵다. 계속해서 활발한 논의가 진행되면서 사고의 지평을 넓히고 있는 터라, 사조별 개념적 범주화 작업 역시 한창 진행 중인 상태다.

그렇더라도 21세기 사상의 대략을 살피는 것은 무척 의미 있는 일이겠는데, 이를 위해 먼저 사상의 핵심부터 개괄한 후, 여러 철학자가 주장하는 논의의 핵심을 이해할 필요가 있다. 새로운 실재론은 먼저 '사변적 실재론'에서 말하는 '사변적'이란 용어의 의미부터 살펴 재정립할 필요가 있는데, 그 개념적 의미가 새로운 실재론은 물론이고 신유물론 사상으로 들어가는 일종의 '출입문' 역할을 하기 때문이다.

'사변적'이란 용어의 의미

라틴어 'speculatio'에서 유래한 **사변(思辨, speculation)**은 '관조'나 '성찰'의 의미로, 신이 모든 것을 꿰뚫어 본다는 뉘앙스로 사용되는 용어다. 중세 스콜라철학에서 사변은 어원을 같이하는 용어인 '거울(speculum)'과 연결되면서 거울(신)에 반영된 모습으로서의 인간의 지성 능력으로 전환되었고, 그에 따라 '신(神)'을 순수한 이성의 힘으로 직관하고 관조하면서 파악하는 능력으로서의 **'초월적'** 사고를 의미하게 되었다.

이후 서양 근대 들어 '사변'은 경험에 의존하지 않고 순수하게 **'이성'**의 힘으로 사유함으로써 현상과 사물을 분별하고 판단하는 지적 활동으로 의미가 전환됐다. 그리하여 사변은 독일 관념론을 거치면서 모든 현실을 근거 짓는 형이상학적 질서를 이성의 힘으로 꿰뚫어 볼 수 있는 지성, 곧 인간이 갖춘 지성의 결과를 뜻하는 용어로 고착됐다.

칸트는 진리의 보편성을 확신하면서, 의지의 자유, 영혼 불멸, 신 존재 같은 경험적으로 확인할 수 없는 대상이나 형이상학적 물음을 사변적 사유, 즉 **'직관'**의 힘으로 이해할 수 있다고 보았다. 헤겔은 절대자라는 궁극의 존재를 인식하면서 진리로 나아가는 **'정신'**의 여정에서 오직 사변적 단계만이 대상의 모든 규정을 통일되게 이해할 수 있다고 주장했다.

이른바 칸트주의로 표상되는 사변철학은 '사변', 즉 인간 '이성'을 인식의 근거나 사유의 방식으로 삼아 진리를 추구하는 사상으로, 존재론적 관점에서 존재(인식 대상)와 사유(인식 주체)는 명확히 구분되며(주체 중시·인간 중심의 이원론적 사고), 인식론적 관점에서 존재는 정신에 의해 인식된다고 확신한다(인식론적 전환을 따르는 주관적 관념론).

따라서 사변철학은, 존재는 오직 주체와 관계할 때만 의미가 있는, 다시 말해 주체·주관인 '정신'과 객체·객관인 '세계' 간에는 어떤 상관관계가 존재한다는 '**상관주의(相關主義)**'를 따르는 경향성을 보인다. 상관주의에 따르면, 세계(존재)는 그것을 형성하고 처리하는 우리의 인식(의식)에 의존한다. 세계는 인간 사유의 '상관물'이며, 사유(이성)와 세계(존재)는 서로 별개로 볼 수 없다. 요컨대, 세계는 인간의 마음이나 생각과 무관하게 그 모습 그대로 존재하지 않는다. 이렇듯 전통 철학에서 말하는 '사변적'이란 말뜻에는 '**이성적·상관적·인간 중심적**'이란 의미가 내포되어 있다.

상관주의는 칸트 철학 이후 독일 관념론을 거쳐 대륙 철학의 중심으로 확립되었고, 이후 서양 사상의 본류를 이루는 '**인간중심주의**'의 이론적 토대가 되었다. 칸트의 초월적 관념론(인식론적 전환)과 20세기의 논리실증주의(언어적 전환), 그리고 포스트모던(상대주의) 역시 인간을 중심으로 하는 사상이란 측면에서 상관주의에서 벗어나지 못한다는 이유로 새로운 실재론의 비판 대상이 되었다.

새로운 실재론이란 무엇인가 | 물질의 실재성과 행위성을 인정하는 사상

21세기 들어 상관주의를 뛰어넘어 사고로부터 독립한 '존재'에 주목하는 움직임이 일어나기 시작했다. 사유로부터 독립한, 다시 말해 인간으로부터 독립한 방식으로 **'실재성'**의 본질에 대해 다시금 **'사변적'**으로 생각하기 시작한 것이다.

캉탱 메이야수를 비롯한 많은 사상가가 서양 전통철학의 특성인 상관주의를 비판하면서, 인간이 중심이 되는 철학의 오랜 경향성을 폭로했다. 서양 전통철학은 사유와 언어 바깥의 존재는 인식 불가능하다고 말하지만, 이러한 철학의 경향성은 '절대적 존재자'를 우리의 생각 **바깥으로** 몰아낸 것일 뿐으로, 세계(존재)는 인간과는 상관없이 **그 자체로 실재**한다고 보았다. 다시 말해, 세계를 구성하는 '실재'는 대상을 향한 인간의 인식 방식과 관계없이 존재하며, 인간의 의식으로 환원하지 않고도 '우리 없는 세계'를 가리키고 말하는 것 역시 가능하다고 주장했다.

이러한 새로운 실재론의 사상적 흐름은 '사변적 실재론'이라는 새로운 철학 운동을 탄생시킨 '2007년 영국 런던대 골드스미스칼리지 워크숍' 논의에서 비롯됐다. 레이 브라시에(프로메테우스주의)의 주도로 그레이엄 하먼(객체 지향 존재론)과 해밀턴 그랜트(생기론적 관념론), 그리고 캉탱 메이야수(사변적 실재론)가 한자리에 모였고, 네 명의 저명한 철학자가 논의한 공통분모를 뽑아 워크숍 이름을 **'사변적 실재론'**이라고 지었다.

여기서 새로운 실재론의 특징을 설명하기 위해 재소환한 '사변적'이라는 용어의 의미를 다시금 되새겨 볼 필요가 있다. 서양 전통철학의 흐름을 주도한 '관념론적 실재론(객관적 관념론)'은 상관주의를 따라 '사변적'으로 사유하면서 '존재와 사유의 일치'를 추구한다. 따라서 이때의 '사변적'이란 용어는 **'이성적'**, 엄밀히 말해서는 상관주의를 따르는 경향성으로서의 **'인간의 지성으로 세계(물질)를 인식하는'**이라는 의미와 같다.

그와 달리 새로운 실재론은 인간 '정신'과 떨어져서 독립적으로 존재하는 세계(사물)를 생각한다. 세계는 우리의 '의식(직관, 이성)'에 반(反)하는 것으로, 의식을 초월한 실재, 다시 말해 '스스로 인식 주체라고 생각하는' 상관주의적 사고에 좌우되지 않는 부정하기 힘든 '실재'가 있다고 본다.

따라서 우리가 '실재' 그 자체에 다가가려면 이성의 힘을 지나치게 맹신하는 데서 오는 형이상학적 독단론과 회의주의를 넘어설 수 있어야 하는데, 이를 위해서는 사유의 존재론적 전환을 꾀하는 의미로서의 '사변적' 숙고가 필요하다. 이때의 '사변'이란 용어의 의미는 'speculation'의 어원에 충실한 의미로서의 **'초월성'**을 추구하는 사고에 가깝다고 보는 것이 적절할 듯한데, 메이야수는 '사변적 실재론'을 일컬어 존재자의 '우연성의 필연성'을 추구하는 사상이란 말로 표현했다. 즉, 메이야수의 새로운 사변적 실재론은 마르크스의 '실천적 유물론'이 지닌 인간 중심의 사유 한계에서 벗어나, 숙고의 대상을 비인간 사물, 즉 자연으로 전환하여 비판적으로 성찰코자 하는 사상적 흐름이라 할 수 있다.

여기까지의 설명을 통해 알 수 있듯, '사변적'이란 말의 뜻은 인식론적 관점에서 볼 때는 '이성적'이란 의미에 가깝지만, 존재론적 관점에서 볼 때는 '초월적'이란 의미에 가깝다고 할 수 있다. 칸트 중심의 사변철학이 선험적 관념론, 즉 '초월적 관념론'을 뜻한다면, 메이야수가 말하는 사변적 실재론은 형이상학적 실재론, 즉 **'초월적 실재론'**을 지칭한다고 봐도 될 듯하다. 이른바 '존재론적 전환'을 따라 개념의 하이브리드(혼성)가 일어나면서, 관념론이 실재론으로 뒤집히는 역설적 상황이 펼쳐지는 것이다.

'개념'의 의미를 어떻게 이해하고 받아들일 것인가

이렇듯 '사변적 실재론'은 엄밀히 말해 **'초월적 실재론'**으로 받아들여야 좀 더 명확한 의미로 다가온다. 인식론적 관점에서 볼 때도, 사변적 실재론은 **'인간 이후의 세계', '인간 너머의 세계'**를 구성하는 초월성을 지닌 물질, 다시 말해 인간 의식 밖에 있는 '물자체'적 실체를 좀 더 깊게 **'숙고'**하는(사변의 어원적 의미의 하나가 '관조'를 뜻한다고 생각한다면) 의미에서의 '새로운 실재론'을 뜻한다고 할 수 있다. '사변적 실재론'이 골드스미스칼리지 워크숍 이름에서 비롯됐다는 사실에서 유추한다면, 물질론적 전환을 따라 새롭게 펼쳐지는 실재론적 사유를 본격적으로 숙고하자는 의미에서, 회의에 참석한 철학자들이 새로운 실재론을 총칭하여 '사변적 실재론'으로 명명한 것이 아닌가 싶다.

그런데도 학계에서 '사변적 실재론'이란 용어가 새로운 실재론을 지칭하는 의미로 쓰이면서 읽는 이들로부터 혼란을 일으키고 있는 이유는 아무래도 번역 과정에서 비롯된 것이라고 봐야 할 듯하다. 즉 일본에서 원어 'Speculative Realism'을 '사변적 실재론'이라고 번역한 것을 우리가 여과 없이 그대로 사용한 때문이기도 하다. 다른 이유를 하나 더 찾자면, '사변적' 관념론을 추구하는 전통철학에 맞서, 존재론적 전환을 통해 되찾은 물질의 '실재성'에 대해 좀 더 깊게 **'성찰'**하는 자세로 진지하게 **'숙고'**하자는 의미에서 '사변적'이란 용어를 채택한 것이 아닌가 싶다. 어느 쪽이든 '새로운 실재론', '사변적 실재론', '신실재론'이란 이름으로 혼재한 개념은 관련한 사상의 발전과 함께 조만간 제 자리를 찾을 듯하다.

사실, 지금 수많은 사상가가 쏟아내고 있는 개념들은 아직 미완의 단계로, 용어 면에서도 명확히 정리되지 못한 상태이다. 예를 들어, '새로운 실재론'과 '신유물론'이 개념적으로 혼재되어 사용되고 있으며, 같은 실재론 범주 안에서도 '새로운 실재론(신실재론)'과 '사변적 실재론'이 뒤섞여 사용되고 있다. 일례로 메이야수의 '사변적 실재론'을 어떤 책에서는 '사변적 유물론'이라고 말하기도 한다.

따라서 이렇게 생각하면서 받아들이면 된다. 인식론적 관점에서 '실재론'은 '관념론'과 대척점에 있지만, 존재론적 관점에서 '실재론'은 '유물론'으로 대체 된다. 이것을 사유의 인식론적 전환과 언어적 전환을 뛰어넘는 새로운 사상적 흐름으로서의 물질론적(물활론적) 사유 전환과 관련한 개념으로 재규정한다면, 존재론과 인식론을 아우르는 개념으로서 **'새로운 실재론'**을 두고, 그 아래에 **'신실재론(사변적 실재론)'**과 **'신유물론'**을 놓는 것이 좋을 듯하다(물론, 필자 개인 생각이다).

중요한 것은, 지금 사상가들이 쏟아내는 수많은 관련 논의는 하나같이 **'실재'**를 놓고 이것을 어떨 때는 인식론적 관점에서, 또 어떨 때는 존재론적 관점에서 고찰하는 것이지만, 굳이 신실재론이라든가 신유물론이라는 식으로 개념을 분리해서 살피지 않아도 글 내용의 핵심을 이해하기 그리 어렵지 않다는 것이다. 신실재론 (새로운 실재론)과 신유물론은 이를 연구하는 많은 사상가가 각자 자신의 주장이나 생각을 전달하기 위해 사용한 핵심 개념에 따라 다양하게 논의를 전개한 것일 뿐으로, 그것도 '물질론적 사유로의 전환'을 추구한 것에서 근본적으로 같기 때문이다.

새로운 실재론의 사상적 특징 | 비인간 사물도 인간과 동등한 행위자다.

　　새로운 실재론은 신실재론과 신유물론 모두 '인간중심주의'에서 **'물질중심주의'**로의 전환, '상대주의'에서 **'보편주의'**로의 전환, 그리고 물질의 **'실재성'**과 **'행위성'**을 인정하는 사고로의 전환을 꾀한다는 점에서 공통된 시각을 보인다.

　　먼저, 새로운 실재론은 주체 중심의 이원론적 사고에서 벗어나 '탈(脫) 인간중심주의'의 일원론적 사고를 지향한다. 새로운 실재론은 포스트 구조주의 혹은 포스트모더니즘이 추구하는 '인간중심주의' 사상에서의 탈피를 꾀하면서, 물질을 수동적이고 정태적인 대상으로 간주하는 것에서 벗어나 인간과 **'동등한 행위자'**로 받아들이는 '물질중심주의'로의 사고의 전환을 시도한다. 인간과 자연(물질)은 둘 다 세계를 구성하는 개체로서 상호의존적인 관계에 있으며, 인간과 비인간 자연 물질이 맺는 역동적인 관계를 따라 상호작용할 때 인류는 '더 나은 미래'로 나아갈 수 있다고 주장한다.

　　다음으로, 새로운 실재론은 상관주의를 뛰어넘어 '사고로부터 독립한 존재'에 주목한다. 현대철학의 상관주의 경향은 세계를 인간에 의해 구성된 것이라고 인식하면서, 상식적 세계관으로서의 소박한 실재론을 따라 '사물은 우리가 보는 그대로 존재한다.'라고 주장한다. 그렇게 되면 '나'는 나의 눈으로밖에 세계를 볼 수 없게 되고, 어느 사이엔가 인간은 인간의 세계에 갇히고 만다. 영원히 인간의 사유가 미치지 못하는 장소를 사유하지 못하면서, 인간은 상대주의 관점을 따라 얼마든지 우리와는 다른 세계를 인식할 수 있다는 '포스트모던'적 사고는 부정된다. 만약 우리 사고로부터 독립한 존재로서 **'인간 사유 밖의 영역'**이 실재한다면, 다시 말해 인간의 사고에서 독립한 존재가 실재한다면, 그것의 절대성 또한 인정해야 한다는 것이 새로운 실재론의 입장이다.

　　'절대'란 우리와의 모든 관계로부터 풀려난 것, 즉 인간의 사유와 무관하게 존재하는 것까지도 포섭하는 개념으로, '일반적인 것', '공통적인 것', '모든 것'으로서의 완전히 정해진 성질을 띠고 있는 것을 지칭하는 '보편'과 합치된다. 이러한 보편주의 관점에서 인간의 사유 밖에 있는 절대적이고 초월적인 존재까지도 실재로서 인정하려는 시도가 바로 새로운 실재론이 추구하는 사유라 할 것이다. 이를 두고 가브리엘은, 새로운 실재론은 물리적 대상뿐만 아니라 그것과 관련한 '사상', '마음', '감정', '신념', 나아가 유니콘 같은 가상의 동물을 상상하는 '공상'마저도 **'실재'**로서 존재하는 것이라고 했다. 또한 라투르는 비행기와 슈퍼컴퓨터, 지구의 기후 같은 객체들까지도 세계를 구성하는 **'실체적 존재'**라고 했다.

끝으로, 구성주의 사고에서 벗어나 물질의 실재성과 행위성을 인정하는 태도를 보인다. 새로운 실재론은 '존재는 실재하는 것이 아니며 사회적으로 구성되는 것이다'라는 '포스트모던'적 구성주의 입장에서 물질의 실재성과 행위성을 부정하는 사고를 거부한다. 그 대신에 '마음' 같은 심적인 것의 존재까지 인정하는 **'신실존주의'** 입장을 따라 비인간 물질도 행위 능력을 갖춘 자율적 존재이자 인간으로부터 시공간적으로 독립한 실체라고 본다. **'행위자'**의 능력, 곧 사회적 세계를 생산하는 활동을 인간에서 비인간 사물까지 확장하는 새로운 실재론은 일상 현실에서 벌어지는 구체적인 물질적 문제를 중요하게 탐구함으로써, 존재론의 혁신을 꾀하는 차원을 넘어 **페미니즘**과 **생태주의**의 실천적 사유로까지 이어지고 있다.

새로운 실재론 사상의 핵심 논변

여기까지의 '새로운 실재론'에 대한 설명으로, 관련한 철학적 사유의 한 축을 이루는 '신실재론'까지 갈음할 수 있을 것 같다. 그렇더라도 굳이 '새로운 실재론(신실재론)'과 '신유물론'으로 나누어 살펴야만 하는 이유를 찾자면, 사유의 관점을 물질(존재)의 **'실재성'**과 **'행위성'**으로 구분한 다음, 이것을 중심으로 사상가별 논의의 핵심을 살펴야 하기 때문이다.

새로운 실재론은 주로 실재론의 관점에서 물질의 '행위성'을 따라 '인간과 물질(자연)은 **동등한 행위자**'라는 사실의 근거를 밝히는 데 초점을 맞추면 될 듯하고,

신유물론은 주로 존재론의 관점에서 물질의 '실재성(실체)'을 따라 '인간 바깥의 존재로서 인간과 분리 가능한 세계'를 이루고 있는 **'사물 자연'의 본모습**을 고찰하는 데 초점을 집약하면 될 듯하다. 어느 쪽이든, 마치 동전의 양면을 들여다보는 것과 다를 바 없다는 생각으로, 새로운 실재론과 신유물론을 **'하이브리드(혼성)'**하면서 살피면 될 것이다.

이때, 이어서 설명하는 여러 사상가의 이론이나 논의의 중심 생각을 이루는 '핵심 개념'에 주목한다면, 내용 이해는 좀 더 수월해질 것이다. 이를테면, 메이야수(사변적 실재론)의 **'우연성의 필연성'**, 하면(객체 지향 존재론)의 **'환원 불가능성'**, 가브리엘(신실재론)의 **'의미의 장(場)'**, 버라드(행위적 실재론)의 **'내부─작용'**이 그것으로, 이와 같은 핵심 개념에 주목하며 읽으면 좋을 것이다.

가브리엘의 '의미의 장' 존재론

현대 형이상학의 큰 흐름의 하나인 **'새로운 실재론'**에서 독보적인 위치를 차지하고 있는 마르쿠스 가브리엘은 전하가 전기적인 힘을 받는 공간인 '전기장'을 응용하여 존재론적 사유로서의 **'의미의 장'** 개념을 설명하였다. 전하가 주변의 공간에 미치는 전기적인 영향력을 전기장이라고 하는데, 전기장은 전기력이 지닌 원격의 성질을 설명하기 위해 도입한 개념이다. 말하자면, 과학에서 말하는 '장(場)'의 의미는 그것이 미치는 영향력의 '작용 공간'이자 대상의 영역과 대상 간의 관계를 규정하는 **'범주'**라고 생각하면 된다.

가브리엘은 존재론의 기본 단위를 '의미의 장'이라고 불렀다. 그가 '대상 영역' 대신에 '의미의 장'이라는 개념을 사용한 이유는 인간의 사회문화적 관계로부터 나타나는 **'의미'**를 대상에 포함하기 위해서다. 사물의 의미를 부여하는 현재의 **'장소'**인 의미의 장은 사물의 객관적인 구조를 제공하며, 무언가 존재한다는 것이란 그것이 의미의 장에 나타난다는 것과 같다. 대상이 의미의 장에 현상(現像)하면, 그 대상은 의미의 장의 역학적인 힘에 의해 구체적인 의미를 띤 대상이 된다.

가브리엘은 무언가가 의미의 장에서 나타나는(현상하는) 것이 **'존재(실재)'**의 본래 의미이며, 의미의 장은 **무한히 존재**한다고 주장했다. 의미의 장의 복수성을 전제하면, 대상이 반드시 특정한 의미의 장에 결부되지 않더라도 좋다는 것을 알 수 있다. 물은 자연과학에서는 H_2O로 현상하고, 사막에서는 귀중한 마실 것으로서 현상하며, 목욕탕에서는 몸을 따뜻하게 하는 것으로서 현상한다. 의미의 장을 통과함으로써 대상은 **'특정한'** 방식으로 나타나게 되는 것이다. 요컨대 우선 무수한 의미의 장의 구분이 존재하며, 그것으로부터 대상과 그 인식이 문제가 된다. 이 순서를 거꾸로 해서는 안 된다. 의미의 장은 대상을 규정하는 객관적인 힘의 장이며, 대상의 현상 방식에 대한 '의미'의 의미이다. 가브리엘은 존재(의미)는 존재(의미의 의미, **참된 실재**) 그 자체로서 순수하게 고찰되어야 한다고 본 것이다.

사변적 실재론 / 캉탱 메이야수
: 사물은 인간의 인식과는 관계없이 존재한다.

21세기 들어 유럽을 중심으로 한 '사변적 전환'이라고 불리는 새로운 철학적 조류가 일어났다. '**사변적 실재론**(Speculative Realism, **사변적 전환론**)'은 그 중심 사상으로, 구체적으로는 프랑스 철학자 캉탱 메이야수가 『유한성 이후』에서 갈파한 '**객체 중심 존재론**'을 뜻한다. 사변적 실재론은 사유로부터 독립한, 또는 인간으로부터 독립한 방식으로 실재성의 본질에 대해 고찰하면서, 세계는 이유 없는 '**우연성**'을 따라 존재한다고 보는 새로운 철학 사조이다.

사변적 실재론을 설명하려면 먼저 칸트의 사변철학을 살필 필요가 있다. 칸트는 자신의 철학을 '철학의 코페르니쿠스적 혁명'이라고 불렀다. 칸트는 의식이 세계에서 비롯한 것이 아니라 세계가 의식과 관계할 때만이 경험될 수 있다고 보았다. 세계는 이성의 구조를 통과할 때에만 경험 가능한 현상이 되며, 인간이 경험할 수 있는 조건을 넘어 실재 자체에 직접 도달하려는 모든 시도는 경험의 한계를 망각한 이성의 월권일 뿐이다.

칸트 이후 철학자들은 칸트의 이성을 대신해 정신, 언어, 사회, 문화 등 다양한 사고의 틀을 제시했다. 하지만 그들 역시 여전히 경험을 구조화하는 사고의 틀을 제시하고 있다는 점에서 칸트의 '인식론적 전환' 사상의 자장 아래에 있다. 현대철학의 비판적 합리성 역시 전통철학이 추구하던 보편 진리는, 사회적이고 시대적이며 인간적인 편견을 반영한 것에 불과할 뿐, 근본적인 시각에서 인간과 실재 사이에는 좁히기 어려운 간격이 있다고 생각했다.

메이야수는 이러한 칸트 이후의 철학을 '**상관주의**'라고 명명했다. 상관주의는 "사물은 인간과의 상관관계에 의해 존재의 의미가 부여된다."라는 철학적 사유를 말한다. 이에 따르면, 세계에 실재하는 대상 그 자체에 대한 직접적인 진술은 불가능하며, 오직 **의식과 세계의 상관관계**에 의해서만 접근할 수 있다. 우리는 마음

바깥에 자리하는 실재하는 '물자체'를 직접 인식할 수 없으며, 다만 이성의 힘으로 현상 배후에 있는 물자체의 본질에 다가서기 위해 노력할 뿐이다. 그 점에서 헤겔도, 니체도, 하이데거도, 비트겐슈타인도 모두 상관주의라는 바구니 안에 다 쓸어 담을 수 있다.

하지만 메이야수에 따르면, 상관주의는 모든 객체를 인간 사유의 상관물, 즉 사유 속의 객체로 존재토록 하는 것이기에 인간 중심의 **편향**된 사고를 불러올 뿐이다. 상관주의는 존재자인 인간에게 세상에는 '존재' 이유가 있다는 생각을 뿌리까지 없애버림으로써, 이 세계 사물에는 어떠한 존재적 근거도 이유도 없다는 사고를 우리에게 남길 뿐이다. 우리가 어떤 것에 관하여 생각하고 있다면, 우리는 이미 그것을 생각하고 있으므로 인간의 사유로부터 독립적이지 않다는 것이다.

그렇다면 '존재'가 부재하는 세계에서 벌어진 사건을 인간이 사유한다는 것은 정말로 가능한 것일까? 메이야수는 칸트 이후 철학의 '상관주의' 경향에 이의를 제기하고 의식 바깥의 절대적 실재를 구출하려고 했다. 인간의 사고에서 독립한 '존재(실재)'를 고찰하려면, 무엇보다 인류 소멸 이후의 가능한 사건을 상정하면서 '인간과 분리 가능한 세계'를 과학적으로 고찰할 필요가 있다고 보았다. 그리고 다음과 같이 되물었다.

> 칸트 이래, … 만일 대상의 '실재'가 항상 주체와 관계한다고 한다면, 주체에 의한 인식의 틀 너머에 있는 '대상'의 실재에 관해 유의미하게 말할 수 있을까? … (이를 위해) 왜 철학은 초월론적 인식론 혹은 현상학적 관념론과는 반대의 길을 걷지 않았을까? 왜 철학은 과학을 사고하기 위해 사변적 유물론으로 단호하게 시선을 돌리지 않았을까? 왜 철학은 그래야만 했는데도 초월론적 관념론에 주력하게 되었을까?

그리하여 메이야수는 상관주의가 도달한 세계에 관한 '**이유 없음**(○○○, '트리플 오'라고 불리며, 그레이엄 하먼이 주창한 '객체 – 지향 – 존재론 Object – Orient – Ontology' 의미를 축약하여 표현한 개념이다.)'이야말로 이성의 '유한성' 에 대한 표식이 아니라 우리의 앎이 시작하는 곳이며, 새로운 철학의 출발점이라고 보았다.

메이야수에 따르면, 이유 없음, 근거 없음, 즉 오직 우연적인 것만이 필연적이라는 **'우연성의 필연성'**이 우리가 철학을 새롭게 세워야 할 절대적 지식이고 절대자(하이퍼 카오스)이다. 이성은 여기에서 출발하여 철학에서 지워버린 물자체를 재규정해야 하는데, 이는 실험이나 관찰이 아니라 오직 **'사변적 추론'**에 의해서만 가능하다고 보았다. 이렇듯 메이야수가 사변적 이성의 추론으로 도달한 '물자체'에 대한 철학, 곧 객체 지향 존재론이 바로 '사변적 실재론'이다.

메이야수의 사변적 실재론은 물질이 세계를 이루는 근본 원리라고 보는 유물론적 사고의 특징을 갖지는 않는다. 하지만 실재하는 존재로부터 인간의 경험적·감각적 소여(所與; 의식 내용) 일체를 제거하려 든다는 점에서 볼 때는 일종의 **'신유물론'**적 사고라고 말할 수 있다.

사변적 실재론은 인간중심의 사고인 상관주의가 필연적으로 놓칠 수밖에 없는 세계의 실재를 향해 나아가려는 탈주하는 사고로, 이를 통해 인간의 유한성 너머에 있는 미지의 세계를 발견하려는 인식론적·존재론적 접근이라는 점에서 특히 그렇다.

보충 해설 　　페라리스의 『신실재론 선언』

현재 이탈리아 토리노대학교 철학과 교수로서, 존재론연구소 'LabOnt'를 운영 중인 마우리치오 페라리스는 자신만의 독특한 시각에서 실재론을 구축했다. '관념론' 혹은 '유물론'의 어느 하나에 초점을 맞춰 온 기존 서구 철학 전통을 비판하면서, 관념과 물질의 혼합체로서의 **'실재'**를 새롭게 사유하고자 시도했다.

　이를 위해 페라리스는 직관적 측면에서 '상식'과 '지각'의 중요성을 재발견함으로써 실재론으로의 귀환을 시도했다. 우리가 인식 행위를 시도하기 이전부터 인간은 외부 세계와 직접적이고 직관적인 방식으로 관계를 맺고 있기에, **일상적 지각**의 역할을 저평가해서는 안 된다고 보았다. 오히려 우리는 인식 행위 이전에 대상과 **직접 대면**하는 지점에서 실재의 본질을 획득할 수 있다고 주장했다.

　페라리스는 인간 인식의 범주 체계로써 실재를 규정하는 근대적 사고관을 비판하면서, 오히려 실재의 세계가 능동적으로 우리의 인식 방식을 결정한다고 보았다. 이를테면 공룡 티라노사우루스는 인류 발생 이전에 이미 존재했었고, 실재 세계에 그 존재의 흔적을 화석의 형태로 남겼기에 우리는 티라노사우루스의 존재를 인식하게 된다고 생각했다. 이처럼 실재는 그렇게 스스로 자신의 모습을 드러내는 것이지, 인간의 인식능력으로 획득되는 것이 아니라고 주장했다.

　페라리스가 말하는 신실재론의 '실재'란 사회적 영향력을 갖는 모든 것으로, 여기에는 디지털 데이터도 포함된다. 페라리스는 자신의 신실재론을 바탕으로 플랫폼에 종속된 데이터 자산을 모두에게 개방하는 '웹 복지 시스템'을 제안하면서, **디지털 시대의 새로운 존재론**을 새롭게 제시했다.

객체 지향 존재론 / 그레이엄 하먼

: 객체 지향의 사회 이론

그레이엄 하먼 미국 USC 교수는 사변적 실재론의 한 갈래인 '**객체 지향 존재론**'을 통해 사회생활 속 객체의 본성과 지위를 규명하고자 했다. 하먼의 객체 지향 철학은 모든 존재자를 단순히 동일한 층위에 자리 잡게 하는 평평한 존재론을 거부하고, 모든 존재자에게 그 고유의 창발성과 공생 개념, 그리고 개체의 실재성을 인정하는 존재론을 부여하는 것을 목표로 한다.

하먼에 따르면, 지금까지 구상된 객체에 관한 철학(유물론)은 어떤 객체를 그 구성요소들로 환원하거나(아래로 환원하기), 그 관계들이나 행위들로 환원하거나(위로 환원하기), 아니면 이 두 전략을 결합하여 양방향으로 환원(이중 환원하기)을 했다. 객체를 그것의 '물리적 구성요소들 아래로 환원'하는 대표적인 전략이 고전적 유물론 또는 과학적 유물론이고, 객체를 그것의 '사회·정치적 효과들 위로 환원'하는 대표적인 전략이 사회구성주의적 포스트모던 유물론이다.

그 일례로 하먼은, 과학자와 철학자가 내놓은 '코로나바이러스 감염증'에 대한 진단과 처방이 공허하게 느껴지는 이유는, 다름 아닌 복잡한 객체를 어딘가로 '**환원**'하고 있기 때문이라고 생각했다. 예컨대 코로나 신종 바이러스(COVID19)란 무엇인지 묻는다면, 흔히 두 가지 답변 방식이 있을 수 있다는 것이다. 그것이 무엇으로 이루어져 있는지(아래로 환원하기)를 말하거나, 아니면 그것이 무엇을 행하는지(위로 환원하기)를 말하는 것이다. 하지만 이런 식의 답변은 신종 코로나의 의미를 충분히 알려주지 못하는데, 왜냐하면 신종 코로나의 모든 특성을 알 수 있더라도, 그 특성들을 전부 나열하는 것만으로 바이러스를 생성할 수 있는 것은 아니기 때문이다.

하먼에 따르면, 유물론적 방법론의 환원하기 전략은 객체를 '객체에 관한 인간의 지식'으로 대체하고, 객체 자체의 '존재' 또는 객체성을 도외시하는 등으로 객체의 실재성과 자율성을 부정한다. 하먼은 이러한 존재론적 유물론의 객체 개념을 거부하면서 자신만의 독창적이고 독특한 '비유물론'적 접근법을 전개했다. 객체의 실재성, 즉 '환원 불가능성'을 긍정하는 객체 지향의 방법론적 사고를 '비유물론'으로 지칭하면서, 변화는 '간헐적이고 안정성이 표준'이라고 주장했다.

하먼의 객체 지향의 비유물론 철학의 목표는 어떤 객체를 그것의 구성요소, 즉 아래로 환원하지 않고, 객체를 그것의 힘, 영향, 관계, 즉 위로도 환원하지 않으며, 이 두 가지를 섞어서 혼합한 양방향으로의 이중 환원도 거부하는 새로운 존재론적 실재론을 제공하는 것이다.

하먼은 모든 단위에서 존재하는 것들을 어떤 근본적인 구성적 층위로 용해하지 않은 채 '있는 그대로' 인정해야 한다고 주장했다. 반려견이든, 피자헛 매장이든, 행성 지구든 간에 모든 객체는 자율적인 실재성을 갖추면서 세계를 구성하며, 각각의 객체는 다른 객체들의 '실재적 조립체'라고 보았다. 이러한 실재적 객체로서의 지구는 자율적 기능을 갖추고 있음에도 불구하고, '코로나바이러스'처럼 지구 안에 공존하는 객체가 주변 환경 변화에 따라 돌연히 변화할 수 있다는 '탈 인간 중심주의' 사고가 곧 비유물론적 객체 지향 존재론의 접근 방법이다.

하먼은 기존 철학 체계의 전통적 이분법인 행위 또는 구조로의 환원을 거부했다. 그는 전통적인 형태의 결정론적 유물론과 현대적인 형태의 사회구성주의적 유물론 양자를 비판하면서 비유물론으로 나아갔고, 이를 인류세, 예술, 건축 등에 적용하면서 사회 이론으로 발전시켜 나갔다. 하먼의 객체 지향 존재론(및 사회 이론)은 인공지능, 4차 산업혁명 등과 같이 자연과 사회를 이분법적으로 구분하는 사유의 틀로는 분석할 수 없는 새로운 객체 출현의 시대에 부합하는 존재론적 사유를 제시한 점에서 의의가 있다.

신실재론 / 마르쿠스 가브리엘
: 사물은 생각을 따라서 존재한다.

새로운 실재론은 포스트모더니즘 이후 일어난 철학의 새로운 사조이다. 2000년 이후, 포스트모더니즘으로 인해 더욱 부각한 실재와 가상의 경계가 모호해진 것에 반발하는 움직임이 프랑스 철학자 캉탱 메이야수를 중심으로 일어났는데, 이를 두고 '사변적 실재론'이라 부른다. 이후, 이탈리아의 철학자 마우리치오 페라리스와 가브리엘의 실재론적 복권의 시도가 있었는데, 이를 놓고서 '신실재론'이라고 이름 지었다.

페라리스와 가브리엘은 "주체가 구축한 결과로서 객체가 발생한다."라는 기존의 '구축주의'를 뛰어넘고자 하는 점에서 공통된 사고를 지향한다. '신실재론(Neo Realism)'은 탈진실과 포퓰리즘이 판치는 현 세태를 설명하고 나아갈 방향을 제시하는 새로운 철학 사조이다. 가브리엘의 신실재론은 '관념' 혹은 '물질'의 어느 하나에 초점을 맞춰 온 기존의 서구 철학 전통을 비판하면서, 관념과 물질의 혼합체인 '실재'를 새롭게 사유하는 새로운 존재론적 사유라 할 수 있다.

독일 본대학교의 석좌교수 마르쿠스 가브리엘은 현대 사회의 위기를 '가치의 위기, 민주주의 위기, 자본주의 위기, 테크놀로지 위기'와 함께, 이들의 근저에 있는 '표상의 위기' 등 다섯 가지로 제시했다.

가브리엘은, 세계는 종교와 이성의 절대성이 무너지고 포스트모더니즘의 상대주의와 무한한 정보의 혼란이 더하면서 표류하고 있으며, 그 와중에 서구는 과거 전성기를 누린 19세기 국민국가로 회귀하려는 움직임을 보인다고 생각했다. 그러면서 절대적 가치를 잃어버리고 표류하는 현대 사회에서 보편적 가치를 어떻게 인식해야 하는지, 허무주의에 빠지지 않으려면 어떻게 해야 하는지를 숙고했다. 민주주의의 위기에서는 다양성과 포용의 패러독스를, 자본주의의 위기에서는 심각해지는 빈부격차 등 악의 잠재성을, 표상의 위기에서는 이미지가 진실을 덮어

은폐하는 현실을 돌아봤다.

가브리엘에 따르면, 지금의 세계는 실상을 감춘, 위장된 '의태(擬態)' 사회, 즉 속임수의 사회다. 모든 일이 감춰져 있어서 눈에 잘 보이지 않을 뿐 아니라, 아무도 진실을 알려고 하지 않는다. 여기에서 그의 신실재론이 등장한다. 신실재론은 '모든 것은 진짜'라는 명제에서 출발한다. 그러나 현실에서 일어나는 '의미의 장(場)' 속에서는 '무엇이 옳은가'가 중요하다. 누가 무엇을 말하느냐가 아니라, 그 사람이 적합한 이유를 근거로 옳은 말을 하는가가 중요하다.

'**의미의 장**'은 사물의 의미를 부여하는 현재의 장소로, 가브리엘은 구성주의(=현실은 해석으로 환원될 수 있다)에 대해서는 실재론(=해석 너머에 '의미의 장'이 있다)을, 자연주의(=마음은 뇌로 환원될 수 있다)에 대해서는 관념론(=뇌 너머에 마음이 있다)을 옹호하면서, 사물의 실재는 우리가 생각하기에 달렸다고 주장했다.

가브리엘은 정말로 어떤 일이 일어나고 있는지를 알려면 무엇보다 소셜 미디어로부터 자신을 해방해야 한다고 보았다. 소셜 미디어는 보여주기식의 완전한 '의태'이기 때문이다. 인터넷 또한 비민주적이다. 한 예로, 대중의 정보를 올리는 위키피디아에는 잘못된 정보도 들어있는데, 이를 검증하는 사람이 없다. 잘못된 정보를 삭제할 수 있는 권한도 오로지 운영자만이 가지고 있다. 복잡한 알고리즘, 해킹으로 진실은 더 가려진다.

이처럼 가브리엘의 신실재론의 특징은 진짜와 가짜의 '**경계**'를 분명히 한 것에 있다. 그는 신실재론을 통해 진짜와 가짜를 가리기 위한 탐색의 중요성, 삶의 중심을 바로 세우기 위한 사고의 틀을 제시했다. 신실재론은 이러한 현대 소셜 미디어의 역행적 흐름에 제동을 걸려고 시도했다. 인터넷이 은폐하고 있는 비민주적인 면모를 교정하여 민주적인 '디바이스(고안 장치)'로 새롭게 창출하려는 것이다. 이런 이유로 신실재론은 현재 상황과 긴밀하게 연동하는 현재 진행형 철학이라 할 수 있다.

행위적 실재론/ 캐런 버라드
: 인간의 삶은 모든 존재하는 것의 뒤얽힘 관계를 따른다.

미국 캘리포니아대학교 산타크루즈캠퍼스(UCSC)의 이론물리학 교수 캐런 버라드는 현재 가장 영향력 있는 신유물론 학자이자 신유물론 페미니즘을 대표하는 사상가다. 물질의 '능동적 행위성'을 인정하면서 인간과 비인간, 자연과 문화의 이분법을 해체하려는 신유물론·신실재론적 움직임이 최근의 학문적 패러다임으로 부상하고 있는데, 그 중심에 버라드의 '**행위적 실재론**'이 있다.

버라드는 양자물리학의 핵심 개념인 '상보성 원리'를 응용하여, 세계는 물질과 의미의 얽힘과 관계성으로 생성된다고 보는 '행위적 실재론'을 제안했다. '상보성 원리'에 따르면 서로 배타적인 개념인 입자성과 파동성이 '양자계(界)'에서는 상호 보완적으로 작용한다. 예를 들어 '입자—파동의 이중성' 측량 실험에서, 우리가 측정하는 '실재'는 측정 장치와 측정 대상, 그리고 인간 관찰자 각자가 처한 상황에 맞게 입자 혹은 파동의 모습으로 우리에게 자신을 드러낸다.

이는 물질이 '불확정'적인 것이 아니라 '**미결정**'적이라는 것을 의미한다. 다시 말해 물질은 서로 '**얽힘**'의 상태로 '관계'하면서 '실재'하며, 측정 이전에는 그것이 입자 또는 파동의 상태로 미리 확정적으로 결정된 것이 아니다. 그에 따라 인간 관찰자는 입자나 파동의 어느 한 상태로서의 실재와 접촉할 수밖에 없는데, 이것은 인간의 인지 능력 또는 관찰용 측정 장치의 한계(인식의 미결정성) 때문이지 결코 '실재'의 존재론적 한계(**존재의 불확정성**)에서 비롯된 것이 아니다.

버라드에 따르면, 세계는 확정성을 지닌 명확한 행위 주체로만 이루어져 있지 않다. 세상의 어떤 인간이나 사물도 독립적이거나 확정적으로 존재한다고 확신할 수 없다. 세계 안에 존재하는 수많은 행위자가 능동적 '**관계성**'을 따라 서로 '얽혀' 있는 상태다. 즉 존재는 홀로 '존재'하지 않으며 존재하는 것들은 이미 '**얽혀**' 있다.

존재의 얽힘과 관계성을 설명하기 위해 버라드는 '상호작용'이라는 용어 대신 '**내부—작용**'이라는 개념을 사용했다. 버라드에 따르면, 개별 행위자는 미리 존재하는 상태로 놓여 있는 것이 아니라 '내부–작용'을 통해 존재로서 창발하는 것이기에, 이미 분리된 두 존재를 전제로 하는 '상호작용' 개념으로 설명될 수 없다.

버라드는 양자역학의 영향을 받아 생물체의 '몸'을 포함하여 물리 세계를 구성하는 모든 물질을 '물(物)'이라고 정의하면서, 존재의 기본 단위는 독립된 사물(物)이 아닌 뒤얽힌 행위 주체들의 상호 구성인 '현상'이라고 보았다. '물(物)'이라고 불리는 존재들은 '현상'의 '내부–작용'에 따른 결과물로, 현상 속 성분들은 얽혀 있는 상태, 즉 개별적 존재로 구분되지 않은 상태이다. 따라서 존재는 현상의 '내부–작용'을 통한 상호 얽힘의 관계 안에서 구별될 뿐이지, 개별 사물로서 존재하는 것이 아니다.

버라드에 따르면, 세계는 유동적인 상태의 '물'적 현상이 '내부–작용'을 통해 다양한 '행위성'의 얽힘을 이루면서 구성된 것으로, '얽힘'은 삶 속의 모든 것들이 관계를 통해서 존재함을 뜻한다. 즉 모든 존재는 사물의 '내부–작용'을 통해 저마다의 삶을 함께 만들어나간다는 것으로, 그 점에서 세계를 구성하는 모든 행위자는 존재론적 관점에서 분리 불가능하다.

행위적 실재론은 페미니즘과 같은 시대적 담론의 실천이 물질적 현상과 어떻게 관계하는지에 대한 인과관계를 밝혀주는 새로운 존재 인식론이라 할 수 있다. 버라드는 행위적 실재론의 입장에서 존재론적 전환을 따라 '물질'과의 관계성을 회복해야 한다면서, 페미니즘의 새로운 조류인 '신유물론 페미니즘' 사상을 펼쳤다.

'신유물론 페미니즘'은 반인간주의와 자연주의를 추구하면서 비인간 행위자에 대한 새로운 시각을 제안한다. 즉 '물질'에 세계 생성의 능동적 참여자로서의 정당한 몫을 허락하고자 한다. 그렇게 되면 우리는 세계 안에서 어느 한순간도 혼자 존재할 수 없으며, 물질과의 행위성에서 일어나는 윤리적 문제에서 벗어날 길이 없다.

이를 해결하기 위해 우리는 버라드의 저서 『우주와 중간에서 만나기』가 함의하는 의미를 숙고할 필요가 있다. 버라드에 따르면, 우리가 윤리에서 벗어날 길은 없다. 심지어 한순간도 우리는 혼자 존재하지 않는다. 따라서 우리는 '우주와 중간에서 만날' 필요가 있다. 그리하여 우리는 세계의 변별적 생성에서 우리가 행하는 역할에 관해 책임을 져야 한다.

다시 말해, 오직 인간만이 세계를 관장하는 '주체'라는 오만한 태도를 버리고 불확정성을 따라 움직이는 우주(세계를 구성하는 물질)와 교섭하고, 우주와 의견을 나누면서 자신의 역할에 대해 책임지는 겸손한 자세를 지녀야 한다. 물질과의 관계적 행위성을 따라 세계와 **'얽혀서 함께 살아가는 존재'**로서의 역할에 책임을 다해야 한다.

제 **3** 장

21세기 사상의 새로운 흐름 2
신유물론

철학에서 '유물론'이 자리하는 위치

'신유물론'이란 무엇인가

신유물론 사상에 영향을 준 세 개념

신유물론 사상의 특징

제3장 21세기 사상의 새로운 흐름 2 - 신유물론

철학에서 '유물론'이 자리하는 | 세계를 이루는 것은 물질이다.
위치

　세계는 인간의 의식 바깥에 객관적으로 존재하며, 세상의 통일성은 물질성에서 비롯된다고 보는 사상을 '**유물론**'이라고 한다. 즉 유물론은 철학에서 '실체'의 성질을 '**물질적**'이라고 보는 형이상학적 입장으로, 이를 '정신적'이라고 보는 '**유심론**'과 대립한다. 유물론은 '물질'이 '의식'을 결정한다고 말하지만, 유심론은 '의식'이 '물질'을 결정한다고 본다. 유물론자들은 세상이 물질에 의해 통합된다고 보는 데 비해(물질 본체론), 유심론자들은 세상은 인간 정신에 의해 통합된다고 주장한다(정신 실체론).

　마르크스·엥겔스의 '변증법적 유물론'의 입장에서는 유물론을 관념론과 대립시키면서 모든 철학을 '유물론'과 '관념론'이라는 두 진영으로 나눈다. 그러나 관념론이라는 용어를 인식 대상이 주관에 의존하는 관념적 존재라고 보는 인식론적 입장에서 이해한다면, 관념론은 인식 대상이 주관에서 독립하여 실재하는 존재라고 보는 '**실재론**'과 대립한다.

　그리하여 실체의 성질에 관한 형이상학적 입장에서 '**유물론**'과 '**유심론**'이 대립하고, 인식 대상에 관한 인식론적 입장에서 '**실재론**'과 '**관념론**'이 맞선다. 이때 유물론은 인식 문제에 있어서 원칙적으로 실재론의 입장에 서지만, 실재론이라고 해서 반드시 유물론으로 한정이 되는 것은 아니다. 물심(物心) 관계 혹은 존재하는 대상과 의식하는 주관의 관계에 대하여 유물론은 원칙적으로 물질이나 존재가 정신이나 관념보다 근원적이며, 관념은 의식에서의 물질의 반영에 불과하고 또 의식에서 독립한 실재성을 (플라톤의 이데아에 있어서와 같이) 비물질적인 것으로 볼 때도 있기 때문이다.

　그 좋은 예가 중세에 있었던 '**보편논쟁**'에 있어서의 실재론으로, 플라톤의 이데

아나 아리스토텔레스의 형상과 같은 '보편자'를 놓고서 이를 한쪽에서는 '실재(실체)'라고 보고 다른 한쪽에서는 '이름(명목)'에 불과하다고 보는 사고이다. 그런 까닭에 존재론적 형이상학에서의 실재론을 근대의 인식론적 실재론과 구별하기 위해 '개념론적 실재론'이라고 부르며, 이는 세계를 이루는 물질적 실체는 우리 인식과는 관계없이 존재한다고 보는 것이기에 '결정론'의 입장으로서의 유물론적 사상을 따른 것이다.

사상가별 관념론적 사고와 유물론적 사고 비교

관념론	유물론
●플라톤 – "세계는 이데아의 표출에 불과하다." ●버클리 – "세계는 지각할 수 있는 것이 아니다." ●흄 – "인간은 지각에 구속받는다. 실체는 없다." ●라이프니츠 – "세계는 모나드로 이루어져 있다." ●셸링 – "우주는 정신을 지닌 하나의 생명체다." ●헤겔 – "절대정신이 역사를 움직이는 동력이다."	●탈레스 – "만물의 근원은 물이다." ●데모크리토스 – "세계는 원자로 이루어져 있다." ●에피쿠로스 – "나도 만물은 원자로 이루어져 있다고 생각한다." ●홉스 – "국가는 인위적으로 만들어진 것이다." ●마르크스 – "생산관계가 역사를 움직인다." ●현대 과학철학자 – "세계는 물질로 이루어져 있다는 생각이 지배적이다."
➡ 세계를 구성하는 근원은 물질이 아니라 '정신'이다.	➡ 세계를 구성하는 근원은 정신적인 것이 아니라 '물질'적인 것이다.

일반적으로 유물론은 모든 사물을 물질의 운동 과정에서 이해하려고 든다. 영혼이나 정신도 물질의 운동에서 발생한 것이라고 보며, 신이라는 관념은 공상의 산물에 불과하다고 본다. 이 점에서 유물론은 '무신론'이 된다.

이같이 유물론은 세계의 제일차적 근원적 존재를 물질이라고 주장하고 있으나, 물질과 물질 간의 운동 방식을 어떻게 이해하느냐에 따라 여러 가지 형태의 유물론으로 구분된다. 또 도덕적·종교적 관념 형태의 차이에 의해서도 유물론의 형태가 달라지기도 한다.

그러나 유물론은 일반적으로 '기계론적 유물론'과 '변증법적 유물론'의 두 가지 형태로 나뉜다. **'기계론적 유물론'**은 분자·원소와 같은 불변적인 물질적 실체를 인정하고 그 역학적 운동에 따른 자연현상을 설명한다.

　'변증법적 유물론'은 마르크스와 엥겔스에 의해 확립된 이론으로, 기계론적 유물론과 같이 불변의 고정적인 실체를 인정하지 않고 양에서 질로, 질에서 양으로 부단히 이행하는 영원한 운동 과정 안에서 물질을 이해한다. 변증법적 유물론의 견해는 자연현상에 대해서 뿐만 아니라, 사회와 역사의 영역에까지 확충하는 '사적(史的) 유물론' 또는 '유물사관'으로 전개되었다.

'신유물론'이란 무엇인가 | 물질의 실재성과 행위성을 인정하는 사상

'팬데믹'으로 표상되는 오늘날, 그동안 물질은 인간에 의해 규정되고, 만들어지며, 개선 가능한 존재로 여겨졌다. 인간은 필요와 목적에 따라 자연을 마음껏 지배해왔다. 그러나 생태계 파괴와 지구 온난화, 인수 공통 전염병의 창궐과 같은 이상 현상이 일어나면서, 자연이 인간을 위협하기 시작했다.

이러한 현상은 현대 첨단 과학기술로도 쉽사리 해결 불가능하며, 인간 중심의 사고로는 문제의 원인을 파악하고 적절한 해결책을 찾기 어렵다는 사실을 우리에게 확인시켜 주었다. 마침내 자연과 물질을 바라보는 관점의 변화가 필요하다는 결론에 도달하면서, 지금까지 배경에 머물렀던 물질의 '행위성'을 가시화하는 계기가 되었다. 물질을 과거의 유물론적 시각으로 더는 바라볼 수 없다는 시각에서, 인간중심주의에 대한 반성으로 물질에 대한 사고의 전환이 일어났다. 인간만이 주체로서 행동하는 것이 아니라, 물질도 인간과 상호작용을 하면서 행동한다고 본 것이다.

그동안 유물론과 관념론이 간과했던 물질의 '**행위성**'을 이론화하려는 움직임과 함께, 포스트 구조주의 및 포스트모더니즘에서 강조한 '**인간중심주의 탈피**'를 배경으로 등장한 것이 '**신유물론**'이다. 이전 사상이 갈수록 불확실성이 높아지는 현실을 등한시한다는 비판과 함께 새로운 사상이 모색되었고, 그 결과 언어적 패러다임 대신 사회 현상을 '**물질**'의 관계로 이해하는 신유물론이 등장한 것이다.

페미니즘, 존재론, 과학철학 등의 분야에서 '물질'에 대한 새로운 개념을 정립하면서 등장한 신유물론은, 지금까지 서구 사상을 지배해온 자연과 인간, 사물과 생물의 이분법을 해체하면서 자연, 공간, 가공물, 기술 등 **비인간 사물**도 사회의 핵심 구성 요소를 이룬다고 보는 사상이다.

신유물론은 물질은 수동적이고, 무기력하며, 비창조적이라는 과거 유물론의 가

67

정을 정면으로 반박한다. 물질의 작용과 변화는 외부에서 오는 영향만으로 결정되지 않으며, 물질이 자신의 역량을 능동적으로 발휘함으로써 작용과 변화를 일으킨다고 본다. 능동성과 창조성이야말로 신유물론이 주시하는 물질의 새로운 특성인 것이다. 마르크스의 유물론이 지닌 '인간중심주의' 한계를 뛰어넘어 생물과 무생물을 포함한 **'물질중심주의'**로의 전환을 일깨운다는 점에서 '신유물론'이라고 부르는 것이다.

'물질적 전환'이라고 부르는 신유물론은 인간 정신 바깥의 물질 세계에 집중하는 유물론적 사유조차 인간 존재를 특권적인 주체로 상정한 것이라고 비판하면서, '물질 스스로가 변형적인 힘'을 갖추고서 '차이'를 가로지르거나 교차하는 방식으로 사유의 '질적 전환'을 시도한다. 이전까지 단지 '재현'을 통해서만 말해지는 대상이거나 더불어 말하는 대상으로만 여겨졌던 물질의 수동성을 기각하고, 물질의 **'능동성'**과 **'영향력'**을 새롭게 사유하는 것이다.

신유물론 사상에 영향을 준 세 개념

물질의 횡단성·창발성·수행성

'신유물론'의 사상적 기반이 된 개념으로 들뢰즈의 '횡단성'과 '개체 미/분화', 그리고 버틀러의 '수행성'을 들 수 있다. '신유물론' 논의에서 들뢰즈의 영향력은 지대하다. 들뢰즈의 존재론은 한마디로 **차이의 존재론**'이라 할 수 있다. 모든 개별적 존재는 단독자로서 다른 모든 것들과의 '**차이**'를 내재하고 있으며, 이 단독자들이 서로 마주쳐 모임을 이루면 다양한 개체가 된다는 것이다.

들뢰즈의 존재론에서 먼저 눈여겨볼 것은 신유물론의 한 축을 이루는 '**횡단성**' 개념이다. 신유물론은 사물의 '물질성'을 사유의 토대로 삼고 있으며, 그와 동시에 인간이 사물에 부여하는 '**의미**'에도 주목한다. 예를 들어 물로 가득 찬 호수가 있을 때, 그 호수는 단순히 호수이기만 한 것이 아니다. 어떤 사람에게는 식수원이 되고 어떤 사람에게는 낚시터가 된다. 같은 사물이 의미에 따라 다른 사물로 나타난다. 이처럼 물질은 단순히 사물로만 존재하는 것이 아니라, '**의미**'를 품은 하나의 '기호'로서 실재할 수도 있다. 물질과 의미는 서로 영향을 주고받으면서 상호작용을 한다.

'**횡단성**'은 물질과 의미의 이러한 넘나듦과 가로지름을 뜻한다. 물질과 의미, 자연과 문화, 비인간과 인간은 이러한 횡단성 속에서 서로를 함께 규정하고 구성한다. 물질은 자연에만 속하는 것도 아니고 문화에만 속하는 것도 아니며 인간에게만 속하는 것도 아니다. 물질은 '자연이자 문화이며 생명체'이다.

그 대표적인 것이 인간의 '**신체(몸)**'다. 어떤 문화 속에서 특정한 신체가 정상으로 규정될 경우, 그런 신체가 아닌 신체는 비정상이 된다. 반대로 문화가 바뀌어 비정상이 정상이 되면, 이제껏 정상이었던 신체가 비정상으로 떨어진다. 신체는 그저 '자연적'인 것이기만 한 것이 아니라 '문화적'인 것이기도 하다. 그러므로 사물도 인간도 자연과 문화, 물질과 의미의 '교차점'에서만 온전히 이해될 수 있다.

다음으로, 들뢰즈의 '차이의 철학'을 집약한 개념이라 할 수 있는 **'개체 미/분화'** 개념 역시 신유물론 사상을 이해하는 데 크게 도움 된다. 들뢰즈는 저서 『차이와 반복』에서 '개체 미/분화'라는 신조어를 만들었는데, 여기서 주목할 것은 잠재적 또는 현실적 차원에서 이루어지는 **'개체화(분화)'** 과정이다. 이 개체화 과정은 '본질의 개체화'와 '존재의 개체화'라는 두 가지 특성이 있다. 본질의 개체화는 그 개체가 지닌 능력의 분화에 해당하고, 존재의 개체화는 운동과 정지라는 시공간적 분화에 해당한다.

개체는 본질의 개체화와 존재의 개체화 과정을 반복하면서 **'코나투스'**적인 양태로 자신의 힘을 결정하고 확장, 다시 말해 능동적인 '자기 조직화'의 과정을 통해 **'창발'**하는데, 그 점에서 개체는 신유물론에서 말하는 **'물질'**이라 할 수 있다. 즉 물질은 개체적 분화와 미분화의 과정을 반복하면서 끊임없이 **'탈주'**를 꾀하는데, 이것은 물질의 **'능동적'** 특성을 드러내는 것으로서 그동안 전통철학에서 주장해왔던 물질은 수동적이고 인간은 능동적이라는 '이분법적 사고'를 뛰어넘는다.

미국의 페미니스트 철학자 주디스 버틀러의 **'수행성'** 개념 역시 '신유물론' 사상에 큰 영향을 미쳤다. 수행성 이론은 쉽게 말해, 우리가 통상적으로 인정하지 않는 언행과 역할이라도 반복적으로 '수행'하면 사람들 사이에 담론이 되고, 결국에는 사회적으로 인정된다는 것이다.

버틀러는 파티나 예술 활동에서 남장 여성 또는 여장 남성 역할을 하는 드랙(사회에 주어진 성별의 정의에서 벗어나는 겉모습으로 꾸미는 행위)을 예로 들면서, 어느 한 개인이 자신의 성(性)과 반대되는 성적 역할을 반복해서 표현하다 보면, 다른 사람들이 그 개인의 반대되는 성적(젠더) 정체성을 인정해야 한다고 주장했다. 행위의 수행을 반복하는 과정에서 '정체성', 즉 **'존재'**가 형성된다고 본 것이다.

이처럼 '주체'는 행위의 '원인'이 아니라 행위의 '수행'으로 구성되는 것으로, 이를 두고 버틀러는 '행위 뒤의 행위자는 없다'라고 했다. 세계 안에서 삶을 영위하는 모든 것은 '나와 너' 사이의 **'관계'**에 따라 규정되므로, 주체와 타자는 **'상호의존적'**이다. 우리가 선택하지 않았고 선택할 수도 없는 사람들과 어쩔 수 없이 세계 안에서 함께 살 수밖에 없다면, 우리의 존재성은 이미 타자의 그것과 결부되어 있다.

주체는 홀로 존재하지 않고 사회(인간)가 규정한 '틀' 안에서 해석된다는 버틀러의 비판 의식을 확장하면, '물질' 역시 선천적으로 수동적인 객체로서 결정되는 것이 아니다. 인간에 의해 물질이라고 기호화한 사고의 '틀' 안에서 만들어졌고, 우리 인간에게 그렇다고 해석될 뿐이다. 물질 또한 인간과 마찬가지로 자신의 수행성을 따라 스스로 만들어가는 주체적 존재이자, 인간과 **동등한** 지위를 갖고서 행위를 하는 자율적 존재라 할 수 있다.

신유물론 사상의 특징 | 물질과 인간은 서로 관계하면서 '공(共)진화'한다.

　'신유물론'은 매우 넓은 스펙트럼을 가진 21세기 사상으로, 철학적 존재론, 현대 인식론, 과학철학 등 철학 전반은 물론이고 포스트 휴머니즘이나 페미니즘 같은 사회 담론까지도 망라하는 폭넓은 분야에서 **물질**에 대한 새로운 개념을 정립하면서 앞으로 나아가고 있다.

　신유물론이란 용어를 처음 사용한 사람은 건축가였던 마누엘 데란다와 페미니즘 철학자 로지 브라이도티로, 이들은 '인간중심주의'에서 생물과 무생물을 모두 포함한 **물질중심주의**로의 전환을 꾀했다. 들뢰즈의 존재론을 적극적으로 수용하는 '신유물론'은 패러다임에서 마르크스의 '유물론'을 넘어선다.

　'신유물론 사상'을 체계화한 브라이도티에 따르면, 마르크스의 유물론 사상은 다분히 '인간 중심적'이다. 마르크스는 서구 휴머니즘의 전통 속에서 인간의 역사는 자연의 물질과 무관하게 전개되고 발전한다고 전제했다. 그에 비해 신유물론은 인간의 손이 미치지 못한 자연물과 장소뿐만 아니라, 인공물과 과학기술 등 인간 자체가 아닌 모든 사물과 그 사이에서 일어나는 현상에 관심을 둔다. 브라이도티는 물질론적 일원론은 늘 변화하는 세계를 좀 더 분명하게 이해할 수 있도록 한다고 보았다.

　신유물론은 물질과 정신, 자연과 인간, 객체와 주체를 분리하는 '이원론'을 걷어내고 물질 중심의 **일원론(자연주의 일원론)**을 주장한다. 신유물론은 일원론의 핵심을 인간 역시 물질에 불과하다는 사실에 두고서, 인간은 물질과 마찬가지로 환경에 적응하면서 변화한다고 본다.

　신유물론에 따르면 인간과 물질은 한쪽만 일방적으로 변하는 것이 아니라 함께 변화해 가는 **공진화(상호 진화)** 과정을 거친다. 정통 진화론에서는 서로 다른 종의 개체가 '공진화(共進化)'를 한다고 여기지 않았지만, 최근에는 종들의 변화를 전체적으로 이해하기 위하여 다른 생물종의 상호작용을 받아들였다. 공진화는 생물체 안에서만 일어나는 것이 아니라 생물과 무생물 사이에서도 일어난다. 인간이 기계와 상호작용하면서 인간과 기계의 공진화도 일어난다. '공진화'에서 비로소 인간과 물질의 일원론이 가능해진 것이다.

물질 간의 공진화에 있어서 영향을 주고받을 때 영향을 끼치는 '행위자'는 인간 행위자에서 비인간 및 무생물에까지 확장된다. 그러므로 신유물론은 인간만이 우월한 주체라는 아집에서 벗어나 생물과 무생물의 배치와 배치물의 이해에 초점을 둔다. 지금 이 순간에도 공진화, 행위자, 배치를 통한 일원론이 과학, 철학, 지리학 및 페미니즘까지 포함하는 원리로서 한창 전개되는 중이다. 예를 들어, 21세기 새로운 실재론 사유의 하나인 그레이엄 하먼의 '객체 지향 존재론'은 현대 테크노 사이언스 사회에서 인공지능과 같은 기계가 수행하는 비인간적 행위가 어떻게 영향력을 얻고 또 어떤 식으로 발현하는지에 대한 새로운 해석의 가능성을 열고 있다. 이처럼 신유물론의 흐름 속에는 다양한 이론 체계가 포섭되면서 사상적 발전을 거듭하는 중이다.

여기까지의 설명을 정리하면, 신유물론의 특징은 크게 다음 셋으로 요약할 수 있다. 첫째, **'관계적 물질성'**으로, 물질적 존재는 고정된 실체가 아니라 다른 존재와의 '관계'를 통해서 그 실재성을 유동적으로 드러낸다. 그레이엄 하먼의 '객체 지향 존재론'과 브뤼노 라투르의 **'행위자-연결망 이론'**이 이에 해당한다.

둘째, **'일원론적 존재론'**으로, 주체와 대상, 인간과 비인간, 문화와 자연을 나누는 존재론적 이원론을 거부하고 모든 실재하는 것들을 '물질성'의 연속체 안에서 이해한다. 도나 해러웨이의 **'퇴비주의'**와 제인 베넷의 **'생기적 유물론'**이 이에 해당한다.

셋째, **'비인간 행위성'**으로, 사회적 세계를 생산하고 재현하는 능력으로서의 '행위성'이 인간을 넘어 모든 존재에게 귀속된다. 로지 브라이도티의 **'포스트 휴머니즘'**, 닉 보스트롬의 **'트랜스 휴머니즘'**, 그리고 도나 해러웨이와 캐런 버라드, 로지 브라이도티가 주도하는 **'신유물론 페미니즘'**이 이에 해당한다.

그와 더불어 신유물론은 인지과학적으로 '마음'을 생각하는 **'자연주의적 전환'**, 커뮤니케이션의 토대가 되는 매체와 기술을 바라보는 **'매개론적·기술론적 전환'**, 사고로부터 독립한 존재를 생각하는 **'실재론적 전환'**까지도 아우르는 포괄적이고 광범위한 개념적 사고 체계를 구축한다. 매개론적·기술론적 전환을 대표하는 철학자로 에두아르도 콘, 메릴린 스트래선, 필리프 데스콜라, 레지스 드브레, 베르나르 스티글레르, 프리드리히 키틀러가 있다.

이들 사상과 사유 전환은 모두 21세기의 포스트 언어론적 전환, 즉 '존재론적·물질적·실재론적 전환'의 틀 안에서 포섭되며, 전체를 존재론적·인식론적 관점에서 '새로운 실재론'의 개념이자 '인류세 철학'의 담론을 구성하는 21세기의 새로운 사유 체계라고 보아도 무방할 것이다.

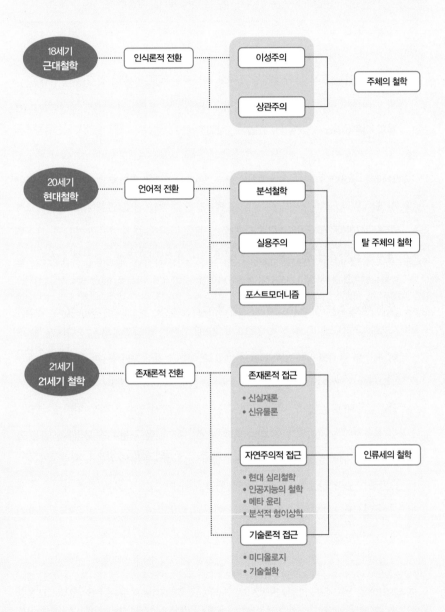

근대 이후 오늘날에 이르기까지의 철학적 동향

18세기 근대철학 ······ 인식론적 전환 ······ 이성주의 ─┐
                                              상관주의 ─┴─ 주체의 철학

20세기 현대철학 ······ 언어적 전환 ······ 분석철학 ─┐
                                          실용주의 ─┼─ 탈 주체의 철학
                                          포스트모더니즘 ─┘

21세기 21세기 철학 ······ 존재론적 전환 ······ 존재론적 접근 ─┐
                                              • 신실재론
                                              • 신유물론
                                              자연주의적 접근 ─┼─ 인류세의 철학
                                              • 현대 심리철학
                                              • 인공지능의 철학
                                              • 메타 윤리
                                              • 분석적 형이상학
                                              기술론적 접근 ─┘
                                              • 미디올로지
                                              • 기술철학

행위자-연결망 이론/ 브뤼노 라투르

: 인간과 자연은 '하이브리드'로 엮여 세계를 구성한다.

프랑스의 대표적 과학철학자 브뤼노 라투르는 '신유물론'의 입장에서 인간 중심의 인식론적 사고에 의문을 제기하면서, 행위자의 연결망에 주목하는 **'행위자-연결망 이론(Actor-Network Theory, ANT)'**을 제시했다.

라투르는 인간과 비인간, 주체와 객체를 이분법적으로 구분하는 근대적 사고방식에서 벗어나 인간과 비인간, 물질과 자연도 하나의 '행위자'로 보았다. 그는 인간과 비인간 모두 행위의 '주체'로서, 다 같은 자격을 지닌 '존재'이자 행위자로서의 상호 **'관계'** 속에 존재한다고 보았다. 예를 들어 **기술**은 인간의 행동을 바꾸는 점에서 **'비인간적 행위자'**라 할 수 있다. 하나의 행위자는 또 다른 행위자와 연결되며 새로운 관계를 형성하고, 이런 관계를 바탕으로 현상을 이해하는 것이다. 다시 말해 A가 들고 있는 총과 B가 들고 있는 총은 그 맥락이 다르며, 총은 누구에게 쥐어지느냐에 따라 그 방향이 달라진다. 다양한 행위자들이 연결되면서 각 행위자의 특성은 고정되거나 환원되지 않고 맥락 속에서 파악될 수 있다.

그런데도 인류는 오늘날까지도 "자연과 인간의 상호성을 구분하지 못했던 전근대인들과 다른 삶을 살고 있다."라는 착각에 빠져 있다고 라투르는 생각했다. 인간과 자연은 분리된 적이 없음에도 인간과 비인간을 구분하는 분절적 사고방식으로 인해 위험을 제대로 인지하거나 올바로 대처하지 못하고 있다는 것이다.

라투르에 따르면, 인간만으로 구성된 사회와 비인간만으로 구성된 자연은 존재하지 않으며, 실제로 존재하는 것은 인간과 비인간의 결합, 즉 이질적 연결망이다. 근대는 물론이고 오늘날에도 인류는 인간과 비인간 사이의 이질적 연결망을 결합해 삶을 영위해 왔고, 그 이질적 연결망 속에서 역사와 문화를 이어왔다.

오늘날 이러한 이질적 연결망 속에서 각 개체가 지속해서 상호공존하기 위해서는, 인류는 인간과 비인간이 함께 살아가는 방법을 새로 배워야 한다. 인간과 자연을 엄격히 구분하는 이분법적 사고로는 해결할 수 없는 수많은 **'하이브리드(혼종)'가 양산되면서, 이것이 인간 사회를 위태롭게 하고 있기 때문이다. 그는 특히 '지구 온난화'를 오늘날 인류가 직면한 가장 큰 위협이라고 보면서, 지구 자체를 하나의 생명체로 보는 '가이아' 개념을 높이 평가했다.

현재 인류가 처한 에너지 위기, 쓰레기 대란, 인수 공통 전염병의 지구적 확산, '4차 산업혁명'의 변혁과 같은 사회 문제는, 더는 '자연 vs 사회', '비인간 vs 인간' 의 근대적 이분법에 기초를 두어서는 제대로 이해하거나 처방을 내릴 수 없는 '하이브리드' 현상의 결과물이다. 즉 과학·기술 연구·개발 시에 인간으로부터 비인간(자연·물질)을 분리(정화 작업)해낸 후, 필요에 따라 인간-비인간의 네트워크에 내포된 것을 은폐하거나 증폭하여 새로운 유형의 존재를 창출(번역 작업)하는 과정에서, 자연이나 사회 어느 쪽에도 속하지 않는 무수한 잡종을 무책임하게 만들어낸 결과라 할 수 있다.

그런데도 인간은 하이브리드 생산이 가져올 결과를 알지 못한 채 이것을 부주의하게 양산했고, 이 하이브리드가 만들어낸 온실가스, 미세 먼지, 플라스틱 폐기물 등은 전 지구적 환경 파괴를 유발했다. 따라서 이를 극복하기 위해서는 자연·사물 등 비인간도 인간의 행위를 바꿀 수 있는 행위 능력을 지닌 대칭적 행위자라는 사실을 깨닫고, 인간과 비인간의 새로운 공생관계를 구축하기 위해 힘써야 한다.

행위자-연결망 이론은 기술을 우리 인간과 마찬가지로 복잡한 행위 능력을 지닌 행위자로 보는 점에서 **'포스트 휴머니즘'** 시각이 담겨있다. 이를테면 인공지능과 같은 기술적·기계적 요소를 지닌 존재를 우리와 함께 공존하며 살아가는 동반자로 보는 것이다. 인간과 기술은 단순히 '주체/객체'로 나눌 수 있는 관계가 아니다. 기계는 인간과는 분명 다르지만, **'대등한 존재'**로 인정하는 것이다.

퇴비주의/ 도나 해러웨이

: 우리는 인간이 아니라 함께 살고 함께 죽는 '퇴비'다.

'선언의 사상가'로 불리는 도나 해러웨이는 다양하고 이질적인 지식과 사유를 종횡무진 융합한 새로운 대안적 사유로서의 테크노 페미니즘을 제창했다.

해러웨이의 사상을 이해하려면 먼저 '**인류세世**' 개념부터 설명할 필요가 있다. 이는 대기화학자 파울 크뤼천이 제안한 '인간-자연-사회'의 새로운 관계 정립을 요구하는 21세기 실천 개념이다. 현세대는 인간 활동이 지구에 미친 영향이 워낙 큰 탓에, 이를 쥐라기나 홀로세처럼 하나의 새로운 지질시대인 '인류세'라고 명명한 것이다.

해러웨이도 크뤼천을 따라 '종(種)으로서의 인간'이 처한 작금의 상황을 인류세라는 상징적 의미로써 이해하고 받아들였다. 더불어 자본주의 이윤 추구의 강력한 힘인 '자본'의 역할 또한 중요하다면서, 그 상징적 의미로서의 '**자본세**' 개념을 거론했다. 인류세와 자본세는 지금의 지구가 처한 위기를 규명하는 데 분명 도움되지만, 그렇더라도 그 위기 극복의 주체 역시 '인간'이라는 점에서 인류세와 자본세 모두 '인간중심주의'의 한계가 드러나는 개념이라 할 수 있다.

그렇다면 어떻게 해야 할까? 해러웨이는 '인류세'와 '자본세'의 대안적 개념으로 '**쑬루세(지하세世)**'를 제안했다. 인류세와 자본세가 땅 위나 하늘 아래에 있는 존재들 사이의 권력 관계를 상징하는 것이라면, 쑬루세는 땅속 무기물까지 아우르는 모든 존재 사이의 복잡하고 역동적인 '**연결망**'을 뜻한다. 쑬루세에서 인간은 유일하게 중요한 행위자가 아니며, 땅 밑의 수많은 다양한 존재와 서로 연대하면서 살아야 하는 'n분의 1'에 불과하다.

해러웨이가 보기에 오늘날의 지구는 자본의 명령에 반하는 치열한 대응이 벌어지고 있는 장(場)으로서, 피난처도 없이 난민(인간이든 아니든)으로 가득 차 있는 상태와도 같다. 인간이 지구의 다양한 거주자들과 연대하면서 '함께 살기와 함께 죽기'로 나서야만 이러한 문제는 해결될 수 있다.

해러웨이는 그 해결책으로 '**퇴비 공동체**' 개념을 제시했다. 인류세와 자본세라는 이름으로 종들의 죽음이 넘쳐나고 지구 곳곳의 파괴가 극심한 시대에, 그 회복을 모색하기 위해 노력하는 창의적 공동체를 일컬어 '퇴비의 공동체'라고 불렀다. 다중의 관점이 얽히고설킨 세계를 함께 만들어가는 땅속 '퇴비'적 존재들이 모여 공동체를 이루면서 함께 잘 살고 함께 잘 죽는 공생의 삶을 지향할 때, 인류세와 자본세로 명명되는 인류 위기는 극복 가능하다고 주장했다.

이와 함께 해러웨이는 '인공 vs 자연', '인간 vs 동물'과 같은 주체 중심의 이분법적 사고에 저항하는 의미로의 '**친족 만들기**'를 제안했다. 해러웨이가 말하는 '친족'이란 조상이나 계보로 묶인 관계가 아니라, 탄생에 의한 연결이 없는 친척이나 탈가족화된 돌봄에 의해 형성된 집합적 개념을 말한다.

해러웨이는 인류를 포함한 다종 집합인 '퇴비의 공동체'가 공동으로 번영하기 위해서는 근본적으로 친족이 누구인지 다시 질문하고, 생물과 무생물을 포함한 모든 것들과 '친족 만들기' 작업을 하는 것이 중요하다고 보았다. 이를 위해 우리 주위를 돌아보고 발밑을 살펴볼 것을 권유했다. 그곳에서 우리는 퇴비 속의 온갖 벌레와 지렁이와 낯선 것들과 함께 살아가고 있음을 새삼 깨달을 수 있으며, 그들과 '함께' 살아가는 것이야말로 우리가 굳게 지켜가야 할 소중한 가치라는 사실을 확인할 수 있다.

지구 행성에서 삶을 영위하는 개체 모두는 서로에게 '**반려종種**'이라면서, 식탁에서 함께 빵을 나누는 반려종은 물론이고, 인간 너머의 다양한 생명체, 그리고 사이보그까지 우리의 친족이자 식구로 확장한다고 주장했다. 인간, 동물, 식물 등 다양한 반려자들과 '이상한 친족 관계'를 맺으면서 '더불어, 함께'하는 삶을 추구할 때, '휴먼'의 잔향이 남아있는 기존의 포스트 휴머니즘의 한계는 극복될 수 있다고 보았다.

생기적 유물론 / 제인 베넷

: 비인간 사물도 적극적·능동적 행위 주체다.

미국 존스홉킨스대학교 교수 제인 베넷은 저서 『생동하는 물질』에서 환경과 신유물론에 관한 생각을 발전시켜, 자신만의 독자적인 환경 정치학적 '생기론'을 제시했다.

베넷은 서양의 주류 철학에서 그동안 무기력하고 수동적이며 힘이 없는 것으로 여겨 왔던 **'물질'**을 새로운 관점에서 탐구했다. 물질도 인간처럼 힘과 활력이 있기에, 우리 자신을 아끼듯 물질을 존중할 줄 알아야 인간은 '생동하는 물질', 곧 자연과 공존할 수 있다고 보았다. 탈인간화된 물질의 능동적 행위에 주목하는 **생기적 (生氣的) 유물론**'은 인간과 비인간 사물이 서로 **'횡단'**하면서 하나로 연결되는 새로운 세계관을 생성할 것을 요구한다.

베넷은 인간과 비인간 사이의 전통 구도인 '인간 중심의 이원론적 사고'에서 벗어나, '생동하는 물질'의 행위성을 정치적 담론의 장으로 끌어올리면서 **탈 인간 중심 일원론**'으로의 전환을 꾀했다. 사물은 '생동하는 물질'로서 능동적이고, 활기 넘치며, 생명력을 지녔고, 배치가 달라지면 새롭게 태어나는 행위자이다. 즉 사물은 인간의 도구로서 기능하는 수동적 객체가 아니라, 능동적으로 행위를 하면서 인간과 상호 영향을 주고받는 주체적 존재다.

베넷은 '생동하는 물질'로서의 사물의 능동적인 행위 능력을 '사물–권력'이라고 정의하면서, 정치 생태학적 관점에서 신유물론 사상을 펼쳤다. '사물–권력'은 스피노자의 '코나투스, 즉 자신을 지속하려는 의지'와 유사한 개념으로, 사물의 능동적 행위 능력이라 할 수 있다.

베넷은 '사물–권력'의 정치적 행위성을 강조하기 위해 라투르가 제시한 **'행위자'** 개념을 끌어와 자신만의 독특한 사고로 확장해 나갔다. 사물의 행위성은 인간과 비인간 결합에 의한 네트워크 안에서 비로소 발휘된다고 보는 라투르의 생각에서 한 걸음 더 나아가, 비인간 행위자는 '그 자체'가 행위성을 지녔다고 보았다.

베넷에 따르면, 자연과 물질 같은 비인간 행위자의 적극적 행위에는 인간 행위의 경로를 바꿀 수 있는 '**능동성**'이 있으며, 이들 사물도 '사물–권력'을 따르는 정치적 행위를 함으로써 인간은 물론이고 자신의 경로를 바꿀 수 있다. 예를 들어, 19세기 말 프랑스에서 크게 유행했던 탄저병에 맞서 백신 살균법이 보급될 수 있었던 것은 결코 파스퇴르라는 한 인간의 천재성 때문만이 아니다. 탄저균과 같은 미생물은 물론이고 백신을 주입해 면역력을 준 양과 소, 그리고 이에 사용된 실험 도구 등 여러 비인간 행위자가 참여하여 안정적인 네트워크를 구축했기 때문이다.

이렇듯 비인간 사물의 적극적 행위에는 인간 행위의 경로는 물론이고 비인간 행위의 경로를 바꿀 수 있는 능동성이 있으며, 인간이나 탄저균이나 소와 양이나 모두 네트워크 안에서 동등한 행위자로 만나 상호 작용하면서 서로에게 영향을 미친다.

인간이 음식을 먹는 행위에서도 비인간 사물에 의한 '사물–권력'의 행위성이 작동한다. 베넷은 인간이 음식을 먹고 그로 인해 살이 찐다는 사실을 뒤집어보면서, 그 과정에서도 비인간 행위성이 작동하고 있다고 주장했다. 음식 또한 '사물–권력'을 가지며, 이로써 음식이라는 '먹을 수 있는 물질'은 인간의 삶을 바꿔놓는 것이다.

사물도 능동적으로 행위를 한다는 베넷의 생각은 인간중심주의 한계에 대한 비판적 성찰을 촉구한다. 지구상 모든 생명체의 생존을 위협하는 현실의 문제를 해결하기 위해서는, 무엇보다 비인간 사물로부터 인간을 떼어내려는 헛된 시도부터 단념해야 한다. 그리고 이를 위해 비인간 사물을 인간과 동등한 '**권력**'을 가진 행위자이자, 인간과 수평적 '**관계**'를 맺는 정치적 대상으로 인정할 것을 요청했다. 그런 의식적인 노력을 통해 인간이 '생동하는 물질의 행위성'과 결합하고 상호작용하는 과정에서, 오늘날 우리 인류가 직면한 문제 해결의 실마리를 찾을 수 있다고 생각했다.

포스트 휴머니즘 / 로지 브라이도티
: 존재의 차이를 인정하는 신유물론 사상

포스트 휴머니즘은 사람이 아닌 인공지능(AI) 같은 비인격적인 주체가 자율과 책임을 지니게 되는 상황에서 등장한 새로운 철학이다. 인간을 세계의 중심으로 여기는 인본주의(휴머니즘)를 부정하거나 초월하고자 하는 사상으로, '탈인본주의'라고도 한다. 포스트 휴머니즘은 인간중심주의가 지닌 오만과 초월적 범주인 '휴먼'이 주장하는 예외주의와 정면으로 맞선다. 인간이 자연을 지배하고 통제하는 명백한 운명을 가진 자율적 주체라고 생각하면서, 궁극적으로 '인간의 신격화'를 낳은 휴머니즘의 과거를 극복해야 한다고 본다.

포스트 휴머니즘은 과학과 철학의 역사에 뿌리 깊은 개념이다. 다윈과 니체가 인간 중심 세계관을 뒤흔들고 있다고 보는 시각, 그리고 쿤·하이데거·포퍼가 이르기를 자연과학은 인간이 세계를 보는 하나의 패러다임일 뿐이라는 생각처럼, 과학철학의 역사 속 관점을 따라 등장한 개념이다. 그렇기에 포스트 휴머니즘은 오늘날 현대 과학과 인문학이 활발하게 통섭하고 있는 담론의 장이기도 하다.

포스트 휴머니즘의 의도는 무엇보다 '인간 중심적 휴머니즘'의 한계를 전면적으로 비판하고 극복하는 데 있다. 따라서 포스트 휴머니즘은 인간 중심적인 근대적 자연관에서 생물권의 상호작용을 중시하는 **'생태적 자연관'**으로의 전환을 모색하는 데 담론을 집중한다. 포스트 휴머니스트들은 한정된 자원, 신음하는 지구 문제 등에 대한 과학적 해결은 또 다른 문제를 낳을 뿐이라면서, 좀 더 근본적인 차원의 사회적·문화적·제도적 해법을 모색할 것을 요구한다.

하지만 **'포스트 휴먼'**이란 담론 안에는 우리가 경계할 흐름도 있다. 기술결정론의 관점에서 인간과 기계의 융합을 통해 인간의 육체적 한계를 극복하려는 **'트랜스 휴머니즘'**이 그것이다. 기술에 우호적인 트랜스 휴머니즘은 '허약한' 인간의 육체를 '더 나은' 기계로 대체하려 하며, 이러한 발상에서 트랜스 휴머니스트들은 기술적 매개를 통해 인간의 초월성을 주장한다.

이탈리아의 저명한 페미니즘 사상가 로지 브라이도티는 선진 자본주의와 유전 공학 기술은 왜곡된 포스트 휴먼 형태의 '트랜스 휴머니즘'을 낳는다고 비판했다. 트랜스 휴머니즘은 기술에 의한 '인간 향상'을 적극적으로 옹호한다. 그렇더라도 가장 적게 가진 사람들로부터 이미 너무 많이 가진 사람에게로 재원과 관심을 더욱 빼앗아가기에 정의롭지 못하다. 브라이도티는 트랜스 휴머니스트들이 인간의 완전성을 추구하는 동안, 많은 사람이 기초적인 의료 서비스나 식량, 혹은 깨끗한 물이 없어 죽어갈 것이라고 주장했다.

　브라이도티는 진정한 포스트 휴머니즘은 "프로메테우스적 정복의 충동을 다시 불태우는 것이 아니라 겸손을 배우는 것이어야 한다."라고 주장했다. 포스트 휴먼은 인간이 아닌 모든 존재를 범주적으로 '타자화'해 온 근대 휴머니즘의 인간중심주의와 종(種)차별주의를 거부하는 사상으로, 땅과 동물과 식물과 지구와 자연이 함께 '공생'하는, 새로운 생태계 일원으로서의 인간을 지향하는 것이어야 한다는 것이다.

　브라이도티는 근대 휴머니즘의 위기를 논하며 인간 존엄성에 대한 옹호가 결코 인간 중심적이고 '종차별적'인 견해를 옹호해서는 안 된다고 강조했다. 인간의 존엄성이 인간을 오만의 자리에 이르게 하지 않도록 특권적인 지위를 없애야 한다고 주장했다. 이제 우리는 폐쇄적인 자기동일성의 논리에 갇혀 있는 근대 인간 중심적 휴머니즘을 극복하고, 비인간적인 것과의 배타적 구분을 지양하고 인간과 자연이 함께 살아가는 법을 배워야 한다고 역설했다.

트랜스 휴머니즘/ 닉 보스트롬
: 과학기술을 이용한 인간의 정신적·신체적 능력 개선을 긍정하는 사고

미래학자 호세 코르데이로는, 유전자 조작 및 AI 로봇 기술 발달에 따라 현 인류는 신체 기능을 새롭게 변화시킨 종인 '**트랜스 휴먼**'으로 진화할 것으로 예측했다. 그가 말한 트랜스 휴먼은 과학기술이 인간 신체와 융합되어 나타나는 신인류를 총칭하며, 신체적·지적으로 지금의 인간을 넘어선다는 의미에서 '포스트 휴먼'이라고도 한다.

영국 옥스퍼드대 닉 보스트롬 교수는 트랜스 휴머니즘의 관점을 비판적으로 수용하면서, 인간 유한성의 한계를 넘어 집단 이성의 힘을 증가시키는 포스트 휴머니즘의 경로를 추적하는 연구 활동을 활발히 진행하고 있다. 인간이라는 종은 세계적 재앙으로 '실존적 위기'에 직면해 있는데, AI와 같은 첨단 과학기술은 그와 같은 위기에서 우리를 보호하기도 하지만, 그와 반대로 사태를 악화시킬 수도 있다고 보았다.

하지만 사람 수준으로 진화한 인공지능(AI)의 출현은 인류에게 유토피아일까?, 아니면 디스토피아일까? 지난 알파고 쇼크 이후 우리 사회 안에서는 기계에 대한 두려움이 커지고 있다. 인공지능 로봇이 인간의 일자리를 빼앗을 것이라면서 '인간 대 기계의 대결'을 상상하기도 하지만, 미래에는 인간과 기계의 공존이나 융합이 이뤄질 가능성이 더 크다고 보는 것이 중론이다. 한편으로는 기계가 인간을 닮아가는 '**기계의 인간화**'가 이뤄질 것이고, 다른 한편으로는 인간 신체가 기계를 받아들이는 '**인간의 기계화**'가 진행될 것이기 때문이다. 눈앞의 현실을 증강한 증강 현실(AR)뿐만 아니라 인간의 지성·감성·감각을 증강한 증강 인간도 보편화할 것이며, 인공지능과의 공존을 도모해야 하는 미래 인간의 정체성도 지금의 인간과는 다를 것이다.

보스트롬은 저서 『슈퍼인텔리전스』에서 "인공지능이 인간 수준의 지능에 도달하는 상태인 '초지능'으로 발전하는 것은 예측하기 어렵지만 결국은 시간문제일

뿐"이라면서, "그 이후에는 심층적인 미래가 펼쳐질 것"이라고 예견했다. 보스트롬은 우리가 인공지능을 통제하지 않으면 '**디스토피아**'를 피할 수 없다고 경고하면서, 인공지능이 인류에게 미칠 영향에 관해 지금부터 논의해야 한다고 주장했다. 긍정적인 면에서 보면 인공지능 사용이 범죄를 줄일 수 있고 또 미래에 발생 가능한 테러를 예견해 인간을 보호할 수 있지만, 반대로 이 기술을 특정 집단이 독점적으로 사용하면 사회를 효과적으로 통제할 수 있는 수단이 될 수도 있다고 보았다.

보스트롬은 인간의 지능을 능가하는 '**슈퍼인텔리전스(초지능)**'의 등장을 예상하면서, 초지능이 탄생해도 인간이 안전하게 운용할 수만 있다면 여러 혜택을 누릴 수 있다고 보았다. 인공지능이 노동력을 책임지고, 인류는 오락·문화에 심취할 수 있는 유토피아가 도래할 가능성이 크다는 것이다. 그리고 이를 위해서는 인류가 인공지능을 원하는 방향으로 설계할 수 있어야만 한다고 강조했다. 초지능을 어떻게 인간의 가치나 의지에 부합하게 형성할 수 있는지가 중요한 열쇠가 될 것이라면서, 지금은 '인공지능을 어떻게 통제할 것인가'라는 질문을 심각하게 고민해야 할 때라고 역설했다.

보스트롬의 예견에서 알 수 있듯, 인공지능으로 대표되는 트랜스 휴먼 시대의 출현은 먼 미래의 이야기가 아닌 눈앞의 현실이다. 따라서 우리가 기술 문명을 버릴 것이 아니라면, 첨단 기술과 인간의 지속 가능한 공존 조건, 미래의 윤리 문제 등을 포함해 기술과 '**공존·공생**'하는 인간상을 새롭게 정립할 필요가 있다. 이것은 과학자와 철학자가 머리를 맞대고 함께 고민해야 할 숙제라고 보스트롬은 주장했다.

미디올로지/ 레지스 드브레·베르나르 스티글레르

: 문화는 미디올로지 전환에 의해 전달된다.

프랑스의 철학자이자 문필가인 레지스 드브레는 저서 『이미지의 삶과 죽음』에서 이미지가 어떻게 우리 사회를 결속하고 또 파괴하는지를 분석했다. 드브레는 사회·문화·역사 현상으로서의 이미지의 실체를 파고들면서, 이미지는 어떻게 만들어지고 또 무엇을 통해 전파되며, 세상에 어떤 영향을 미치는가를 되물었다.

드브레는 현대 사회에서 시각 이미지가 갖는 절대적인 영향력에 주목했다. 이미지는 **'상징'**으로서 대중에게 강력한 영향력을 행사한다. 이미지는 대중의 의식을 만들고 지배하는 기제로 작동하기에, 만약 우리가 사고방식 및 패러다임의 변화, 정치적 변혁을 예고하는 징후를 알고 싶으면 도서관보다 차라리 현대미술관으로 가라고 주장했다.

드브레에 따르면, 커뮤니케이션은 미디어라는 '매체' 없이 '언어'만으로는 성립하지 않는다. 이전의 언어론과 기호론에서는 메시지와 의미에만 주목했고, 커뮤니케이션 전달 매체 그 자체에는 주의를 기울이지 않았다. 하지만 드브레는 철학 사상이든 종교 교리든 전달하는 **'매체(미디어)'**가 작동하지 않으면 의사소통은 불가능하다고 보았다.

이러한 생각을 바탕으로 드브레는 **'매개론(미디올로지)'**을 제창했다. 미디올로지는 기술이 **'전달'** 행위를 통해 문화에 어떻게 영향을 미치는가를 고찰하는 인문학적 방법론으로, 1990년 이후 폭넓게 확산한 새로운 문화 사조의 흐름이다. 미디올로지는 기존의 커뮤니케이션 이론과는 달리 '전달'이라는 발상에 착안하여, 이것이 어떻게 사회적 기능을 전달하면서 문화를 변화시키는가를 고찰한다. 즉 기술 혁신이 인간의 의사 전달 행위를 어떻게 변화시켜 문화에 영향을 미치는가를 살핀다.

드브레에 따르면 이미지는 사물의 반영으로, 이를테면 꽃 그림은 꽃을 닮은 것에 불과하다. 그런데도 사람들은 꽃이 꽃 그림을 닮았다고 뒤집어서 생각하려 든다. 매개론은 이미지의 '**매개 항목**'으로서 기능하는 전달 방식, 즉 무엇이 사물의 전도된 이미지와 의식을 만들어내는지를 밝히는 역사적 접근법이라 할 수 있다.

미디올로지를 논할 때 빠져서는 안 되는 또 한 명의 철학자로 프랑스의 기술철학자 베르나르 스티글레르가 있다. 스티글레르는 드브레가 제창한 미디올로지를 인간 존재 양식에 비추어 근본적으로 다시 구상하려 들었다. 문화의 전달 작용을 기술과의 관계 속에서 논의하는 사상의 흐름을 '**미디올로지 전환**'이라면서, 기술에 의한 인간의 문화 접촉이 종횡으로 일어난다고 주장했다.

스티글레르에 따르면, '**기술(테크놀로지)**'은 인간을 인간답게 만드는 가장 본질적인 요소다. 기술은 인간의 성립조건으로, 기술에 대한 고찰 없이는 인간을 이해할 수 없다. 그는 기술을 일종의 '**파르마콘(독약이자 해독제)**'이라고 정의하면서, 현대 사회에서 갈수록 기술의 독약 기능이 확산하고 있다고 보았다. 새로운 기술이 가져올 결과는 좋을 수도 있고 나쁠 수도 있는데, 그 결과를 미리 생각하고 이에 대처하는 사람이 적은 것이 문제라고 생각했다.

이러한 생각을 바탕으로, 스티글레르는 디지털 환경이 앞으로의 문명 변화에 어떤 영향을 미칠지를 고민했다. 일찍이 소크라테스가 경고했던 것처럼, 디지털 미디어는 문명을 일으켰으나 기억력의 퇴화를 불러온 '글쓰기'와 같다고 생각했다. 아이들이 이미 디지털 기기에 포획당해 부모와 교사로부터 분리된 것이 인류 최대 위협으로, 만약 아이들이 '**파르마콘**' 치료 능력을 교육받지 못하면 인간의 문해력은 갈수록 퇴화될 것이라고 보았다.

스티글레르는 그 해결책을 위해 다음과 같이 주문했다. "일단 페이스북을 끊어라. 이메일을 확인할 때 스마트폰 대신 차라리 컴퓨터를 활용하라. TV·라디오를 점심 전에 켜지 마라. 매일 아침 최소 15분간 책을 읽어라. 당신이 품고 있는 질문이나 하고 싶은 말을 공책에 써라. 그리고 그것을 다시 읽어라."

역사적 아프리오리 / 프리드리히 키틀러
: 기술 미디어가 세계의 인식 변화를 가져온다.

'역사적 아프리오리'는 프랑스의 철학자 미셸 푸코가 저서 『지식의 고고학』에서 도입한 개념으로, '선험적' 혹은 '선천적'으로 번역되는 '아프리오리'를 칸트의 '형식적 아프리오리'와 달리 '역사적'이고 '경험적'인 의미로 사용하는 개념이다.

푸코에게 '고고학'이란 담론들을 문서고 속에 축적된 수많은 언표의 차원에서 기술하는 것을 목표로 하고 있는데, 이 언표들은 **역사적 아프리오리**에 따라 체계화되어 있다. 즉 이때의 '아프리오리'는 역사적으로 축적된 담론들과 이것들에 일관성을 부여하는 규칙들의 집합 전체를 가리킨다. 이 집합이 어떻게 축적되고 생성되는지는 경험적으로 확인할 수 있는데, 이는 한 저자가 한 텍스트에서 어떻게 자신의 사유를 펼치고 말하는지, 그리고 각 저자와 텍스트가 고유한 언표의 규칙을 가지면서 서로 소통할 수 있는지 등을 규정한다. 즉 '역사적 아프리오리'는 **담론 실천**의 성격을 규정하는 규칙의 집합이라고 할 수 있다.

독일의 미디어 이론가 프리드리히 키틀러는 푸코로부터 계승된 '역사적 아프리오리'라는 개념을 미디어론의 측면에서 고찰하면서 이를 자신만의 독특한 이론으로 발전시켰다. 키틀러는 '역사적 아프리오리'라는 개념을 계승하면서 그 개념을 **'기술 미디어'**로 이해했다. 즉 기술이야말로 역사적 아프리오리로서 인간 인식을 가능하게 한다는 것이다. 그렇다면 인간의 인식이 어떤 기술 미디어에 둘러싸여 있는가가 근본적인 문제가 될 것이다.

키틀러의 미디어론은 "매체가 우리가 처한 **상황**을 결정한다."라는 말로 집약된다. 그는 아날로그 기술 매체의 태동기였던 1900년대를 집중적으로 분석하면서 축음기, 영화, 타자기와 같은 새로운 기술 매체가 가져온 혁명적인 변화를 조명했다.

키틀러가 **기술 기반**의 미디어에 주목한 이유는 이것이 **'문자 독점'** 체제를 무너뜨렸기 때문으로, 이러한 미디어를 통해 이전에는 없던 새로운 인식이 출현했다고 보았다. 즉 기술 미디어가 지금까지 알지 못했던 세계를 가능하게 해준다는 것이다. 가령 축음기 덕분에 우리는 귀로 붙들 수 없던 소리를 보존하고 재생할 수 있게 되었으며, 영화의 고속 촬영 기술을 활용하면 육안으로는 볼 수 없었던 움직임들도 볼 수 있다. 나아가 타자기의 출현으로 특정 계층이 독점하던 글쓰기가 사회 전반으로 확대됐다.

이로부터 키틀러는 "기술 미디어가 출현함에 따라 인간이라는 존재가 조작될 수 있는 사태가 실제로 일어났다."라고 결론지었다. 즉 새로운 기술 매체는 문자가 결코 하지 못했던 것, 바로 **'시간'**을 저장할 수 있게 만들었다. 이것은 매체 기술의 변화와 발전 과정에서 주체는 인간이 아닌 **'기술'**임을 분명하게 밝힌 것이다. 즉 인간 중심적으로 매체를 바라보는 것이 아니라, **역사 전체**를 '정보의 저장, 전달, 처리 과정'으로 사유했다.

♧ 푸코의 지식의 고고학

푸코에 따르면, 고고학의 대상은 문화를 구성하는 모든 속성이 아니라 역사서에 나타나는 수많은 언술 및 그것들을 구성하는 언표, 그리고 그 한계나 형식을 규정하는 모든 법칙의 총체로서의 **집적**이다. 이것들은 언어학의 대상과는 다르지만, 언술을 분석하는 데는 그 대상, 양식, 개념, 주제 등의 통일을 구하는 것이 아니라, 오히려 그것들의 분산에서 규칙을 발견하고 파생의 체계를 기술해야만 한다는 점 등, 방법론적으로 새로운 언어학과의 친숙함에 있다고 보았다.

인류학의 존재론적 전환 / 에두아르도 콘
: 인간 중심 사고에서 물질 중심 사유로의 존재론적 전환

20세기 후반의 인류학은 구조주의 관점에서 서양 중심주의 사상에 도전했다. 대표적 문화 인류학자 레비스트로스는 『야생의 사고』에서 서양은 '문명'이고 비서양은 '미개'라는 **이분법적 사고**를 거부했다. 미개는 문명보다 열등하지 않은 '야생의 사고'로, 그 자체가 사회구조로서의 완결된 질서를 갖추고 있다고 보았다.

이후 21세기 인류학은 새로운 흐름을 맞이하고 있다. 서양과 비서양의 경계가 아닌, 인간과 비인간의 경계를 넘는 데 도전하면서, **'존재론적 전환'**이라는 이름으로 인간과 자연의 관계를 재설정하려는 시도가 활발히 이뤄지고 있다.

존재론적 전환은 그동안 물질을 수동적이고 무기력한 재료로 간주해왔던 서양 중심의 이원론적 인식론을 거부하고, 살아 움직이는 물질의 행위성에 주목하면서 인간의 존재 방식을 근본적으로 다시 사유하려는 경향이다. 존재론적 전환을 따라 인간 중심의 세계 이해에서 벗어나 자연의 시각에서 인간을 바라보면, 자연과 인간은 동등한 행위자로서, 인간과 타자, 문화와 자연이라는 이분법적 구분은 더는 의미가 없다.

캐나다 맥길대 에두아르도 콘 교수는 21세기 사상의 핵심인 **'탈 인간중심주의'**를 대표하는 인류학자이다. **인류학에서의 '존재론적 전환'**을 이끌면서 '인간적인 것을 넘어선 인류학'을 추구해온 콘은, 대표작 『숲은 생각한다』에서 인간 중심의 기존 인식론적 견해를 넘어서 어떻게 문명과 야생 사이의 **'소통'**이 가능한가를 되물었다.

서양 중심주의적 근대성에 따르면, 주체인 인간은 '타자'인 대상(사물)을 객관적으로 인식할 수 있으며, 사물은 주체인 인간이 바라보는 시각에 의해 고정된다. 이를테면 동물을 바라보는 시각에서, 데카르트는 동물을 생각 없는 존재, 영혼 없는 기계로 보았다. 마르크스 역시 인간은 생각을 따라 일을 하지만 동물은 본능에 따라 일한다며, 동물을 인간 아래에 놓았다.

하지만 콘은 이러한 인간중심주의 사고를 비판하면서, 타자성을 극복하는 대안을 아마존 원주민의 우주론에서 찾고자 했다. 콘에 따르면, 아마존 원주민들은 인간과 동물에게 같은 종류의 영혼이 있다고 믿는다. 우리는 자신을 인간으로 보고 재규어를 포식자 동물로 보지만, 재규어는 자신을 인간으로 보고 우리를 재규어 자신이 잡아먹을 동물로 본다. 동물도 생각하는 '**행위자**'란 점에서 인간과 동등하다고 본 것이다.

아마존 원주민은 동물, 식물, 무기물, 기상 현상, 인공물 등 모든 '비인간'들도 인간과 동등한 영혼이 있다고 보면서 상호 공존을 도모한다. 아마존 원주민의 세계에서는 인간의 이기적인 행위로 인해 비인간 존재가 살해를 당하거나 피해를 보는 일이 일어나지 않는다. 반면, 서구적 근대성을 따르는 자아(인간)는 오직 자신만이 세계의 보편 진리를 전유하는 주체라고 내세우면서, 비인간 존재(물질)에 폭력을 가하고 파괴하는 행위를 서슴없이 저지른다.

서구 근대주의 사고관을 따를 때, 아마존 원주민의 우주론은 비합리적인 야만의 사유에 불과하다. 하지만 인간만이 세계를 해석하는 유일한 행위자는 아니라는 사실을 깨닫고, 그들이 비인간과 나누는 대화에 귀 기울여야 한다. 그래야만 인류는 인간 중심의 이원론적 사고에서 벗어나 생태 위기와 같은 범지구적 문제를 극복할 수 있다.

콘은 그 해결책을 원주민의 사유에서 찾아야 하며, 이를 위해서는 인류학의 전통 시각인 인간 중심의 사고에서 벗어나 인간과 비인간의 관계에 초점을 맞춰야 한다고 주장했다. 즉 '나'라는 존재는 나 주변의 나와 비슷한 인간뿐 아니라 그 밖의 수없이 많은 다른 비인간 존재들과 끊임없이 **상호작용**(의미 기호를 주고받는)하며 살아간다는 사실을 깨닫고, 살아 있는 모든 존재와의 근본적인 관계부터 재정립할 필요가 있다. 인간이 작금의 종말론적 인류세 시대에서 살아남고자 한다면, 숲과 함께 그리고 숲처럼 생각하는 방식으로의 사고의 대전환부터 선행되어야 한다고 보았다.

탈전체론/ 메릴린 스트래선

: 세계는 '부분'들의 관계를 따라 연결된다.

영국의 저명한 여류 인류학자 메릴린 스트래선은 서구 중심의 전체론적 사고를 극복하고자 페미니즘과 문화인류학을 바탕으로 **'탈전체론'**적 전환을 시도했다.

전체론적 사고란 '서양과 동양', '남성과 여성' 등 '이항대립'적 위계를 따르면서, 전자가 후자보다 우위에 있다고 간주하는 서구중심주의 사상이다. 프랑스 구조주의 철학자 들뢰즈와 데리다에 따르면, 전체론적 사고는 서구 중심의 이분법적 위계질서를 견고히 하면서, 약자에 대한 부당한 억압을 합리화·정당화하는 논리로서 기능했다.

스트래선 역시 들뢰즈와 데리다의 사상을 따라, '전체'를 중시하는 이분법적 사고는 서구 중심의 위계질서를 재생산하고 비서구를 주변으로 밀어내는 기제로 작동한다고 보았다. 그리고 그 대안으로 '전체의 절반'을 '한 쌍 중 하나'로 만드는 새로운 논리로서의 **'부분'** 개념을 제안했다. 세계도, 지식도 결코 자기 완결적일 수 없으며, 현전하는 것은 '총합도 파편도 아닌 **부분적인 연결들**'뿐이라고 보았다.

스트래선에 따르면, 기존 서구 사상은 세계를 전체로서 구상하고 이해하는 서구 문명 특유의 사고방식인 '전체론'에서 비롯된다. 즉 '전체상'을 뜻하는 '메레오그래피(mereography)' 개념을 따라 먼저 전체부터 상정하고, 그 속에서 부분과 전체의 관계를 기술하는 형식을 취한다. 서구중심주의 사상 극복의 대안이라 할 수 있는 다원주의 역시 '부분'이 아닌 '전체'를 상정하기 때문에, 결국 기존의 전체 대 부분의 틀로 귀착될 수밖에 없다는 점에서 한계가 있다.

다원주의자들은 거대한 차원의 세계(전체)가 있고, 그 하위에 작은 세계(부분)가 **무수히 존재**한다고 생각한다. 그 결과, 전체에 포괄된 부분들은 아무리 탈중심화하고 이질화하고 파편화한다고 해도 끝내 전체를 벗어나지 못한다. 전체의 중심으로 되돌아갈 수밖에 없는 것이다. 예를 들어, 서구의 인류학자들은 자신들이 기술한 비서구의 '사회'나 '문화'를 객관적인 것으로 믿어 의심치 않지만, 그러한 객관적 기술은 '서구의 시선에 의한 비서구'라는 또 하나의 관점(즉 **전체의 일부분**)에 불과하다.

이에 대응하여 스트래선은 부분은 전체의 일부분이 아니라는 독특한 인류학적 견해를 펼쳤다. 전체를 상정하고 그 속에서 부분과 전체의 관계를 기술하는 형식으로서의 메레오그래피를 대신해서, 전체로 회수되지 않는 부분 그 자체를 논하는 새로운 개념으로서의 '**메로그래피(merography)**'를 제시했다.

메로그래피란 생물학적 용어인 '부분할(部分割)'과 '그래픽'을 합친 개념으로, 전체로 회수되지 않는 부분을 일컫는다. 우리가 기술(記述)하는 행위는 기술되는 어떤 것을 전체의 '일부'가 아닌 **별개의 '부분'**으로 만들어내며, 부분들 간의 상호관계를 중요시한다. 부분은 전체의 일부분이 아닐뿐더러 그것과 전체의 관계를 논할 필요도 없다.

메로그래피 개념에 따르면, 부분들은 '**부분적'으로 연결**된다. 예를 들어, 개인은 가족 전체에서 부분이기보다 별개의 부분으로 살아가는 존재다. 즉 개인 자신은 독자적 '부분'으로, 우리는 저마다의 삶 속에서 각자의 세계를 구축한다. 중요한 것은 머릿속에 있는 '전체'의 상을 버리고 각 **부분 간의 관계**에 집중하는 것으로, 이를 통해 우리는 차단에 의한 관계, 즉 하나의 '전체'를 **단절**해서 얻는 관계를 이해할 수 있다.

스트래선에 따르면, 우리 각자는 전체의 일부분이 아닌 별개의 부분으로서의 연결을 통해 저마다의 세계를 구축함과 동시에 그 세계에 관여한다. 이를 위해 아주 옛날로 돌아가 인간과 비인간, 사람과 사물, 자기와 타자 등으로 무수하게 구획된 전체의 일부분으로 세계를 인식할 필요가 있다. 그러한 구획된 세계는 각자 저마다의 삶을 통해 우리가 세계를 어떻게 구축하고 있으며 또 앞으로 어떻게 구축될 것인지를 깨닫는 과정에서 제각각 구축된다. 탈전체론의 시각에서 인류학적 지식의 '**존재론적 전환**'이 일어나는 것이다.

타자들의 생태학/ 필리프 데스콜라

: 인간 중심의 문화에서 자연 중심의 관계론적 변화

필리프 데스콜라는 현대 인류학에서 가장 주목받는 이론가로, '야생사고'로 유명한 인류학계의 거장 레비스트로스의 대표적인 계승자라고 평가받고 있다. 데스콜라는 '인간과 비인간' 간 관계의 다양성에 주목하는 **관계의 생태학**을 주창했다.

데스콜라는 우리 시대의 가장 중요한 학문적 과제는 자연과 문화의 관계를 어떻게 이해하느냐에 달렸다고 보았다. 저서 『타자들의 생태학』에서 자연과 문화를 별개의 것으로 구분하는 서구의 이원론적 관점을 비판하면서, '인간중심주의'를 무너뜨리는 근본적인 전환을 도모했다.

데스콜라는 20세기 인류학에서 '말없이' 있던 자연을 전면에 내세움으로써, 기존 인류학을 넘어선 21세기의 새로운 인류학을 제시했다. 데스콜라는 이러한 학문적 기획을 **자연의 인류학**이라고 부르면서, 근대사회와 과학기술의 존재 양식을 되짚으며 자연과 문화의 이원론을 넘어서는 인류학을 주창했다. 지금까지의 인류학은 인간이 주인이었으나, 자연의 인류학은 인간과 비인간을 일원화한다.

전통 인류학의 관점에서 볼 때, 인간은 자연과 문화의 대립이라는 이원론을 따라 자기중심적으로 자연을 대상화하면서, 스스로 자연 밖에 위치시켰다. 자연은 인간 밖에 있는 대상이므로 인간은 그것을 이용하고 조작할 수 있으며, 따라서 자연은 인간이 거센 투쟁을 통해 쟁취한 **문화**와 **문명**의 산물에 불과하다.

실제로 우리의 머릿속에 제일 먼저 떠오르는 인류학의 이미지는 백인 학자에게 관찰되고 있는 아마존이나 태평양에 자리한 주민의 모습이다. 한마디로 인류학은 서양 백인이 자기와는 다른 인종을 연구하는 것으로, 백인 스스로 연구의 대상이 되려고 하지 않는다. 인류학자 스스로 인류학을 학문적 유럽 중심주의나 자민족 중심주의의 소산이라고 비판해온 것이 이와 무관하지 않다.

데스콜라에 따르면, 인간은 자연과 분리되어 있고, 자연에 대립하는 문화의 영역 안에 인간이 자리한다는 관념은 다분히 서구중심주의 사고에서 비롯된 것이다. 인간은 여타의 종(種)과는 다른 부류이자 다른 세계에 속한다는 사고는 '자연주의'에서 비롯된 것으로, 인류학이 이원론에서 벗어나더라도 자연주의가 유지되는 한 자민족중심주의의 인간주의 판본인 '인간종(種) 중심주의'는 변하지 않는다.

이에 반해, 데스콜라가 연구한 아마존의 아추아족에게는 서양인들이 자연이라고 대상화하는 숲과 강이 바로 자신들의 세계로, 그들은 숲과 강이라는 자연과 육체적·영적으로 상호작용하면서 그곳을 자신들의 세계로 만든다. 인간과 비인간 존재인 자연과의 관계로 확장하면서, 근본적인 관점에서 동일성을 지닌 인간과 비인간의 '세계'가 **'평등하게'** 구획되는 것이다.

데스콜라는 세계를 자연과 더불어 만들고 함께 살아가는 아마존 원주민들의 방식을 **'애니미즘'**이라고 불렀다. 아추아족이 인간과 비인간 동식물을 모두 **'사람(존재)'**이라는 동일한 차원에서 사고한다는 점에 주목하여, 서양의 세계관과는 별개의 아마존의 애니미즘적 세계관을 정립한 것이다. 아마존의 애니미즘 세계에서 인간과 비인간은 서로 다른 모습으로 현존하고 있을 뿐으로, 둘은 같은 속성의 내면을 가지고 **자율적 삶**을 영위한다는 점에서 근본적으로 동일한 존재다.

데스콜라는 애니미즘 세계관을 따라 인간과 비인간 존재(타자) 간의 '관계의 생태학'에서 나타나는 다양하고 복잡한 양상을 고찰하면서, 궁극적으로는 새로운 앎과 삶의 실천을 통한 존재론적 구성 변화를 통해 지구 환경과 인류가 처한 위기를 해결할 방향을 모색했다.

데스콜라에 따르면, 우리가 알던 자연은 인간이 이해하고 통제하려 하고 그 인간에게 변덕을 부려 고통을 주면서도 가치, 관습, 이데올로기가 설 자리가 없는 자율적인 규칙성의 장을 구성하는 영역이었다. 그러나 이러한 환상은 이미 사라지고 없다. 지구 온난화, 오존층 파괴, 특화된 줄기세포 배양 등을 둘러싸고 자연은 어디서 멈출 것이며 문화는 어디서 시작될 것인가에 대한 질문은 이제 아무 의미가 없다.

논의의 핵심은 '문화'에서 '자연'으로 개념의 **'존재론적인 전환'**을 통해 인간중심주의의 상당 부분을 포기하는 것으로, 이를 통해 인간과 비인간 존재의 바람직한 관계를 재구성할 수 있어야 한다는 것이다.

✢ 야생사고

레비스트로스는 열대우림 원시 부족의 '**브리콜라주**'식 무의식적 사고를 서양의 문명사고(과학적 사고)와 견주어 '**야생사고**'라고 불렀다. 그는 서구 문명이 원시 문명보다 결코 우월하다고 말할 수 없으며, 물질문화 못지않게 정신 가치 또한 중요하다고 생각했다. 야생사고가 담고 있는 브리콜라주적 발상으로 문명 진보(역사 발전)에 대항하는 것만이 오늘날의 심각한 환경 및 사회 문제를 극복할 수 있는 현실적 대안이라고 보았다.

레비스트로스에 따르면, 일체의 사물은 어느 쪽으로도 일방적인 것은 아니라는 사실을 구조적으로 성찰하여 야생사고와 문명사고를 서로 보완하는 방향으로 나아갈 때, 인류는 현대 물질문명이 초래한 위험에서 벗어날 수 있다.

'자연주의'란 무엇인가 | 마음은 과학으로 해명할 수 있다.

　현대철학에서 자연주의는 **과학**에 토대를 둔 철학적 경향으로, 자연과학의 방법으로 철학적 문제를 설명하려는 사상을 말한다. '자연주의'는 인간의 인식 활동을 자연현상으로 고찰할 수 있다는 견해를 따라, 세계의 모든 현상과 그 변화의 근본 원리를 **'자연(물질)'**에서 찾는다. 우주 안에 있는 모든 존재와 그 존재로부터 발생하는 사건은 본질적인 측면에서 **'자연적'**인 것이라고 주장하면서, 철학을 과학적 탐구 방법을 따라 논의하는 사고의 경향이다.

　철학에서 '자연(Nature)'은 '물질적(물리적)' 세계 그 '자체'나 그것이 빚어내는 '현상'을 일컫는다. 인간 역시 자연의 일부지만, 철학에서 인간의 활동은 흔히 자연현상과는 분리된 범주에서 다루어진다. 그 점에서 '자연적'은 '초자연적', '인간적', '인위적'과 대척점에 서며, 초자연주의에 대한 어떠한 언급도 허용하지 않는다.

　자연주의를 대표하는 철학자들은 실재하는 사물과 현상을 자연 세계의 범위 안에 있다면서, 초자연적인 존재나 힘을 신뢰할 수 없는 가설이라고 생각한다. '실재'는 초자연적인 어떤 것도 포함하지 않는 자연에 의해 규명될 뿐이고, 과학적 방법은 인간 정신을 포함한 실재의 모든 영역 탐구에 사용되어야 한다고 주장한다.

　자연주의는 인간에 관한 모든 탐구에 자연과학의 방법을 적용할 것을 주장하면서, 과학적 설명의 범위를 벗어난 그 어떠한 실재나 사건이 존재한다거나 존재할 수 있다는 견해를 명백히 거부한다. 자연주의는 초자연적인 것을 철저히 배제하는 **존재론적 자연주의(형이상학적 자연주의)**와 이러한 자연적 존재의 실재성과 자연성을 과학적·경험적 방법을 통해 규명하려는 철학적 시도(**방법론적 자연주**

의, 과학적 자연주의)이다.

철학에서 '자연주의' 용어는 20세기 초반 **논리실증주의(영미 분석철학)**와 **프래그머티즘(실용주의)** 철학자들을 중심으로 사용되었다. 철학을 과학과 밀접히 관련지으면서, 특히 인식론의 핵심 개념인 '**실재**'를 철저하게 자연적인 것과 연결하려고 들었다. 분석철학자 콰인은 철학의 특권을 부정하고 과학을 철학(인식론)에 도입해야 한다고 생각했다. '신(神)' 같은 초자연적 실체를 철학적 사고의 대상에서 제외하고, 인간의 '정신'을 포함하여 실재에 관한 모든 영역을 오로지 '**과학적 방법**'으로 접근하고자 했다.

프래그머티즘으로 무장한 자연주의 철학자들에 따르면, 확고하고 자명한 진리는 없다. 프래그머티즘 철학자들은 명백하고 부정할 수 없는 진리 명제를 찾아낸후 그것으로부터 다른 지식을 연역함으로써 영원한 '**진리**'의 지식 체계를 얻을 수 있다고 확신하는 전통 탐구 방법을 버려야만 한다고 주장했다. 철학적 문제에 대답하기 위해 우리가 사용하는 도구는 물리학에서 생물학, 그리고 신경과학에 이르는 성숙한 과학적 방법이어야 한다고 보았다. 이를테면 신경과학은 뇌의 작동방식을 보여줌으로써 결국 우리가 '**마음**'의 실체를 이해할 수 있게 해줄 것이라고 믿었다.

21세기 들어 '마음'을 **자연과학적**으로 연구하는 경향이 새롭게 등장했는데, 이를 '**자연주의적 전환**'이라고 한다. 인지과학, 뇌신경과학, 정보과학, 생명과학 등의 성과에 기반하여 마음을 과학적이고 객관적인 분석 대상으로 보는 점에서 '**인지과학적 전환**'이라고도 부른다.

철학에서의 인지과학적 전환을 가장 잘 드러내는 영역은 '**심신(心身) 문제**', 즉인간의 '**마음**'에 관한 연구로, 데카르트 이래 근대 철학의 가장 중요한 문제의 하나인 마음(정신)과 몸(물질)의 관계를 둘러싼 축적된 논의를 바탕으로 발전을 거듭해 왔다. 현대 과학의 발전에 발맞춰 마음을 형성하는 것이 무엇인가가 인공지능의 관점에서 논의되면서, 심리철학이 새로운 시대사조로서 주목받고 있다. 심리철학의 자연주의적 전환을 주도하는 미국 UC 샌디에이고의 폴 처칠랜드 교수는 인지과학의 발전으로 지금까지 베일에 싸여 있던 '마음'이 해명될 가능성이 본격적으로 열리기 시작했다고 말한다.

✢ 형이상학적 자연주의와 방법론적 자연주의

형이상학적 자연주의는 일반적으로 '**철학적 자연주의**' 또는 '**존재론적 자연주의**'로 불리며, 자연주의에 대한 존재론적 접근을 취한다. 존재론적 자연주의는 존재(실체)에 관해 연구하는 형이상학의 분과로, 자연 세계를 넘는 초자연적인 것은 존재하지 않는다는 관점이다. 겉보기에 초자연적인 상황이 존재하더라도, 그것에 내재하는 자연주의적 현상을 설명할 수 있다고 본다. 신이 초자연적이라고 가정하는 한 무신론으로 나아가며, 일반적으로 유물론과 같거나 밀접한 관계를 갖는 형이상학적 입장으로 받아들여진다. 도덕이나 아름다움과 같은 형이상학적 물음 또한 엄밀히 말해 없거나, 최소한 자연적인 것으로 환원된다고 본다.

이에 비해 **방법론적 자연주의**는 과학계에서 말하는 자연주의 사상(**과학적 자연주의**)으로, 과학적 방법으로 자연현상을 설명한다는 의미에서의 자연주의에 대한 인식론적 접근이다. 모든 현상은 물리적 원인이 있기에, 자연 세계를 설명하는데 원인 불명의 초자연적인 것을 끌어올 필요가 없다고 본다. 예를 들어, 지적 설계는 그 '설계자'가 초자연적인 것으로 가정하는 한 방법론적 자연주의에서 어긋난다고 본다. 자연과학이 자연 세계를 온전히 설명한다고 가정하는 한, 자연과학에서 말하는 것 외에는 아무것도 없다는 것이다. 극단적인 방법론적 자연주의는 '과학(만능)주의'와 통하며, 인간의 모든 내면적 문제나 사회 문제가 자연과학과 동일한 방법을 따라 정밀하게 인식되고 해결될 수 있다고 본다.

심적 상태란 무엇인가 | 어떤 심적 상태는 '의식적'이다.

심리철학(마음의 철학, 정신철학)은 '심신 문제', 곧 마음 또는 정신 현상, 정신의 기능 내지는 성질·의식과 물리적 실체인 몸과의 관계를 다루는 현대철학의 한 분과이다. 현대 심리철학은 '의식'이라는 형이상학적 영역이 두뇌와 신체라는 물리적 영역으로부터 어떻게 발생하고 상호작용하는지를 묻고 따진다.

현대 심리철학은 **자연주의적 전환**을 따라 '**마음(心)**'은 무엇인지, 몸과 마음 또는 마음과 뇌는 어떻게 연관되어 있는지를 철학적으로 고찰하며, 뇌 과학이나 인지과학, 진화심리학과 깊게 관계를 맺는다. '**의식**'이란 무엇인가, 우리의 행동을 결정하는 것은 무엇인가, 마음을 과학으로 해명할 수 있는가, 인공지능(AI)은 인간처럼 마음을 지닐 수 있는가 등의 물음에 대한 대답을 찾는 것이 현대 심리철학의 중점 과제이다.

데카르트 이후 '마음과 몸의 관계(심신 문제)'는 철학의 중요한 관심 분야였다. 어떻게 눈에 보이지도 않고, 경험할 수도 없는 정신이 신체와 서로 관계(몸은 마음을 따른다는 인과론적 사고)를 맺을 수 있는가? 우리는 일상에서 늘 이런 인과관계를 경험하고 있다. 물을 마시고 싶다는 욕구(심적 상태로서의 **지향적 의식**) 때문에 시원한 물을 마시려고 냉장고를 열거나(신체적 행위), 과거의 어떤 아픈 기억을 떠올릴 때(심적 상태로서의 **현상적 의식**) 눈물을 흘리는(신체적 상태) 것을 쉽게 접할 수 있다. 심리철학은 이런 것들과 관련한 문제의 해결점을 찾으려는 시도라 할 수 있다.

현대 심리철학의 핵심 논의인 '심신 문제'를 고찰하기 위해서는 먼저 '실체'와 '속성(성질)'을 구분하여 살필 필요가 있다. 실체는 독립하여 존재하는 개체(개별 존재자)를 말하고, 속성은 실체가 지닌 공통된 성질을 일컫는다.

고전적 심신 문제는 '**실체**'로서의 몸과 마음의 관계에 관한 탐구로서, 데카르트는 세계(인간)는 정신과 물질이라는 전혀 다른 두 개의 실체로 이루어져 있으며, 둘은 뇌를 통해 상호작용을 한다고 보았다. 이에 비해 현대 심리철학자들은 대체로 (뇌를 포함한) 신체 같은 물리적 실체만 인정하는 **물적 일원론**의 입장을 따르면서, 신체는 **물리적 속성(몸, 행위)**과 **정신적 속성(마음, 의식)** 모두 갖고서 뇌의 기능을 따라 '인과적'으로 상호작용하는 것이라고 보았다.

현대 심리철학에서 다루는 심신 문제는 크게 다음 두 물음으로 집중된다. 먼저, '**심적 상태**'란 무엇인가의 질문이다. '**심적 상태**(심리 상태)'는 **감각**(사물에서 받는 인상이나 느낌), **지각**(의식화된 감각 경험), **사고**(신념, 욕구, 믿음 같은 지향적 의식), **의식**(정서, 감정 같은 현상적 의식)을 의미하는데, 이것들이 '**마음**'을 이룬다.

심적 상태는 일반적으로 다음과 같은 특징이 있다. 어떤 심적 상태는 자신 앞에 놓인 어떤 외적 상황에 의해 일어나기도 하고, 특정한 행위를 일으키기도 하며, 다른 심적 상태를 일으키는 인과적 원인이 되기도 한다. 이를테면 '나'는 못(외적 상황)에 발을 찔려 심한 고통(심적 상태)을 느끼기도 하고, 커피를 마시고 싶은 욕망(심적 상태)으로 커피숍으로 향할 수도 있으며(특정 행위), 예전에 거짓말했다가 부모님께 심한 꾸중을 들었던 경험(원인으로서의 심적 상태)을 통해 다시는 거짓말을 하지 않겠다는 신념(결과적 심적 상태)을 일으키기도 한다.

심적 상태의 일부는 '감각질(퀄리아)' 같은 주관적인 '느낌'으로서의 그 무엇을 갖기도 한다. 즉 어떤 심적 상태는 '**의식적**'이다. 예를 들어 같은 대상을 바라보더라도 정상 시력을 가진 사람의 색상 경험과 색맹인 사람의 그것은 서로 다를 수 있는데, 전자의 색상 경험은 어떤 느낌이나 특유의 감각질을 지닌 데 비해 후자의 경험은 이것이 없기 때문이다.

또한 어떤 종류의 심적 상태는 어떤 종류의 뇌 상태와 체계적으로 관계한다. 뇌 실험 결과에 의하면 두뇌의 특정 부위를 미세 전류로 자극하면 특정 기억을 유도할 수 있는데, 이것은 심적 상태와 뇌의 상태 사이에는 **상관관계**가 있음을 보여준다. 아울러 우리는 무의식적인 욕망이나 신념을 가질 수 있는데, 이를 통해 알 수 있듯 모든 심적 상태가 의식적 상태라는 것은 아니다.

✤ 퀄리아(qualia)

퀄리아는 어떤 것을 지각하면서 느끼게 되는 기분이나 떠오르는 심상으로, 말로 표현하기 어려운 특질을 가리킨다. 마음 안에서 일어나는 주관적 감각으로, **감각질**이라고도 부른다. 일인칭 시점으로 주관적 특징이 있으며, 객관적 관찰이 어렵다.

『의식하는 마음』의 저자 차머스에 의하면, 의식에 관한 문제는 어려운 사안과 쉬운 사안으로 나눌 수 있다. 심리학과 신경과학이 대답할 수 있는 문제, 예를 들면 '뇌는 정보를 어떻게 통합하는가.' 하는 것이나, '인간은 어떻게 외부의 자극을 분별하여 이에 적절히 반응할 수 있는가.'와 같은 인지체계의 객관적 메커니즘과 관련된 문제가 쉬운 문제다(여기서 '쉽다'라는 의미는 사소하거나 중요하지 않다는 의미가 아니다).

반면 심리학과 신경과학이 대답할 수 없는 문제, 예를 들면 '뇌의 **물리적** 작용이 어떻게 주관적인 감각 경험을 일으키는가.', '왜 뇌의 물리적 작용에 감각이 동반되는가.'처럼 생각과 인식의 **내적 측면**에 관한 문제가 어려운 문제다. '퀄리아(감각질)'는 의식에 관한 문제 가운데 설명하기 어려운 문제, 다시 말해 '설명의 간격'이 큰 문제를 일컫는 것이기 때문에 논쟁의 대상이 된다.

심적 상태는 물리적 속성을 따르는가 비물리적 속성을 따르는가

일원론적 사고와 이원론적 사고

마음의 철학(심리철학)에서 "심적 상태는 물리적인 '두뇌'의 상태인가 아니면 비물리적인 '영혼'의 의식 활동인가"의 문제를 다룬다. '심적 상태'를 이루는 물리적 속성(물질적 속성)과 정신적 속성(심리적 속성)의 본성은 무엇이고, 둘은 서로 구분 가능한가(아니면 존재하기는 하는 것인가), 그리고 양자는 어떻게 상호작용할 수 있느냐 여부로, 특히 생각·감정·의식 같은 **정신적(심적) 상태(심리적 속성)**가 '뇌' 활동 같은 신체 활동(**물리적 속성**)과 어떤 관련이 있는가에 초점이 집약된다.

이 문제에 대해, 현대 심리철학에는 두 가지의 대표적인 사고방식이 자리한다. 그 하나는 '이원론적 사고(**속성 이원론, 성질 이원론**)'로, 마음과 몸은 정신적 속성과 물리적 속성이란 두 성질이 마치 동전의 앞뒷면처럼 병행하면서 상호작용하는 것이라고 보는 시각이다. 속성 이원론은 정신적 속성이나 물리적 속성을 포섭하는 제3의 실체(스피노자는 이를 '신'이라고 했다) 또는 속성(이를테면 '지향성'이나 '퀄리아')을 가정하는 것으로, 이를 '**중립 일원론**'이라고도 한다.

부연하면, 스피노자의 자연관은 몸과 마음은 따로 존재하는 것이 아니고 사실은 하나로 보는 점에서 중립 일원론을 따르며, 때에 따라 다른 모양을 드러내는 것이라고 보는 점에서 속성 이원론을 따른다. 이를테면 가상현실에서 '나'의 정신이 다른 몸을 빌려 기능할 가능성을 보여준 영화 ≪토탈리콜≫의 한 장면이나, 장자의 우화에 나오는 '호접지몽'의 상태는 인간이라는 객체가 때론 속성 이원론을 따라서, 때론 중립 일원론을 따라서 '분신사바'하는 사례를 보여주는 좋은 예라 할 것이다.

다른 하나는, '**물적 일원론(유물론적 일원론)**'이라고 부르는 것으로서, 인간은 물질적 실체로 구성되어 있기에, 정신 역시 물리적으로 환원될 수 있다고 보는 시각이다.

이를 '물리주의'라고 하는데, 물리적 일원론을 따라 마음을 포함한 모든 것들을 과학적으로 설명 가능하다고 본다. 즉 마음(의식) 역시 뇌의 기능과 관련이 있는 물질로, 뇌의 움직임을 해명하면 마음은 실체가 아니라 물질의 작용이라는 사실을 과학적으로 입증할 수 있다고 본다.

속성 이원론의 문제점은 마음이 어떻게 몸을 움직이는지 설명할 수 없다는 점이다. 즉 비물질적 속성인 마음이 어떻게 물질적 실체인 신체에 영향을 미치는지 설명할 수 없다. 우리가 타인과 커뮤니케이션을 하더라도, 만약 마음이 비물질적 실체라면, 어떻게 그것을 이해할 수 있는가를 설명하기 어렵다. 다시 말해, 우리는 다른 사람의 마음을 인식하기 어려운데, 이원론을 지지하는 철학자들이 "마음은 단순히 물질로 환원될 수 있는 성질의 것이 아니다."라고 주장하는 이유가 여기 있다.

하지만 **물적 일원론(물리주의)**을 따르면 몸과 마음의 움직임은 모두 물리적 작용에 의한 것이기에, 심신 불일치의 문제는 일어나지 않는다. 우리가 마음이라고 부르는 것은 '뇌'에 불과하며, 마음의 상태는 곧 뇌의 상태이다. 이러한 사고를 '**심뇌(心惱; 마음-두뇌) 동일설**'이라고 한다. 이를테면 우리가 색상이나 맛을 저마다 다르게 느끼는 것은 개인별로 뇌가 대상을 다르게 인식한 결과라 할 수 있다.

물리주의, 그리고 확장된 마음

현대 심리철학자들은 대체로 '물리주의' 입장에서 정신(심적 속성=뇌)은 육체(물리적 속성)로부터 분리된 것이 아니라는 견해를 유지하면서, 자연주의 경향을 따라 정신을 환원적이거나(마음, 의식=물질인 뇌의 기능) 또는 비환원적 입장에서(마음, 의식=착각에 불과) 해명할 수 있다고 보고 있다.

마음은 곧 '뇌'라는 물리주의 입장을 따라 마음(뇌)을 과학적 분석 대상으로 보는 이러한 자연주의적 접근 방법은 특히 사회생물학, 진화심리학, 인공지능과 관련된 컴퓨터 과학, 진화심리학 및 다양한 신경 과학 분야에서 영향력을 발휘하고 있다.

그와 더불어, 속성 이원론의 관점에서 마음은 물질과는 별개의 독자적인 특징을 지닌다는 시각도 있다. 이를테면, 사물에 대한 뇌의 의식 작용을 뜻하는 '지향성'과 마음속에서 일어나는 주관적인 감각질을 뜻하는 '퀄리아'가 그것이다.

심리철학은 지향성과 퀄리아를 물질적인 것으로서 설명하면서, 마음을 물적 세계에 위치시키는, 다시 말해 '마음의 자연주의화'가 가능하다고 본다. 차머스는 자연주의적 이원론의 시각에서 '마음'을 머릿속에만 가두지 말고 신체 및 이를 둘러싼 주변 환경과 관련지어 이해하자고 제안했는데, 마음을 외부로 확장한다는 의미에서 '확장된 마음'이라고 한다. 예를 들어 무언가를 계산한다는 마음의 작용은 종이와 연필, 그리고 신체의 움직임과 연동되어야 비로소 가능하다. 이처럼 마음을 외부로 확장하게 되면 마음과 신체의 구별이라든가 지각·인지·행위의 인위적 분할은 더는 의미를 잃으면서 마침내 인공지능은 인간처럼 '마음'을 갖는가의 문제로까지 논의가 확장된다.

이원론을 따르든 일원론을 따르든, 현대 정신철학은 몸(신체)은 물리적 속성(물리적 실체)과 정신적 속성(비물리적 실체)을 모두 가질 수 있다는 인식을 따라, 이 둘이 어떻게 인과적으로 상호 작용하는가를 놓고서 다양한 논의를 거듭하고 있다.

자연주의 이원론 | '마음'은 비물리적이다.

    현대철학에서 중요하게 다루고 있는 분야인 마음의 철학, 다시 말해 심리철학(정신철학)의 출발점은 데카르트의 이원론적 사고라 할 수 있다. 데카르트는 정신과 육체는 분리된 것이지만 정신이 육체를 지배한다면서, 사고하는 정신이야말로 가장 확실한 것이며, 신체는 물질에 불과하다고 보았다. 데카르트는 뇌의 송과선을 신체와 정신이 상호작용하는 장소로 생각했다. 이것을 '심신 이원론'이라고 하는데, 정신철학에서는 **'실체 이원론'**으로 부른다. 마음(의식)과 몸(신체)은 별개의 실체로, 뇌를 통해 연결되면서 상호작용한다는 것이다.

    데카르트는 우리가 육체적 통증을 느끼는 것은 우리 마음이 몸을 움직이기 때문이라고 보았다. 마음과 육체는 뇌를 통해 상호작용한다는 것이다. 그는, 생각하는 '나'(사유=마음=의식=정신)와 공간을 점유하는 것들(연장=몸=물질=신체)을 뚜렷하게 구별함으로써, 신(神)을 버팀목으로 삼지 않는 독립적인 자기 자신을 성립할 수 있었다.

    한편, 몸과 마음은 별개라는 데카르트의 이원론에 대해 스피노자는 모든 것은 하나의 '신(神)'이라는 일원론적 **'심신 병행설'**을 주장했다. 스피노자에 따르면, 마음과 몸은 동일한 것이지만, 그렇더라도 둘은 마치 동전의 양면처럼 물리적 특성과 심리적 특성이라는 2개의 성질을 갖고 있으며, 마음이 몸을 움직이는 것은 아니다. 우리가 태어나서 죽을 때까지의 행동은 초월자인 '신'이 처음부터 정해놓았으며, 만약 내 마음이 내 몸을 움직이고 있다고 생각한다면 그것은 신이 그렇게 착각을 하도록 만들었을 뿐이라고 보았다.

    스피노자의 철학은 일원론의 관점을 따르지만, 정신철학에서는 이를 두고 **'속성 이원론'**이라고 한다. 속성 이원론(성질 이원론)에 따르면 마음(의식)과 몸(신체)은 인간을 구성하는 서로 다른 실체이지만, 그렇더라도 물질(육체)적인 속성과

심(정신)적인 속성은 상호작용을 한다고 본다.

정리하면, 실체 이원론은 세계에는 근본적으로 다른 두 종류의 '**실체(대상)**'가 있다고 보는 데 비해, 속성 이원론은 근본적으로 다른 두 종류의 '**속성(특징)**'이 있다고 주장한다. 실체 이원론에 따르면 심적 상태는 (영혼·정신 같은) 비물리적 대상(실체)의 '상태'이지만, 속성 이원론을 따르면 심적 상태는 (물리적 실체인) 뇌의 비물리적 '속성'이라 할 수 있다.

속성 이원론은 현대 정신철학에서 존 설의 '생물학적 자연주의'와 프랭크 잭슨의 '수반 현상설(부수 현상론)'로 이어졌고, 데이비드 차머스는 잭슨의 수반 현상설을 이어받아 '**자연주의적 이원론**'을 펼쳤다. 이와 같은 사상을 포괄하는 자연주의 이원론에 의하면, 마음은 자연주의를 따라 '**과학적**'으로 규명할 수 있지만, 그렇더라도 '마음은 곧 뇌'라고 받아들이기 어려운 '**비물질적 속성**'으로 이루어져 있다고 본다.

존 설의 '**생물학적 자연주의**'는 심적 상태의 생물학적 특징을 강조하면서, '의식'은 물질이 아니라 장(腸)이 소화를 시키는 것과 마찬가지로 생명을 유지하기 위한 현상일 뿐이며, 뇌가 생물학적 작용으로 의식을 낳는다는 시각이다.

잭슨의 '**수반 현상설(부수 현상론)**'은 뇌와 마음은 따로따로 존재한다는 시각으로, 물리법칙을 따르지 않는 의식은 분명 존재하지만, 의식은 물질(신체)에 전혀 영향을 주지 않고 몸과 함께 있을 뿐이라는 시각이다. 수반 현상설에 따르면, 뇌의 물리적 속성이 비물리적인 심적 속성을 일으키지만, 거꾸로는 성립하지 않는다. 심적 상태가 행동을 일으킨다는 것을 부정하고, 하나의 심적 상태가 다른 심적 상태의 원인이 된다는 것 또한 부정한다.

차머스는 '철학적 좀비'로 불리는 사고 실험을 통해 마음을 물질로 환원하는 물리주의를 비판하면서, '**자연주의적 이원론**'을 따라 마음은 물질로 환원할 수 없으며, 마음의 문제는 과학적으로 접근해야 한다고 보았다.

♣ 자연주의 이원론의 사상적 흐름

생물학적 자연주의/ 존 로저스 설

: 마음은 뇌 과학으로 설명할 수 없다.

마음에 관한 철학적 논의가 본격적으로 등장한 이래로 심리철학의 주된 화두는 이른바 **'심신 문제'**에 관한 것이었다. UC 버클리 교수 존 설은 심리철학 분야의 다양한 입장은 모두 일련의 잘못된 가정을 전제로 하고 있다고 보면서, 이를 타파할 방안을 제시했다. 그는 마음의 가장 본질적이면서 주된 특징을 **'의식'**으로 보고, 이것은 자연 세계의 일부이며 지극히 일반적인 생물학적 현상이라는 점을 강조했다.

설은 뇌가 의식을 물리적으로 만들어내는 것은 신경과학의 관점에서도 분명하다고 주장했다. 그는 인간의 모든 의식은 뇌의 활동을 통해 물리적으로 만들어지며, 이러한 사실은 신경생물학적으로 분명하다고 보았다. 그는 배고픔과 졸림 등 생명 활동의 일환으로서 일어나는 의식은 우리 뇌에서 물리적으로 작용하면서 그와 같은 행동을 일으키는 원인이 되며, 이를 생물학적으로 **'해명'**할 수 있다고 생각했다.

설에 따르면, 의식은 뇌와 중추신경에서 물리적으로 발생하는 것으로, 소화 활동과 똑같이 생명을 유지하는 활동의 일환이다. 반면, 감정과 같은 주관적 의식을 물리적으로 말하는 것은 불가능하다. 다시 말해, 위가 위액을 분비하고 식물이 광합성을 하는 것처럼 뇌의 생물학적인 조건에서 의식이 태어난다. 설은 이러한 입장을 **'생물학적 자연주의'**라고 부르면서, 인간의 모든 의식이 뇌의 활동을 통해 만들어지는 것은 신경생물학적으로 분명하다고 보았다.

설은 의식과 감정은 **'착각'**일 뿐이라는 **'물리주의'** 입장을 부정했다. 설에 따르면, 의식은 물리주의자나 소거주의자가 생각하는 것처럼 뇌가 물질을 **'퀄리아'**(마음속에 일어나는 주관적 감각)나 감정으로 착각하는 것이 아니다. 의식은 장(腸)이 소화를 시키는 것과 마찬가지로 생명을 유지하기 위한 현상이며, 생물학적으로 분명히 존재하는 것이다. 다만, 퀄리아나 감정은 주관적인 문제이기 때문에 이를 물리적으로 논하는 것은 불가능하다고 주장했다.

설은 물리학(신경과학)에서 다루어야 할 '의식'이라는 용어와 퀄리아 같은 철학적 존재론과 인식론에서 다루어야 할 '**의식**'이라는 개념을 혼동해서는 안 된다고 보았다. 생물학적 의미에서의 의식은 이른바 '기능적 의식(지향적 의식)'이지만, 주관으로서의 의식처럼 철학에서 말하는 의식은 '**현상적 의식**('지향성'을 갖는 질적 상태의 비물리적 의식)'을 말한다.

설은, 생명 현상의 하나로서의 의식(기능적 의식)은 생물학적으로 설명할 수 있는 반면에, 감정을 비롯한 주관적인 의식(현상적 의식)은 확실히 존재하지만 그렇더라도 그것의 작동 원리를 물리적으로 설명하는 것은 불가능하다고 보았다.

다른 한편으로, 존 설은 '**중국어 방**'이라고 불리는 사고 실험을 통해 인공지능 컴퓨터가 의식을 갖는다는 생각에 비판적인 시각을 드러냈다. 그는 컴퓨터가 지능(마음)을 갖는다고 암시한 '튜링 테스트'에 대해 '중국어 방'이라는 논리로 반론을 제기했다.

실험에 따르면, 인공지능은 중국어 방에 있는 영국인과도 같아서 자신의 행위를 이해한다고는 말하기 어렵다. 중국어를 모르는 영국인도 영어로 쓰인 매뉴얼을 따라 하면 중국어 질문에 답할 수 있지만, 그렇더라도 그것이 중국어를 '**이해**'하는 것은 아니다. 그는 로봇에게 마음(지능)이 있는지를 부정하는 사고 실험을 통해, 인공지능은 자신의 행동을 사고를 통해 이해하려 하지 않는다고 결론지었다. 관련한 자세한 내용은 다음 장 〈인공지능의 철학〉에서 설명한다.

수반 현상설/ 프랭크 잭슨
: 마음이 몸을 움직인다는 느낌은 '착각'이다.

실체 이원론에 따르면, 심적 상태는 물리적 상태와 독립적이다. 뇌를 쓰지 않는 명한 상태에서도 무언가를 생각할 수 있듯이, 비물리적 실체인 정신은 물질인 두뇌의 변화 없이도 스스로 상태를 변경할 수 있다. 이와 달리 '물리주의(유물론적 일원론)'에 따르면, 심적 상태는 물리적 상태에 의존한다.

심적 상태와 물리적 상태의 관계는 '**의존**'을 의미하는 '수반' 개념으로 설명할 수 있다. '**수반**'은 일단의 속성을 확정하여 다른 속성을 자동으로 확정할 수 있다는 것으로, 속성 B의 확정이 속성 A의 확정에 충분하다면 A는 B에 수반한다. 달리 말하면, B에 변화를 주지 않고는 A를 변화시킬 수 없을 때, A는 B를 수반한다고 한다.

'수반' 개념을 따라 물리주의에 접근할 경우, 심적(정신적) 속성은 **물리적(물질적) 속성**에 수반한다. 현실 세계와 정확하게 똑같은 물리적 속성을 지니고 있되 그 밖의 다른 속성은 전혀 지니고 있지 않은 가능 세계를 상상해 보자. 이때 만약 속성 이원론이 옳다면, 심적 속성은 물리적 속성에 수반하며, 속성 이원론은 일종의 물리주의가 되고 만다. 하지만 속성 이원론이 일종의 물리주의라는 주장은 타당하지 않다.

물리주의를 따를 때, 물리적 속성과 함께 인정되면서도 물리적 속성과는 구별되는 자율성을 띠는 정신적 속성은 사실은 '**수반 현상**'에 불과하며, '실재' 한다고 볼 수 없다. 물리적 속성에 환원되지 않고 자율성을 띠는 정신적 속성은 사실은 물리 속성에 독립적으로 존재한다고 말할 수 없으며, 물리적 실체가 모두 사라지면 정신적 속성도 함께 사라질 수밖에 없다.

하지만 이원론 지지자들은 퀼리아나 표상 같은 정신적 속성으로서의 '**의식**'은 물리적 인과 법칙을 따르지 않는다고 생각했다. 속성 이원론을 따라 정신적 속성인 의식이 신체 행동을 결정한다고 생각하면, 인과율을 따르는 물질적 속성인 신체는 인과율을 따르지 않는 '**비물질(의식)**'에 영향을 받는 셈이 되어 버린다. 그런데 만일 나의 의식이 나의 몸을 움직인다고 생각하면, 물리적 인과율과는 관계없는 비물질이 물질을 움직이는 것과 다를 바 없다. 원칙적으로 물질세계는 비물질인 의식의 영향을 받지 않으며, 물질의 세계는 의식의 세계로부터 인과적으로 닫혀 있다고 생각해야 하는데도 불구하고 말이다.

그래서 물리법칙을 따르지 않는 의식은 분명 존재하지만, 의식은 물질(신체)에 전혀 영향을 주지 않고 몸과 함께 있을 뿐이라는 '수반 현상설'이 등장한 것이다. 수반 현상설(隨伴現象說)이란 물질과 의식 사이의 인과관계에 대해 논의하려는 입장으로, 심적 현상이 신체로 이어지는 인과적 작용을 부정한다. 물질(신체)과 의식(정신)을 별개의 존재로 인식하는 '**이원론**'의 입장을 지니면서, 의식의 세계에서 일어나는 반응에는 반드시 그것에 대응하는 물질 반응이 존재한다는 입장(**자연주의**)을 따른다.

호주의 심리철학자 프랭크 잭슨은 '**메리의 방**'이라는 사고 실험에서 심적(정신적) 속성인 '마음'을 물리적 속성인 '물질(뇌)'로 환원하는 물리주의를 비판하면서, 물리적 속성인 뇌와 심적 속성인 마음은 따로따로 존재하되 뇌가 의식과 행동을 동시에 낳는다는(즉 뇌는 의식을 수반한다는) **수반 현상설(부수 현상론)**을 제창했다(잭슨은 후에 물리주의에 가까운 표상주의로 전향했다).

잭슨의 수반 현상설에 의하면, 물질은 반드시 원인과 결과(인과율)라는 물리법칙을 좇듯이, 의식은 신체에 수반할 뿐 신체에 영향을 주지 않는다. 의식이 신체를 움직이고 있다는 감각은 '**착각**'에 불과하다. 즉 심적 사건은 두뇌에서 진행되는 생리적인 과정의 결과일 뿐으로서, 다른 심적 사건에 영향을 끼치지 못한다. 예를 들어 신경섬유의 영향으로 팔이 올라간 것의 실제 원인은 두뇌의 사건이고, 팔을 들어 올리고 싶어 하는 마음은 두뇌 사건의 부수적인 현상이라고 본다.

자연주의적 이원론/ 데이비드 차머스
: 마음의 문제는 과학적으로 접근해야 한다.

물리주의에 따르면, '의식'은 비물질적이고 비인과적인 성질을 띤다. 다시 말해, 의식은 인과율이 작용하는 물리 세계에서 행동과 같은 효과를 일으키는 데 있어서 그 어떠한 역할도 수행하지 않는다. 의식은 두뇌 상태와 행동을 일으키지는 않지만, 그것으로부터 일어난다. 의식은 물리적 과정의 부수 현상으로, 일종의 **2차 현상**이라 할 수 있다. 따라서 부수 현상은 1차 현상과 동반해서 나타나지만, 그것을 직접 일으키지는 않는다.

호주 출신의 분석철학자 데이비드 차머스는 성질(속성) 이원론의 입장에서 이러한 물리주의(물적 일원론)의 입장을 반박하면서 '의식'의 어려운 문제를 체계화했다. 차머스는 의식을 '기능적 의식'과 '현상적 의식'으로 구분했다. 기능적 의식이란 생물학적 작용으로서의 의식을 말하며, **현상적 의식**이란 표상이나 퀄리아 같은 주관적 체험으로서의 의식을 말한다.

차머스에 따르면, '인지적·기능적 의식' 같은 쉬운 문제와 '현상적 의식' 같은 어려운 문제 사이에는 본질적인 차이가 있다. 기능적 의식은 적어도 이론적으로는 심리철학의 지배적인 전략인 **물리주의**를 통해 답할 수 있지만, 후자인 현상적 의식은 그리 간단치 않다.

기능적 의식은 자연법칙인 인과율을 따르는 것이기에 원인과 결과가 분명하지만, 원인이 없어도 존재할 수 있는 표상(이미지)이나 퀄리아(감각질) 같은 현상적 인식은 물리적 인과율을 따르지 않는다. 이를테면, 물질은 현상적 의식을 낳지 않는데도 불구하고 같은 물질인 뇌는 현상적 의식을 낳는데, 이것을 설명하는 것은 '어려운 문제'라 할 수 있다.

차머스는 이에 대한 자신의 주장을 **자연주의적 이원론**에 위치시켰다. 그는 이원론의 입장에서 마음(의식)은 현대 물리학으로는 설명할 수 없다고 생각했다. 그렇다고 물체와 분리된 마음을 정신적 실체로 파악하는 데카르트의 심신 이원론을 전적으로 따르지도 않았다. 차머스에 따르면, 정신 상태(심적 상태)는 '뇌' 같은 물리적 시스템에 의해 발생한다고 믿기 때문에 **자연주의적**이며, 또한 물리적 시스템과 구별되고 축소할 수 없다고 믿기 때문에 **이원론적**이다.

차머스는 정신과 영혼 같은 초자연적인 언어로서의 의미가 아니라 자연적(그리고 과학적) 언어의 의미로써 생각하면서, 물질인 뇌로부터 왜 의식이 일어나는지에 대해 골몰했다. 차머스의 자연주의적 이원론은 마음(의식)의 문제는 결코 물리학으로 환원할 수 없다는 '이원론적' 관점을 기반으로 하되, 과학적 접근방식을 따라야 한다는 '자연주의' 사상을 더한 것이라 할 수 있다. (참고로, 차머스는 심리철학에서 자연주의를 따르되, 이원론과 일원론을 오락가락한 철학자로 평가받고 있다.)

자연주의 일원론 | 마음은 물리주의를 따라 과학적으로 규명할 수 있다.

　서양 근대를 지배한 정신 우위의 이원론적 견해는 자연과학 발전과 종교의 영향력 쇠퇴 이후 점차 설 자리를 잃었다. 그러면서 정신에 독자적인 실체가 있는 것이 아니라, 외부로부터의 자극에 따라 신체에 발생하는 화학적·생리학적 작용의 연쇄로서 정신·의식·자유의지 등을 설명하는 **유물론적 일원론**의 견해가 점점 더 득세하게 되었다.

　그 핵심에 '**물리주의**'라는 과학 중시의 자연주의 사고가 자리한다. 심리철학에서는 유물론을 '물리주의'라고 하는데, 세계에는 물리적 대상이나 속성, 사건만 존재할 뿐이라고 보는 입장을 말한다.

　물리주의는 유물론의 입장에서 세계는 물질로 이루어져 있고 마음(의식)도 '뇌'의 움직임에 관계하는 한갓 '**물질**'에 불과하다고 본다. 물리주의에 따르면 세계를 이루는 궁극적인 요소는 물리적이며, 이 세계에 대한 인식 역시 물리적으로 이해 가능하다고 본다. 모든 물리적 사건은 그것에 선행하는 사건과 배경 법칙에 따라 결정되는데, 마음의 작용 역시 '**뇌**'라는 물질적인 것으로 환원 가능하며, 인간의 윤리적 행동 역시 기계적인 프로세스에 의해 해명할 수 있다고 본다.

　행동주의, 기능주의, 동일설을 지지하는 물리주의자들은, 마음(의식)은 뇌의 기능에 관계하므로 마음 구조는 뇌 과학의 입장에서 물리적으로 규명될 수 있을 것으로 생각한다. 물리주의는 현대 심리철학의 흐름을 주도하는 핵심 사상으로, 물리주의가 심리학에 적용된 것이 '**행동주의**'다.

♧ 물리주의의 두 관점

물리주의
- 환원적 물리주의 ········ ● 행동주의, 기능주의, 동일설
- 비환원적 물리주의 ····· ● 잭슨의 '메리의 방' 사고 실험, 차머스의 '좀비 논변', 네이글의 '박쥐 논변'

자연주의 일원론은 마음의 어디까지를 물리적인 것으로서 받아들일 것인가를 놓고서 급진적인 입장과 비교적 온건한 입장으로 나뉜다. 뇌 과학 발전을 배경으로 한 주장인 전자의 급진적 입장에는, 마음의 상태(심적 상태)는 뇌의 기능이 지시하는 것과 동일하다는 '(심뇌) 동일설(마음−두뇌 동일론)'과, 마음의 상태도 뇌 과학이 규정하는 개념에 따라 바뀔 수 있다는, 다시 말해 소거 가능한 개념으로서의 '소거주의(유물론적 제거주의, 환원적 제거주의)'가 있다. 소거주의는 캐나다 철학자 처칠랜드가 제창한 사상으로, 희로애락 같은 마음 상태, 즉 감정은 과학의 언어로 대치할 수 있어서 결국 마음은 존재하지 않게 된다는(소거된다는) 가설을 따른다.

한편 후자의 비교적 온건한 입장에 따르면, 어떠한 마음에 관계하는 사건은 뇌에서 일어나는 물리적 현상과 동일하지만, 마음을 통제하는 원리까지 물리적 현상에 동일화하는 것은 어렵다. 여기에는 의식, 정서 같은 마음 상태, 즉 심적 현상은 물리적(과학적)으로 규명하기 어렵다는 '환원적 유물론(환원적 물리주의)'과, 심적인 상태는 그 상태가 지닌 기능에 의해 정의된다고 보는 '기능주의(기능적 환원주의)'가 있다.

'유형 동일설'은 심적 속성인 마음 상태는 물리적 속성인 뇌의 상태와 동일하며, 마음 상태는 뇌의 상태로 물리적으로 환원될 수 있다고 보는 점에서 '환원적 물리주의'를 따른다. '사례 동일성'은 심적 상태와 두뇌 상태는 단절되어 여러 개별 사례로 나타나므로 물리적인 환원 자체가 불가능하다고 보는 점에서 '비환원적 물리주의'를 따르며, 심적 상태의 독특한 인과적 역할이 두뇌의 물리적 상태에 의해서 이뤄진다고 보는 점에서 '기능주의' 입장에 부합한다. 유형 동일설, 사례 동일설, 기능주의는 모두 심적 상태가 여러 유형이나 사례, 기능으로 나타나기 때문에 그 '실체'를 물리적으로 설명하기 어렵다는 난관에 봉착한다(그러함에도 사례 동일설이나 기능주의는 이를 극복할 수 있다고 주장한다).

♧ 자연주의 일원론의 사상적 흐름

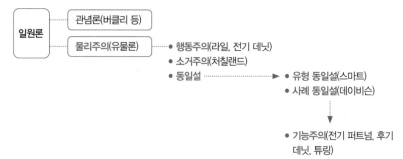

행동주의/ 길버트 라일

: 마음은 뇌의 행동 '성향'이다.

영국의 분석철학자 길버트 라일은 저서 『마음의 개념』에서 '심신 문제'에 관한 일상언어적 철학의 방법을 사용하여 데카르트의 심신 이원론에 대한 분석적 비판을 시도했다. 라일에 따르면, 데카르트의 심신 이원론은 인간 신체라는 기계 속에 마음이라는 유령이 내재하고 있어서 그것이 신체를 조종한다는 것과 다를 바 없다.

라일은 이것을 '카테고리 착오'에서 비롯된 '기계 속 유령의 독단'이라고 부르면서 비판했다. 인간이 두 개의 분리된 부분, 즉 마음과 몸으로 이루어져 있다는 데카르트의 이원론으로 말미암아 '마음의 철학'은 체계적으로 왜곡되었다고 주장하면서, 일상 언어 분석 방법을 통하여 이러한 왜곡된 사고를 바로 잡고자 시도했다.

라일의 '**카테고리 착오**' 개념을 따라 사물을 들여다보면, 마음은 운다거나 웃는다거나 하는 식의 단순한 신체 행동에 불과하다. 라일은 희로애락의 마음 상태는 신체 내부에서 일어나는 것이 아니라 웃고 우는 것 같은 신체 행동으로의 **지향성(경향)**'에 따른 것이라고 주장했다. 이러한 사고를 '**철학적 행동주의**'라고 하는데, 이에 따르면 행동(언행)으로 표면화된 마음 상태는 객관적으로 관찰하는 것이 가능하다.

철학적 행동주의는 '심적 상태란 무엇인가'라는 질문에 대해 이를 **물리주의** 사고로 접근한다. 행동주의에서 심적 상태(심리 상태)는 일정 상황에서 일정 방식으로 행위를 하려는 성향(즉 경향)으로, 이를 유발하는 행위와 상황도 모두 물리적 사건이다. 예를 들어 고통스러운 상태는 어떤 일이 우리에게 일어났을 때 우리가 어떤 행동을 하려는 성향으로, 이때의 행동은 곧 물리적 사건으로, 몸의 **물리적 반응**이다. 인간의 행동 성향을 뒷받침하는 신체의 특징은 곧 뇌의 상태로, 심적 상태는 뇌 상태와 체계적으로 관계 맺음을 한다.

라일에 따르면, 마음은 인간 내부에 보이지 않는 어떤 실체로서 따로 있는 것이 아니다. 인간의 **행동**이나 **행동 성향**이 곧 마음이다. 라일은 마음을 알기 위해서는 인간 내부를 들여다보는 일인칭적인 접근 방법보다는, 겉으로 드러나 보이는, 이를테면 뇌 영상을 통해 마음을 추정하는 것 같은 '**삼인칭적인 접근**'이 가능한 방법을 사용해야 한다고 보았다.

그렇다면 심적 상태와 행동 성향 사이의 연관을 어떻게 설명할 수 있는가? 만약 행동주의자들이 주장하는 것처럼 커피를 원하는 심적 상태가 커피를 마시려는 성향이라면, 커피를 마시고 싶어 하는 사람이 커피를 마시려는 경향을 띠는 일은 놀랄 일이 아니다. 심적 상태와 그것에서 비롯되는 **행동 성향** 사이에는 강한 '**연관**'이 있다는 행동주의자의 주장을 뒷받침하기 때문이다.

이를 위해 행동주의자는 행동을 유발하는 물리적 상황에만 관심을 둘 뿐, 심적 상태가 일정 상황에서 일정 방식으로 행동하려는 성향의 '**원인**'이라고 주장하지 않는다. 예를 들어 고통은 단지 물리적 행동 성향일 뿐으로, 고통에 대한 우리의 반응은 고통 자체에만 의존하지 않고 다른 여러 심적 상태에도 의존하는 것이기에, 많은 수의 가능한 물리적 반응으로서의 고통이 존재한다.

정신의 구조나 작용 과정이 주된 연구 대상이었던 '기능주의'와 '구조주의' 연구 방법에 대한 반작용으로 등장한 행동주의는, 20세기 초 행동으로부터 심리를 파악하는 실험과 관찰이 크게 일면서 방법론적 행동주의로서의 '**행동주의 심리학**'으로 발전했다. 라일에 이어 인지과학자 데닛은 하나의 감정이 하나의 언행으로 결합한다는 생각은 한계가 있다고 하면서, 행동 분석에는 종합적인 해석이 필요하다고 생각했다.

✛ 기계 속 유령

영국의 분석철학자 길버트 라일은 마음과 몸은 서로 다른 실체라고 하는 데카르트의 실체 이원론에 의문을 가진 철학자 중 한 명이다. 라일은 기계(물질)인 몸을 마음이라는 유령이 조종한다는 데카르트의 구도를 '**기계 속 유령**'이라고 경멸적으로 표현하면서, 기계(물질)인 몸을 마음이라는 유령이 조종할 수 없다고 주장했다.

라일에 따르면, 마음의 작용은 육체의 행위로 모두 설명될 수 없으며, 다른 사람의 마음을 완전히 이해하는 것도 불가능하다. 우리가 타인의 경험을 있는 그대로 공유할 수 없는데도, 심신 이원론에서는 마음을 육체와 같은 범주로 봄으로써 마음을 다 이해할 수 있고, 육체의 행위를 마음으로 설명할 수 있다는 '범주의 오류'를 범하고 있다고 보았다.

일본 만화·애니메이션 《공각기동대》의 영어 번역 제목 'Ghost in the shell'은 라일의 기계 속 유령(Ghost in the shell)에서 유래했는데, 이는 영화의 모티브를 기계 속 유령에서 착안했음을 보여준다. 《제5원소》, 《매트릭스》 등 SF 명작으로 손꼽히는 다양한 할리우드 작품에 영감을 주었고, 소설·게임 등으로 제작되면서 지금까지도 널리 회자되고 있다.

《공각기동대》의 주제는 "나란 무엇인가?"에 관한 것으로, 인간과 인공지능이 결합해 탄생한 특수 요원인 '나'는 분명히 현실을 느끼고 있지만, 현실을 느끼는 '나' 자체가 가짜라면 현실마저도 가짜일 수 있다면서 번민한다. 영화의 주인공은 자신의 존재에 대한 의문을 갖는다는 점에서, 라일의 '기계 속 유령'과 같은 상황이라고 볼 수 있겠다. 참고로, 영화 《공각기동대》의 대략적인 내용은 다음과 같다.

가까운 미래에는 인간과 로봇의 경계가 무너진다. 인간과 인공지능을 결합하여 특수 요원을 만들고, 강력 범죄와 테러 사건을 담당하는 엘리트 특수부대 '섹션 9'를 그 특수 요원인 메이저(여배우, 스칼렛 요한슨)가 이끈다. 기억이 지워진 메이저는 세계를 위협하는 음모를 지닌 범죄 조직을 저지하라는 임무를 받지만, 사건을 파고들수록 자신의 과거와 존재에 대한 의문을 품는다. 그리고 스스로 존재를 찾기 위해, 세계를 구하기 위해 거대 조직과 전투를 벌인다.

♣ 카테고리 착오

영국의 분석철학자 길버트 라일에 따르면, 데카르트의 실체 이원론은 언어의 사용방법 차이에서 비롯된 것일 뿐이다. 예를 들어 서울의 어느 대학에 다니는 손자가 시골에서 올라온 할머니에게 학교 내의 이곳저곳을 보여줬는데도 불구하고 정작 할머니는 "네가 다니는 대학은 언제 구경시켜 줄 거야?"라고 말하는 경우가 이에 해당한다.

라일은 이러한 상황이 벌어진 것은 '카테고리 착오(범주 오류)' 때문이라고 했다. 이를 마음과 몸의 관계에 적용하여 설명할 수 있다. 라일에 따르면 마음은 눈물을 흘리거나 웃는 표정을 하는 등 여러 신체 행동이 모여 이루어진 것이기에 그 실체를 알 수 없다. 라일은 데카르트의 실체 이원론은 카테고리 착오를 마음과 행동의 관계에 적용해 사용하여 착오를 일으킨 것이라고 주장했다.

소거주의 / 폴 처칠랜드
: 마음과 의식 상태는 모두 뇌의 신호로 '대체'할 수 있다.

자연주의는 인간의 인식 활동을 자연현상으로 고찰하는 견해로, 분석철학자 콰인에 의해 제창되었다. 콰인은 이성의 힘으로 진리를 규명할 수 있다는 기존 철학의 특권을 부정하고, (경험) 과학을 철학(인식론)에 도입해야 한다고 생각했다. 정신철학 연구로 유명한 캐나다의 철학자 처칠랜드는 연구 태도와 방법에서 콰인의 자연주의 철학을 계승하여 '소거주의(물리적 제거주의)'라는 독특한 사상 체계를 정립했다.

소거주의는 마음 상태를 나타내는 '신념', '감정'과 같은 철학적 설명을 과학적 언어로 완전히 대체하려는 입장으로, 심적 상태(마음)는 '존재하지 않는다'라는 사고를 말한다. 소거주의(제거적 유물론)에 따르면, 일반 심리학에서의 (또는 우리의 일상에서 사용되는) 믿음, 느낌, 욕구 등의 심적 용어는 심적 속성에 대한 엄밀한 용어가 아니기에 제거되어야 한다. 심적 용어는 현대 신경과학과 인지과학적 언어 또는 용어들로 대체해야 한다.

이러한 생각으로 처칠랜드는 희로애락의 감정은 모두 뇌의 신호를 나타내는 **과학의 언어**로 대체할 수 있어서 마음은 더는 존재하지 않는다고 생각했다. 신념, 욕망, 고통, 정서, 지각 등과 같은 마음 상태를 우리의 일반 지식과 경험으로 설명할 수 있다는 '통속 심리학(상식적 심리학)'은 전적으로 잘못된 것이라면서, 결과적으로 심적 상태가 존재한다는 생각을 거부했다. 우리가 상식적으로 존재한다고 생각하는 마음의 존재 역시 뇌 과학이 발전하면 에테르(빛의 파동을 전파하는 가상의 매질)처럼 그 실재를 논의할 필요가 없게 된다고 보았다. 즉 신경과학 발달로 '마음'이라는 개념 자체는 소멸한다고 보았다.

소거주의 배경에는 '물리주의'가 있다. 물리주의는 유물론의 입장에서 세계는 물질로 이루어져 있고, 마음(의식)도 뇌의 움직임에 관계하는 한갓 물질에 불과하다고 보는 입장이다. 즉 세계를 이루는 사물만 존재로 인정하는 사고방식이다. 세계의 궁극 요소는 물리적이며, 이 세계에 대한 인식 역시 물리적으로 이해될 수 있다는 것이다.

물리주의는 모든 대상과 사물의 '가치'와 '의미' 개념까지도 물리적으로 증명코자 한다. 행동주의, 기능주의, 동일설을 지지하는 물리주의 학자의 다수는, 마음(의식)은 뇌의 기능에 관계하므로 마음의 구조는 뇌 과학의 입장에서 **물리적**으로 규명될 수 있다고 본다. 물리주의는 정신을 표상하는 마음과 물리적인 물질의 관계를 연구하는 '심리철학(마음의 철학)'의 핵심 사상으로 발전했다.

처칠랜드는 심적 상태를 과학적으로 고찰하는 사상인 물리주의를 지지하면서, 뇌 과학의 입장에서 인간의 자아와 뇌 신경의 네트워크를 연결하는 시도를 통해 인간의 정신(마음)을 분석하려 들었다. 물리주의를 따라 인간의 마음의 움직임을 물질과 마찬가지로 물리적으로 설명할 수 있다고 주장하면서, 물리적 소거주의를 따라 마음과 의식 상태는 모두 **'뇌'의 신호**로 바꿀 수 있다고 주장했다.

처칠랜드에 따르면, 뇌는 일종의 순환 신경망으로, 비물질적인 사유나 경험의 존재는 부정된다. 우리가 마음, 즉 사유나 경험이라고 부르는 것은 단지 뇌의 상태일 뿐이다. 이러한 생각을 바탕으로 처칠랜드는 인공지능이 인간의 마음(의식)을 충분히 설명할 수 있다고 생각했다.

동일설 / J. J. C. 스마트
: 마음의 상태와 뇌의 상태는 '동일'하다.

'동일설(동일론)'은 물리주의를 대표하는 이론으로, 심적 상태의 여러 특징, 특히 '정신-뇌'의 상관관계를 설명하는 데 유용하다. 심적 상태는 뇌의 물리적 상태와 같으며, 만일 우리가 뇌의 물리적 속성을 확정하면 심적 속성은 자동으로 확정된다고 본다.

호주의 철학자이자 윤리학자인 스마트에 따르면 '마음'과 '뇌'는 같은 것으로, **심적 상태는 곧 '뇌' 상태**이다. 스마트는 마음을 물리적 속성으로 완전히 환원할 수 있다고 생각하면서, 마음은 어떤 물질이지 행동하는 것이 아니라고 주장했다. 마음(정신)과 몸(두뇌=육체)은 같은 물질로 이루어져 있으며, 마음(정신) 상태는 뇌(육체)의 상태에 달렸다고 보는 스마트의 주장을 **'동일설'**이라고 한다. **'환원적 유물론'**이라고도 한다.

스마트에 따르면, 정신적 사건은 심적 속성을 나타내는 독립적 실체가 아니라 일종의 **'현상'**으로 나타나는 **물리적 속성**이다. 심적 속성은 뇌 안에서 일어나는 물리적 속성과 같은 것으로, 우리가 무엇을 느끼고, 생각하며, 운동하게끔 유도하는 것은 뇌세포에서 일어나는 물리적·화학적 현상일 뿐이다. 구름이 물 분자와 같은 것처럼, 이를테면 통증을 느끼는 마음 상태는 몸 안의 어느 부분의 신경세포가 발화하면서 감지된 뇌의 상태와 동일하다. '아프다고 느끼는 마음의 상태'는 '아플 때의 뇌 상태'와 같은데, 이것은 하나의 동일한 사건을 한편으로는 정신적인 것으로 표현할 수 있고 다른 한편으로는 육체적이고 물질적인 것으로서 표현할 수 있다는 의미다.

'심뇌(마음-뇌) 동일설'과 '심신 병행설'은 다르다. **병행설**은 뇌 상태와 마음 상태는 마치 동전의 앞뒷면처럼 하나의 실체를 놓고서 두 측면의 성질을 파악한 것이라 할 수 있다(뇌≒마음). 그에 비해 **동일설**은 뇌 상태와 마음 상태는 호칭은 다르지만, 번개에 대하여 말하는 것과 방전에 대하여 말하는 것이 같듯이 실은 언어 표현이 다를 뿐 둘은 전적으로 같다고 본다(뇌=마음). 즉 동일설은 라일이 데카르트의 심신 이원론을 비꼬듯이 표현한 것처럼, 마음은 '기계(뇌) 속의 유령(정신)'이 조작을 한다는 입장에 반대한다. 의식은 뇌 안에서 진행되는 프로세스라는 것이다.

스마트는 같은 종류의 마음 상태는 항상 같은 종류의 뇌 상태와 동일하다고 생각했는데, 이것을 '**유형 동일설**(type identity theory)'이라고 한다. 심적 상태와 뇌 상태의 동일성을 따라 의식과 뇌 내 프로세스를 직접 연결시키는 유형 동일설은, A 유형에 속하는 심적 사건이 X 유형에 속하는 뇌 내 사건과 동일하다고 주장한다. 예를 들어, '심적 고통'이 뇌 내 어떤 유형의 신경섬유 발화와 동일하다는 사고방식이다. 그에 반해 '**사례 동일설**(token identity theory)'이라 불리는 견해도 있는데, 이를테면 모든 개별적인 심리적 상태에는 그에 부합하는 물리적 상태가 있다고 보는 것이다. 만약 내가 오늘 새벽 2시에 배가 아팠다면, 바로 그 시각의 내 몸의 상태가 복통을 느끼는 나의 심리적 상태인 것이다.

유형이 집합에 속하는 것들 전체를 가리키는 일반 개념이라면, 사례는 구체적인 개체를 가리키는데, 이를 마음과 뇌의 관계로 비유해 설명하면 이렇다. '심적 고통'의 특정 유형과 뇌 내 특정 부위의 신경섬유 발화 일반을 동일하다고 보는 것이 '유형 동일설'이라면, 어느 순간의 '심적 고통'과 그 순간 그 사람의 신체에 발생한 물리적 사건의 동일성에 주목하는 것이 '사례 동일설'이다. 즉 유형 동일설은 '아프다'라고 하는 뇌의 상태는 언제든지 누구라도 같은 뇌의 상태라고 생각하지만, 사례 동일설은 A의 아픔은 A의 뇌의 상태이고 B의 아픔은 B의 뇌의 상태인 것처럼 개별적인 마음 상태는 개별 뇌의 상태와 대응한다.

동일설(유형 동일설)은 일종의 '**환원적 물리주의**'지만, 사례 동일설은 '**비환원적 물리주의**'라 할 수 있다. 예를 들어 물은 H_2O와 유형이 동일하며, 물이 H_2O라는 발견은 물을 H_2O로 (존재론적으로) '환원'한다. 스마트의 동일설은 심적 상태와 뇌 상태 간의 '유형 동일설'을 주장하며, 심적 상태가 뇌 상태로 존재론적으로 환원된다는 점에서 '**환원적 물리주의**'라고 한다. 이에 비해 '사례 동일설'에 따르면 심적 상태는 여러 사례(동일 유형에 속하는 개별자)를 따라 달리 구현될 수 있으므로, 심적 상태와 뇌 상태 사이에는 존재론적 환원이 성립할 수 없다. 사례 동일성을 따라 심적 상태와 뇌 상태 간의 유형 동일성을 부정하는 입장을 '**비환원적 물리주의**'라고 한다.

참고로, 행동주의와 동일설은 모두 심리적 상태에 대응하는 **신체적 상태**를 상정한다는 점에서 공통점을 지닌다. 하지만 행동주의는 외적으로 확인 불가능한 두뇌 신경 상태를 심리 상태와 동일한 것으로 상정하는 데 비해, 동일설은 심리적 현상과 동일한 것으로 상정하는 신경 조직 혹은 두뇌 상태는 언어적으로 기술할 수 없다면서 심리적 언어의 의미를 분석하지 않는다.

✚ 환원주의

환원주의란 사물의 속성을 그 구성요소의 속성으로부터 이해하려는 접근 방법으로, 부분은 전체의 일부분으로 기능한다는 '**총체주의(전체론, 홀리즘)**'에 대립하는 개념이다. 물체는 원자들의 집합이고 사상은 감각 인상들의 결합이라는 관념처럼, 복잡한 자연 현상 및 사회 현상을 설명하고자 할 때 단순한 몇 개의 요소로 분해하여 전체를 설명하려는 시도는 환원주의 사고의 단면이다.

환원주의는 수학, 과학, 철학 등의 다양한 영역에서 존재하며, 주로 과학과 관련된 것에서 나타나고 있다. 예컨대 화학, 생물학과 같은 개별적인 과학은 궁극적으로 물리학으로 환원된다는 과학의 통일성 주장, 과학철학에서 관찰 불가능한 이론적 개념이나 법칙을 직접 관찰이 가능한 경험 명제의 집합으로 바꾸어 놓으려는 실증주의 경향, 심리철학에서 공포, 고통, 불안 등의 정신적 현상을 자연적 혹은 물리적 현상으로 설명하려는 경향, 관찰 명제에 대한 언어적 환원을 지향하는 논리실증주의의 주장 등이 환원주의의 전형적인 예이다.

원자를 규명하면 물체를 이해할 수 있고, 유전자를 규명하면 생명체를 이해할 수 있다는 태도도 일종의 환원주의이다. 이처럼 환원주의는 한 영역의 대상, 속성, 개념, 법칙, 사실, 이론, 언어 등을 다른 영역의 그러한 것들로 대치하려는 사고의 형태라 할 수 있다. 반대되는 개념으로는 '**통섭**'이 있다.

기능주의 / 데이비드 암스트롱
: 마음은 '기능화'를 통해 규명될 수 있다.

인간 행동을 일으키는 기능(움직임)을 마음이라고 보는 심리철학을 **'기능주의'** 라고 한다. 기능주의는 마음의 상태는 '기능'으로써 정의 가능하다고 보는 입장으로, 동일설과 행동주의에서 드러나는 인간 행동의 모순과 부자연스러운 현상을 규명하는 것에서부터 출발했다. 제임스와 듀이의 **실용주의**를 따라 의식의 유기적 기능을 강조하면서, 의식 내용을 원자 요소로 분석하여 종합하는 구조주의적 환원주의 입장에 반대한다.

호주 출신의 저명한 심리철학자로 『심리철학(Philosophy of Mind)』의 저자인 이안 라벤스크로프트에 따르면, 기능주의에서 말하는 심적 상태는 전형적인 인과적 역할의 담당자이다. 심적 상태(마음)는 외부의 물리적 자극(입력)을 따라 일어나고 특정 형태의 행동(출력)을 일으키는 기능적 요소의 결합이다. 심적 상태의 인과적 역할은 입력, 출력, 다른 심적 상태와의 연결로 정의되며, 전형적으로 심적 상태는 다른 심적 상태와 연접했을 때만 행동을 일으킨다.

이를 '고통'이라는 심적 상태를 예로 들어 설명하면, 고통의 역할은 **'입력-내적 연결 상태-출력'**으로 정의된다. 입력은 고통을 일으키는 상황이고, 출력은 고통이 일으키는 행동이다. 못을 밟는 행위가 입력이라면, '아야' 소리를 내며 아파하는 것이 출력이다. 내적 연결 상태는 고통과는 다른 심적 상태 사이의 인과적 결합으로, 이를테면 고통과 근심 사이의 인과적 결합을 통한 새로운 심적 상태인 근심의 유발이 그것이다.

이 세 가지 요소의 인과관계를 통해, 고통은 못을 밟아서 야기되며, 때로는 근심을 유발하고, '아야'라고 말하게 하는 심적 상태이다. 심적 상태, 곧 마음은 '입력→내적 연결 상태→출력'의 **인과관계**로 연결되면서, 물리적 자극(입력)으로 야기되고 특정 행동(출력)을 일으키는 의식 활동이다.

기능주의는 주체의 내면 상태가 인과 질서의 일부로서 존재한다는 시각을 따라, 뇌(물질)와 마음(비물질)의 관계를 컴퓨터의 하드웨어와 소프트웨어의 관계로 파악한다. 두뇌가 컴퓨터의 **하드웨어**라면, 마음(의식, 심적 상태)은 곧 컴퓨터에 프로그램된 **소프트웨어**라는 것이다.

기능주의의 등장으로 동일설은 컴퓨터로 치면 하드웨어와 소프트웨어가 동일하다는 모순된 주장을 하는 꼴이 되어 버렸다. 한편, 기능주의는 마음이 일으킨 행동(결과)을 확인하는 것만으로 직접 마음을 확인할 수 있다는 행동주의의 모순을 설명할 수 있다.

기능주의는 사고와 정서를 포괄하는 의미인 '의식' 또는 '정신'을 유기체가 환경에 적응하는데 공헌하는 기능 요소인 **'유용성'**이라는 시각에서 파악할 것을 강조한다. '의식이란 무엇인가'의 문제에 몰두하기보다는 '의식이 무슨 이유로, 어떻게 활동하는가'의 문제를 실험과 관찰로 연구해야 한다는 것이다.

심적 상태는 어떤 '기능'으로 정의된다.

기능주의는 **'진리 확정 이론'**을 주장한 현대 자연주의 분석철학자인 데이비드 암스트롱에 의해 제창됐다. 암스트롱은 정신철학의 핵심 문제 가운데 하나인 '마음(의식)'의 존재론적 위상, 즉 정신적 '상태·사건·과정'이란 것이 과연 존재론적으로 무엇을 뜻하는지를 논의했다. 감각·지각·심상·의식과 같은 우리의 정신 작용이 비물리적 작용인지, 그렇지 않고 신체 작용처럼 물리적인 작용인지를 묻고 따졌다.

암스트롱은 우리의 의식은 '최소의식, 지각의식, 내성의식'이라는 세 가지 다른 형태로 이루어져 있다고 보았다. 그는 내성의식과 같은 고차원적인 의식 없이 지각의식만 작동할 수 있다는 자기 입장을 옹호하기 위해 이른바 '장거리 트럭 운전사 퍼즐'을 제시했다. 오랜 시간을 운전하여 목적지까지 안전하게 도착했지만, 그 과정에서 보았던 것을 기억하지 못하는 운전사의 경우에, 그가 운전 중에 수행한 인지와 행동에는 정확히 어떤 유형의 의식이 개입된 것일까?

암스트롱은 트럭 운전사가 지각의식은 지녔지만, 내성의식은 지니지 못했기 때문이라고 답했다. 이에 대해 생태 심리학자 킴 스티렐니는 다음과 같은 의문을 제기했다. 설령 암스트롱의 견해를 수용하여 해당 운전사가 지각의식과 내성의식 모두를 지녔더라도, "만약 그가 운전해온 과정을 기억하지 못한다면, 그것은 특정 의식 유형의 개입 여부가 아니라 의식 내용에 대한 기억 추적에 실패했기 때문"이라고 주장했다. 현대 심리철학에서 이 두 입장 가운데 어느 쪽이 더 타당한지는 명확하게 답변하기 어려운 난해한 문제로 남아있다.

그렇더라도 암스트롱의 이론이 이전 학자들과 다른 점은, 의식의 '**인과성**'을 명시적으로 강조했다는 점이다. 암스트롱은 정신(의식) 상태를 '일련의 어떤 행동을 산출하기에 적합한 상태'와 '일련의 어떤 자극으로 산출되기에 적합한 상태'라는 두 가지 유형으로 구분했다. 이를 '인과이론' 또는 '기능주의의 인과적 형태'라고 한다. 암스트롱은 단순한 심적 상태의 표출인 '후자'보다는 심적 상태와 행동에 인과성을 보이는 '전자'가 정신 상태를 구성하는 데 있어서 보다 본질적인 역할을 담당한다고 보았다.

암스트롱은 특히 정신적 상태가 두뇌 상태나 중추신경계의 상태와 동일시된다고 봄으로써 '**중추-상태 물질론**'을 주장했다. 무엇보다도 그는 자신의 물질론에 대해 이르기를, "단지 감각과 의식 과정뿐만 아니라 모든 정신적 상태, 사건, 그리고 과정에 적용하는 것이다."라고 주장했다. 그는 '모든 정신적 상태는 어떤 종류의 물리적 행동을 유발하기에 적합한 사람의 상태'라는 자신의 견해를 입증하기 위해, 감각·지각·감각질·믿음·의지·사고 등의 정신적 상태는 중추신경계의 물리적·화학적 상태와 동일시될 수 있다고 보았다.

♣ 행동주의와 기능주의의 차이점

■ 행동주의: 입력 – 출력
'마음'은 무엇인가, 즉 마음은 몸과 구별되는 '실체'인가에 관심을 둔다.

■ 기능주의: 입력 – 뇌의 내적 과정 – 출력
'마음'은 무엇을 하는가, 즉 마음은 어떻게 '작동'하는가에 집중한다.

♧ 컴퓨터 기능주의

기능주의는 마음인 소프트웨어에 대한 하드웨어의 역할을 '뇌'라고 보면서, 마음(지능)은 인공적으로 만들 수 있다고 본다. 마음을 프로그램에 의해 계산하는 소프트웨어라고 생각하고, 그 소프트웨어를 움직이는 하드웨어인 '뇌'의 구조를 적극적으로 분석하려는 입장을 '**컴퓨터 기능주의(계산주의)**'라고 한다. 일반적으로 기능주의라고 하면 컴퓨터 기능주의를 가리키는데, 인간의 마음을 컴퓨터 프로그램에 비유해 인공지능을 연구한다.

신경 윤리학 │ 뇌 과학을 통해 '도덕'을 설명한다.

    과학의 자연주의적 전환은 다른 한편으로 '**신경 윤리학**'이라는 새로운 장르를 열었다. 신경 윤리는 인공지능으로 대표되는 새로운 테크놀로지 시대가 제기하는 사회적·법적·윤리적·철학적 문제를 다룬다. 즉 뇌의 작동 메커니즘에 대한 지식을 바탕으로 의식, 자아, 자유의지, 본성이란 무엇인지를 탐구하고, 이를 바탕으로 일어날 수 있는 사회적·윤리적 딜레마에 대한 해답을 찾는다.

    신경 윤리는 인간의 도덕적 판단이 뇌 속 어디에서 어떤 과정을 통해 일어나는지 신경과학 차원의 해답을 제시한다. 특히 선과 악을 가르는 도덕적 판단은 뇌의 어떤 구조와 작용을 통해 일어나는지를 실증적으로 해명하려는 과학적 시도를 통해, 뇌 기능 자체를 넘어 인간 윤리 및 인간 삶과 직결된 학문으로서의 뇌 과학을 설명하고, 과학이 잊기 쉬운 '**인간의 본질**'과 관련한 문제를 되짚는다. 그와 더불어 첨단 과학기술의 발전으로 인해 새롭게 등장하고 있는 영역인 인공지능 및 빅데이터 기술과 관련한 윤리적 쟁점을 집중적으로 고찰함으로써, '포스트 인공지능 시대'의 인간 지성과 인공지능의 상호작용에 대한 깊은 이해와 성찰을 촉구한다.

    영국 옥스퍼드대학교 교수이자 세계적인 신경 윤리학자인 닐 레비는 신경과학과 뇌 과학의 발달로 인해 파생된 윤리적 문제를 철학적으로 고찰했다. 레비는 특히 인간의 '**자유의지**'와 그에 따른 의사결정, 그리고 도덕적 책임에 깊은 관심을 보이면서, 마음이 뇌뿐만 아니라 우리가 속해 있는 역동적인 '**환경**'에 의존한다고 주장했다. 그는 인간의 인지 능력은 인간을 둘러싼 환경(기술, 사회제도, 문화 등)에 의해 부분적으로 구성되어 있다면서, 인간의 마음에 영향을 주는 것은 무엇이든 신경 윤리의 영역에 속한다고 주장했다.

    레비는 인간의 마음은 '뇌'에서만 만들어지는 것이 아니라 우리를 둘러싼 외부 세계에 의하며, 인공물이나 제도와 같은 환경으로 확장한다고 주장했다. 이것을 **'확장된 마음 이론'**이라고 하는데, 마음이 뇌에서 생겨난다는 기본 뇌 과학 이론과 마음이 인간의 온몸을 통해 형성된다는 '체화된 마음 이론'을 더욱 보강한 것이다. 확장된 마음 이론에 따르면 마음은 뇌 속에 들어있는 것이 전부가 아니며, 신체로 한정되지도 않는다. 마음은 인간이 자신을 위해 발전시킨 도구의 집합을 포함하고, 인지를 도와주는 환경 자체도 포함한다.

확장된 마음 이론은 신경 윤리에서 가장 중요하게 다루는 주제인 **'자유의지'**를 부정하기보다는, 이를 상정하는 우리의 인식 구조를 문제 삼는다. 인간의 본성이 선인지 악인지는 의미가 없으며, 몸과 마음을 구성하는 유전자나 뇌가 선인지 악인지가 문제일 뿐이다. 나의 '의지'는 내 안에 있는 어떤 유령의 명령이 아니라 나의 유전자와 신경세포가 신체적, 사회·문화적 환경에 적응하는 과정에서 생겨난 어떤 '경향성'일 뿐이며, 도덕 역시 사람들이 비슷한 환경에서 함께 살아가는 과정에서 형성된 공통의 사회·문화적 경향성을 체계화한 것이다.

레비는 이러한 확장된 마음 이론을 바탕으로 **'윤리적 동등성 원리'**를 제시했다. 인간의 마음이 주변 환경까지 확장되어 있는 것이라면, 스마트폰이나 컴퓨터와 같은 주변 도구의 지위 역시 뇌의 지위와 동등하다고 보자는 것이다. 이를테면 기억력을 차츰 잃어가는 알츠하이머 환자의 수첩, 슈퍼마켓 점원의 계산기 등도 그들의 마음을 구성하는 뇌와 동등한 지위를 차지할 수 있다.

그렇다면 알츠하이머 환자가 더 성능 좋은 전자식 수첩으로 바꾸고, 점원이 더 성능 좋은 계산기로 바꾸는 것에는 아무런 윤리적 문제가 없는 만큼, 인간이 자신의 인지 능력을 강화하기 위해 뇌를 조작하는 것도 특별한 윤리적 문제가 없다는 판단이 나올 수 있다. 예컨대 어렸을 때 학대를 당했던 경험으로 정신 질환을 앓는 환자에 대해, 신경과학 기술로 그 기억을 지울 수 있다면 그렇게 하는 것은 윤리적으로 정당할까? 원리적으로는 충분히 가능한 일이지만, 레비는 그런 질문을 던지기 전에 확장된 마음이라는 틀 속에서 문제를 다시 설정해야 한다고 주장했다.

확장된 마음의 관점에서 보면, 뇌 속 특정 부위나 신경 전달 물질을 조작하여 원하는 변화를 이끄는 방법은 사회적 환경을 변화시켜 동등한 변화를 이끄는 방법에 비해 훨씬 낯설고 비효율적이며 위험할 수도 있다.

마음이 타인은 물론이고 주변 환경으로 확장된다고 본다면, 과학기술로 기억을 지우는 것과 사회 환경 변화를 통해 그 기억을 감당할 수 있는 조건을 부여하는 것은 원리적으로 동등하다. 신경 윤리학이 규범 윤리나 응용 윤리를 넘어 정치적 영역으로 확장될 수밖에 없는 이유가 여기 있다.

♧ 현대 심리철학의 사상별 '마음'의 실체 및 '뇌'와의 관계

(1) 마음의 실체

① 마음은 ~
- 초자연적 '실재'가 아니다 ·····▶ 형이상학적 자연주의(존재론적 자연주의)
- (+) 과학적으로 설명 가능하다 ·····▶ 방법론적 자연주의(과학적 자연주의): 물리주의

② 마음은 ~
- 비물질이다 ·····▶ 이원론적 시각 ·········· 생물학적 자연주의, 수반 현상설, 자연주의적 이원론
- 물질이다 ·····▶ 일원론적 시각 ········· 물리주의(행동주의, 소거주의, 동일설, 기능주의)

③ 마음은 ~
- 곧, '뇌'로, 물리적 인과관계를 따른다
  ·····▶ 유물론적 일원론 / 자연주의 일원론(행동주의, 소거주의, 동일설, 기능주의)
- 지향성·퀄리아 같은, '뇌'의 작용 그 이상의 무엇이다
  ·····▶ 방법론적 이원론 / 자연주의 이원론(생물학적 자연주의, 수반 현상설, 자연주의적 이원론)

(2) 마음과 뇌의 관계

① 자연주의 이원론

■ **생물학적 자연주의**

: 정신, 신념, 욕구 같은 일반 의식(기능적 의식)은 '뇌'의 생물학적 작용을 통해 물리적으로 만들어지는 것이지만, 감정 같은 주관적 의식(현상적 의식)은 물리적으로 설명할 수 없다.
  ·····▶ 의식, 곧 마음은 비물질로, 뇌가 생명 유지를 위해 행하는 물리적 현상이다.

■ **수반 현상설**

: 의식(비물질)은 신체(물질)에 수반할 뿐 신체에 영향을 주지 않기에, 의식이 몸을 움직인다는 느낌은 '착각'에 불과하다.

·····▶ 의식, 곧 마음은 물리적 인과율을 따르지 않는 비물질로, 뇌가 의식과 행동을 동시에 낳는다.

■ **자연주의적 이원론**

: 물리주의처럼 마음(의식)은 물질로 환원할 수 없지만, 물질인 뇌에서 왜 의식이 생겼는지를 자연주의를 따라 **과학적**으로 접근해야 한다.

·····▶ 의식, 곧 마음은 비물질이지만, 그렇다고 영혼이나 정신 같은 초자연적 언어로 표현할 수 있는 성질의 것도 아니다.

② 자연주의 일원론

■ **행동주의**

: 마음의 상태는 신체 내부에서 일어나는 것이 아닌, 신체 행동으로 향하는 '**경향성(지향성)**'이다.

·····▶ 의식은 신체의 행동으로, 마음이라는 실체는 **없다.**

■ **소거주의**

: 신념, 감정, 감각, 욕구 같은 마음과 의식 상태는 모두 뇌의 신호로 대체할 수 있다.

·····▶ 의식을 규정하는 실체는 신체 곧 '**뇌**'로, 마음은 존재하지 않는다.

■ **동일설**

: 마음의 상태는 곧 뇌의 상태로, 둘은 언어 표현이 다를 뿐 완전히 같은 것이다.

·····▶ 마음과 뇌는 동일한 하나의 실체이다.

■ **기능주의**

: 마음은 행동을 일으키는 **원인**으로, 마음을 작동시키는 기능을 하는 것이 '**뇌**'다.

·····▶ 뇌와 마음, 곧 의식의 관계는 컴퓨터의 하드웨어와 소프트웨어의 관계와 같다.

제 **5** 장

21세기 사상의 새로운 흐름 4

인공지능의 철학

인공지능의 철학 │ 인공지능 시대, 철학을 생각하다.

　인공지능(AI: Artificial Intelligence)은 인간의 지능을 모방하거나 대체할 수 있는 컴퓨터 시스템이나 프로그램을 뜻한다. 인공지능은 학습, 추론, 문제 해결 같은 인간의 인지 능력을 수행할 수 있는 기계 장치로, 이를 위해 기계 학습, 자연어 처리, 컴퓨터 비전 기술을 사용한다. 인간이 수행하는 다양한 작업에서 유용하게 활용될 수 있으며, 빠르고 정확한 판단 및 결정, 대규모 데이터 처리 등을 수행할 수 있다.

　지난 반세기 동안 지능형 기계의 구현, 즉 인공지능을 만들기 위한 과학적·철학적 연구가 치열하게 진행되어왔다. 1950년, 기계가 인간과 구별할 수 없는 지능적인 행동을 보일 수 있는지를 물었던 '**튜링 테스트**'를 앨런 튜링이 고안한 이래, 인공지능은 인간에게서 영감을 받은 뇌 신경망 알고리즘과 딥러닝, 인간과 교류할 수 있는 휴머노이드 로봇, 대화형 인공지능인 '챗GPT'와 같은 수많은 공학 프로젝트를 성공적으로 이끌었다.

　인공지능의 최종 목표는 인간을 기계로 이해하는 것으로, 지적 활동을 할 수 있는 보다 넓은 의미의 개체인 '에이전트'의 지적인 행위에 관한 일반 이론에 도달하는 것을 목표로 한다. 앞으로 몇 년 안에 인간 수준의 범용 인공지능을 넘어서는 '**슈퍼인텔리전스(초지능)**' 출현도 가능할 것으로 보인다. 특히 사람 수준의 언어 구사와 사고능력을 보여주는 거대 언어모델 기반의 생성형 인공지능은 컴퓨터, 인터넷, 모바일에 이은 또 한 번의 거대한 사회 변화를 가져올 기술로 기대된다.

　21세기 들어 인공지능은 일상생활, 비즈니스 및 과학 연구의 여러 측면에서 필수적인 부분이 되었고, 인공지능 기술은 이미 우리 주변에서 많이 사용되고 있다. 음성인식 기술을 이용한 음성비서나, 이미지 분석 기술을 이용한 자율주행차가 대표적인 사례로, 이러한 기술은 우리의 삶을 더욱 편리하고 효율적으로 만들어 주고 있다.

현재 경험 과학으로서의 인공지능은 '**강한 인공지능**'을 따르려는 입장과 '**약한 인공지능**'을 따르려는 입장으로 나뉘어 활발한 논의가 진행되고 있는데, 둘을 구분하는 핵심 기제는 기계가 인간처럼 '**마음**', 즉 사고와 의식과 감정을 지닐 수 있는가이다.

인공지능의 철학은 지능, 사고, 의식, 자유의지, 윤리와 같은 철학적 물음과 관련한 의미와 이해를 탐구하는 '**기술 철학**' 분야라 할 수 있다. "인공지능은 인간처럼 지능적으로 사고할 수 있는가.", "인공지능은 인간처럼 마음을 구현할 수 있는가.", "인공지능도 인간처럼 자유의지를 따라 행동할 수 있는가."와 관련한 질문과 대답으로, **의식, 사유, 자유의지** 등 인공지능이 제기한 몇 가지 근본적인 질문은 지난 수천 년 동안 철학자들에게도 어려운 과제였다.

인공지능의 철학은 프로그램과 컴퓨터의 관계를 마음과 두뇌의 관계처럼 유사하게 설정하면서 '**심신 문제**'를 현대적 논의로써 숙고할 것을 제안한다. 마음과 마찬가지로 컴퓨터 프로그램 역시 물리적 실체는 없지만, 프로그램을 실행하는 물리적 컴퓨터와 인과관계가 있는 것은 명백하다고 본다. 컴퓨터 프로그램은 마치 마음이 두뇌를 필요로 하는 것처럼, 컴퓨터가 자신을 드러낼 것을 요구한다.

이런 이유로, 인공지능의 철학은 앞에서 설명한 현대 **심리철학**의 연장선에 놓여 있다고 보아도 무방하다. 인공지능은 그만큼 철학과 친밀하며 상호관계를 맺고 있는데, 그동안 철학자들은 과학 법칙이 언제 어디서나 적용되듯이 철학적 개념이나 이론 역시 어떤 상황에서나 적용될 수 있어야 한다고 생각했다. 그러면서 다양한 관련 '**사고 실험(생각 실험)**'을 수행하면서 인공지능 철학의 본질에 다가가려고 노력했다.

사고 실험은 현실 세계에서는 실험할 수 없는 일을 머릿속에서 시험해보는 것으로, 인공지능의 기술적 '**특이점**(싱귤레러티, 기계 기술이 인간을 추월하는 순간)'을 둘러싼 논의 같은 미래 예측은 사고 실험을 통해서만 가능하다. 철학적 관점에서 인공지능에 대해 생각해 보려면 지금으로서는 사고 실험이 거의 유일한 방법이라 할 수 있는데, 이를 통해 때로는 경험을 통한 과학적 발견만큼 철학적 '**직관력**'이 문제 해결의 강력한 힘으로 작용할 수 있음을 깨달을 수 있을 것이다.

　오늘날 인공지능이 해결해야 할 '**정신 과정**'에 관한 큰 문제들은 심리학, 철학, 언어학, 신경과학, 인지과학 등 여러 분야와 관련되어 있으며, 인공지능 기계를 제작하기 위해서는 논리학, 수학 및 컴퓨터공학 같은 기초학문 및 응용과학이 뒷받침되어야 한다.

'마음'을 규정하는 의식의 두 측면

현상적 의식(정서·감정)과 지향적 의식
(믿음·욕구)

앞 장의 '심리철학'에서 '심적 상태(심리 상태, 마음)'는 **감각**(사물에서 받는 인상이나 느낌), **지각**(의식화된 감각 경험), **사고**(신념, 욕구, 믿음 같은 지향적 의식), **의식**(정서, 감정 같은 현상적 의식)을 포괄하는 의미라고 했다. '의식'은 현실에서 개별 인간이 직접 경험하는 일체의 심리적 현상(심적 상태)을 일컫는다는 점에서, 심리철학에서 말하는 **'마음'**은 곧 **'의식'**이라고 해도 무방하다. 영국의 심리철학자 존 설은 의식을 '감각이나 느낌, 혹은 자각의 주관적이고 질적인 상태'라고 정의하면서, 항상 그런 것은 아니라도 의식적 상태는 대체로 **'지향성'**을 지닌다고 보았다.

인공지능의 철학이 관심을 두는 '심적 상태', 즉 '마음'의 두 측면은 **'사고'**와 **'의식'**으로, 이는 각각 '지향적 심리 상태'로서의 마음(지향적 의식)과 '현상적 심리 상태'로서의 마음(현상적 의식)이라 할 수 있다. 이와 관련하여 우선 밝혀둘 것은, 여기에 나오는 인공지능 철학 관련 관점은 심리철학자 김선희의 저서 『인공지능, 마음을 묻다. 한겨레출판』을 참고·인용하였으며, 인공지능 철학에 관한 보다 심층적인 이해를 원한다면 이 책을 읽는 것도 좋을 듯하다.

지향적 심리 상태(지향적 의식)는 대상을 향하는 마음으로, 항상 대상을 수반한다. 지향적 의식은 **'명제 내용'**을 대상으로 갖는 심리 상태라 할 수 있는데, 예를 들어 "내일 비가 올 것이다."라는 생각에는 이를 믿고자 하는 지향적 심리 상태가 깔려있다. 우리는 일상의 이런저런 명제를 구성하는 사건·사태·현상에 대하여 믿음, 욕구, 걱정, 기대, 두려움 같은 지향적 심리 상태를 갖는다.

현상적 심리 상태(현상적 의식)는 주체가 느끼는 질적 경험이나 주관적 감각으로, 예를 들어 고통은 특정 아픔이 느껴지는 독특한 질적 느낌이라 할 수 있다. 감각과 결부된 질적 특징을 **'감각질(퀄리아)'**이라고 앞 장에서 설명했는데, 이것을 포함한 현상적 의식은 오직 주체만이 직접 경험하고 느끼는 내면의 주관적 의식으로, 제3자가 객관적으로 접근하거나 인지할 수 없다. 그렇기에 우리는 타인의 의식을 경험할 수도 이해할 수도 없으며, 다른 사람의 고통을 대신 느낄 수 없고 타인 또한 나의 마음을 의식할 수 없다. 현상적 의식은 오직 주체인 '나' 자신만이 느낄 수 있으며, 자신에게 확실한 '**의식**'으로 다가온다.

그와 달리 지향적 의식은 제3자가 객관적으로 이해하고 접근할 수 있다. "철수가 저녁에 비가 올 것으로 믿는다."라는 것을 내가 알 수 있는 이유는, 이를테면 아침에 철수가 일기예보를 듣는 것을 보았거나, 아니면 우산을 들고 외출한 행위의 의미를 이해한 때문으로, 이를 통해 나는 철수가 '저녁에 비가 온다.'라는 믿음 상태, 즉 지향적 심리 상태에 있음을 알 수 있다. 이때 내가 철수의 믿음을 알게 된 것은, 그 믿음을 둘러싼 인과관계를 기능적으로 설명할 수 있기 때문으로, 지향적 심리 상태를 '**기능화**'하여 현상을 더 적확하게 파악할 수 있음을 의미한다.

마음의 두 측면인 '지향적 의식'과 '현상적 의식'은 인공지능과 인간이 '**갈라서는**' 지점이라 할 수 있다. 지향적 의식은 믿음과 욕구 같은 마음(**사고**)의 영역인 데 비해, 현상적 의식은 감정이나 정서 같은 마음(**의식**)의 영역이다. 지향적 의식과 현상적 의식은 동질적이지 않은 심적 상태, 즉 마음의 두 영역으로, 둘은 서로 다른 특성을 가지며, 이해하는 접근방식도 다르다.

인공지능은 인간처럼 지능적으로 '사고'할 수 있는가

인공지능은 여전히 진행형이다.

인공지능도 인간처럼 사유할 수 있다고 주장하는 견해가 있다. 일반지능을 갖춘 기계가 속속 출현하고 있다는 이유에서인데, 이런 견해를 따르면 인간과 기계의 구분은 불가능하다. 이 같은 생각, 즉 '**기능주의**' 관점을 따를 때 인간은 대단히 복잡한 **물리적 체계**를 갖춘 일종의 기계라 할 수 있다.

하지만 반대 의견도 있다. 우리가 사유하는 존재라는 사실은, 인간이 단지 대단히 복잡한 체계 혹은 기계가 아니라는 것을 말해준다. 기계는 사유할 수 없지만, 우리는 그것이 인간 특유의 특성임을 굳이 말하지 않아도 알고 있기 때문이다.

어느 쪽이 더 설득력이 있을까? 분명 기계는 규칙적 계산이나 정보 처리 면에서 인간보다 뛰어나다. 하지만 기계는 어린아이도 할 수 있는 자연스러운 대화에는 여전히 어려움을 겪는다. 앞으로 인공지능은 인간처럼 대처할 수 있을까?

인공지능이 인간처럼 사고능력을 갖추고 있는지에 대해 철학자들이 일련의 사고 실험을 했는데, 그 대표적인 것으로 앨런 튜링의 '**튜링 테스트**'와 존 설의 '**중국어 방**' 사고 실험이 있다. 하지만 두 실험은 상반된 결과를 보였다. 앨런 튜링이 컴퓨터는 우리와 동일하게 지능을 갖고 있다고 주장한 데 비해, 존 설은 컴퓨터는 인간처럼 마음이 없기에 대화 내용을 이해할 수 없다고 보았다.

실험 결과를 통해 알 수 있듯, 자연주의 일원론, 즉 **물리주의**를 따르는 철학자들은 '**강한 인공지능**'을 지지하면서 인공지능도 인간처럼 마음을 지닐 수 있다고 생각한다. 반면, **자연주의 이원론**의 입장에 서는 철학자들은 대체로 '**약한 인공지능**'을 지지하면서, 인공지능은 감정·정서 같은 인간 특유의 주관적 의식(현상적 의식)에까지 이를 수 없다는 견해를 보인다.

이러한 결과는 인간의 마음은 단순한 게 아니며, 물리주의자가 주장하는 것처럼 인과성을 따라 과학적으로 해명할 수 없는 복잡한 체계를 이루고 있음을 암시한다. 이것은 앞서 설명한 인간의 마음을 규정하는 의식의 두 측면 가운데, **'지향적 의식'**에 해당하는 사고 영역에서는 인공지능이 거의 인간의 수준을 따라잡았거나 심지어는 인간을 넘어설 수 있겠지만, 정서나 감정 같은 **'현상적 의식'**의 구현 가능성은 여전히 의문으로 남는다는 사실을 일깨운다. 관련한 자세한 내용을 철학자의 사상의 핵심을 갖고서 설명하면 다음과 같다.

♣ 컴퓨터가 할 수 있는 것과 할 수 없는 것

컴퓨터는 지능과 의식, 창의성을 가질 수 있을까? 미국의 철학자 휴버트 드레이퍼스는 하이데거의 전통 사상을 따라, 인간의 사고와 행동은 우리가 이미 알고 있는 복잡한 '맥락' 속에서 일어난다고 보았다. 인간의 뇌는 컴퓨터가 정보를 처리하듯 기호 조작을 통해 마음을 '작동'하는 것이 아니라, 암묵적·무의식적·직관적인 자기의식을 따라 맥락으로 '사고'하려 들기에, 인공지능은 이런 의식화된 '맥락'을 포함하지 않는 한 실패할 수밖에 없다고 보았다.

이에 비해 분석철학자 데닛은 강한 인공지능을 지지하면서, '우리 스스로는 일종의 로봇'에 불과하다고 보았다. 인간이 기본적으로 의식적인 기계라면 그러한 기계는 원칙적으로뿐만 아니라 '사실'의 문제로서도 가능하다면서, 우리는 인간과 똑같은 인공지능을 만들 수 있다고 주장했다.

드레이퍼스나 데닛 모두 마음과 육체를 분리하여 생각하는 데카르트적 이원론에 반대하지만, 그 이유에서 차이 난다. 드레이퍼스는 인간 존재는 마음과 육체는 분리되지 않는 '세계-내-존재'를 이루기 때문이라고 생각했지만, 데닛은 유물론적 물리주의를 따라 마음과 육체는 분리된 별개의 것이 아니라고 보았다.

튜링 테스트/ 앨런 튜링
: 인공지능은 인간 같은 지능을 가질 수 있다.

인공지능은 인간과 같은 지능을 갖고서 인간처럼 사고할 수 있을까? 인공지능이 인간처럼 사고능력을 지녔는지 어떻게 판단할 수 있을까? 만약 그렇다면 그 판단 기준은 무엇일까? 이러한 물음에 대한 해결 방법을 제시한 사람이 영국의 논리학자이자 컴퓨터의 아버지라 불리는 앨런 튜링이다.

튜링은 그의 논문《컴퓨팅 기계와 지능》에서 "기계는 생각할 수 있는가?"라는 도발적인 질문을 던지면서, '**튜링 테스트**'라는 일종의 모방 게임을 통해 인공지능이 인간처럼 생각할 수 있는지를 실험했다. 오늘날 튜링 테스트는 인공지능 연구에서 기계의 독자적인 사고를 판별하는 주요 기준으로 사용되고 있다. 튜링 테스트의 상황은 다음과 같다.

> 칸막이를 사이에 두고, 한쪽에는 지능 테스트를 치르는 사람과 컴퓨터가 있고, 다른 한쪽에는 심사위원들이 있다. 모든 테스트의 질문과 대답은 목소리가 아닌 문자를 통해 주고받는다. 테스트가 끝나면 심사위원들은 누가 사람이고 컴퓨터인지 판정한다. 여기서 잘못 판정을 내린 심사위원 수가 많으면 컴퓨터가 이기는 것이자, 컴퓨터가 지능을 지닌 것으로 간주를 한다.

튜링 테스트에 따르면, 질문자는 자신이 선택할 수 있는 어떤 질문도 할 수 있으며, 반드시 진실할 필요는 없는 응답에 근거하여 상대방이 인간인지 컴퓨터인지를 결정해야 한다. 만약 컴퓨터가 인간 질문자를 속여 자신을 인간이라고 믿게 할 수 있다면, 튜링 테스트를 통과한 것이다.

1950년 당시의 테스트를 통해 튜링은 컴퓨터는 우리와 동일하게 '**마음(지능)**'을 갖고 있다고 주장했다. 이후 2014년 실시됐던 테스트에서 우크라이나 국적의 13

세 소년으로 설정된 컴퓨터 프로그램 '유진'과 대화를 나눈 심사위원 25명 가운데 33%가 진짜 인간이라고 판단했다. 유진 구스트만은 인간처럼 생각하는 인공지능 판별 기준인 '튜링 테스트'를 통과한 세계 최초 인공지능으로, 테스트를 주도한 케빈 워윅 레딩대 교수는 "튜링 테스트를 통과한 유진이 컴퓨터 역사에 한 획을 그었다"고 설명했다.

오늘날 앨런 튜링 같이 컴퓨터는 인간처럼 마음(의식)을 갖고 있다고 생각하는 '강한 인공지능' 지지자들이 한편에 있고, 다른 한편에 컴퓨터는 마음을 갖고 있지 않으며 단지 주어진 명령을 수행할 뿐이라는 '약한 인공지능' 지지자들이 있어 서로 활발한 논의가 진행되고 있다.

강한 인공지능과 약한 인공지능

강한 인공지능은 사람처럼 어떠한 상황에서도 판단하고 처리하는 인공지능을 말한다. 이에 비해 **약한 인공지능**은 특정 업무만 처리할 수 있는 인공지능을 일컫는다. 인공지능의 시각에서 볼 때, '지능'은 '관심 있는 행동을 드러내는 의미이자 목표를 달성하는 능력'이라 할 수 있다.

강한 인공지능의 목표는 인간은 정교한 컴퓨터에 지나지 않는다는 생각을 따라 사고와 의식과 감정이 가능한 기계를 만드는 것으로, 인간의 '**마음**'을 모델로 한다. 이에 비해 약한 인공지능은 마음을 이해하는 유용한 도구를 모델로 삼아, 인간과 동물의 지능과 관련한 이론을 개발하고 이를 컴퓨터 프로그램이나 로봇 형태로 작동하는 모델을 만들어 시험하는 것을 목적으로 한다.

튜링은 테스트를 통해 적절히 프로그램된 컴퓨터는 인간과 같은 심적 상태, 지능, 사고능력을 지니기에 충분하다고 보았다. 튜링 테스트를 통과한 인공지능 컴퓨터는 사고능력을 지니며, 그 자체로 하나의 '마음'이라고 하여, 강한 인공지능을 지지했다. 다시 말해, 튜링 테스트를 통과한 인공지능은 인간의 마음과 '**동등**'하다고 보았다.

물론 튜링 테스트를 비판하는 시각도 있다. 튜링 테스트는 기계의 언어적 행동만을 고려하면서, 기계가 작동하는 방식을 무시한다는 이유에서다. 튜링 테스트를 통과했지만 명백하게 지능적이지 않은 방법으로 통과한 기계, 예를 들어 모든 대화를 주어진 길이까지만 기억할 수 있는 기계를 상상할 경우, 설령 작동 상의 과부하가 걸리더라도 그 기계는 시험에 합격할 수 있다는 것이다. 이를 두고 UC 버클리 철학과 교수 허버트 드레이퍼스는 "육체를 떠난 인공지능이 가능하다는 가정은 잘못됐다"라고 선언하면서, 고전적인 인공지능은 실패했다고 결론 내렸다. 같은 대학의 동료인 존 설은 인공지능이 무엇인가를 수행했더라도 그것은 수행한 것처럼 보이는 '**모사(모방)**'에 불과하다고 보았다.

튜링 테스트를 통과한 인공지능 컴퓨터가 인간과 동등한 마음을 가졌다고 말할 때의 마음은 바로 철학적 '**기능주의**'가 정의하는 마음 모델에 해당한다. 마음을 입력과 출력, 그리고 입출력의 '**내적 연결**' 과정 사이의 인과관계로 정의하는 기능주의는, 키보드를 통해 질문이나 명령을 입력하면 컴퓨터 내부에서 연산 과정을 거쳐 모니터에 결과를 출력하는 컴퓨터 모델에 정확히 상응한다.

기능주의 관점에서 보면, 인간의 사고 과정과 인공지능의 사고 과정은 일치한다. 그리하여 튜링 테스트를 통과하는 인공지능의 계산 과정은 인간의 내적 사고 과정과 동등하며, 인간이 사고하는 마음을 지녔듯이 인공지능도 사고하는 마음을 지녔다고 말할 수 있다.

그렇더라도 기능주의를 따르는 튜링 테스트는 인간 내면의 '의식' 문제를 제외하고 사고의 역할과 기능만 확인하는 것이라는 측면에서 한계를 보인다. 기능주의가 포착할 수 없는 마음 내부의 느낌이나 감각질(퀄리아) 같은 **주관적이고 질적인 심리 상태**를 다루지 않았기 때문이다.

이것을 우리 실생활에서도 쉽게 찾아볼 수 있다. 인터넷 가입 절차에서 흔히 볼 수 있는 CAPTCHA(캡차: 사용자가 실제 사람인지 컴퓨터 프로그램인지 판별하는 기술)가 그것이다. 컴퓨터가 대상을 구별하기 어렵게 그림 또는 문자에 대한 대답을 의도적으로 비틀어 놓은 자동화 접근 방지 기술로, 이는 프로그래밍 된 인식 모듈이 그만큼 인간 고유의 질적 해석 능력을 갖추기 어렵다는 사실을 역설적으로 보여준다.

'중국어 방' 사고 실험 / 존 로저스 설
: 인공지능은 인간처럼 사고할 수 없다.

인공지능이 튜링 테스트에 합격했다고 가정을 하고 실시한 것이 미국 UC 버클리 철학과 교수인 존 설의 사고 실험이다. 설은 튜링 테스트가 지지하는 강한 인공지능 논제에 강력한 반박을 가하기 위해 **'중국어 방'**이라는 사고 실험을 고안했다. 실험 내용은 다음과 같다.

> 방에는 중국어를 모르는 사람 A가 있다. 방에는 준비된 질문과 답변의 리스트가 있다. 밖에 있는 중국인 심사관이 질문지를 방에 전달한다. 방 안에서 A는 질문지를 보고 리스트에서 적당한 답변을 적어서 내놓는다. 심사관은 답변을 보고 A가 중국어를 잘 안다고 생각한다. 그러나 존 설은 A의 답변이 리스트를 대조하여 쓰인 것인지, 또는 정말 이해하고 쓴 것인지 알 수 없다면서, 같은 이치로 튜링 테스트로 지능을 평가하기 어렵다고 주장했다. 설에 따르면 인공지능은 이를테면 중국어 방에 있는 영국인 같은 것이며, 자신의 행동을 사고를 통해 이해하지 않는다는 것이다.

중국어 방 사고 실험에서 설이 말하려는 것은, 인간은 어떤 언어의 의미를 전혀 몰라도 프로그램 규칙만 잘 따르면 마치 그 언어를 아는 것처럼 행동할 수 있다는 사실이다. 하지만 인간이 단순히 언어 기호를 조작하는 변환 규칙을 따라 대응할 수 있다고 해서 그 언어를 **'이해'한다고 말할 수는 없다.** 튜링 테스트를 통과하도록 프로그램된 인공지능(컴퓨터)이 하는 일도 이와 다를 바 없는데, 이것은 튜링 테스트를 통과한 인공지능이 이해력 내지는 사고력을 갖기에 충분하다는 강한 인공지능 논제 역시 **'잘못됐음'**을 보여준다.

설의 '중국어 방' 사고 실험에서 언어를 이해하는 능력은 곧 사고능력과 같은데,

이때 '이해'는 사고의 한 형태이기도 하다. 설은 인공지능으로 표상하는 기계는 외면적으로 언어를 이해하는 것처럼 보이지만, 실은 인공지능이 진정 이해하거나 사고하는 것이라고 볼 수 없다고 주장했다. 그러면서 설령 튜링 테스트를 통과했다고 해도 인공지능(컴퓨터)은 인간처럼 마음이 없기에 대화 내용을 이해할 수 없다고 보았다. 컴퓨터 프로그램은 '지향성(곧, 마음)'을 갖지 않으며, 진정한 이해는 형식적인 계산으로는 산출될 수 없다는 것이다.

더 나아가, 설은 인공지능이 인간처럼 **'의식화된 지능'**을 가질 수 있다는 생각에도 **반대했다.** 설이 보기에 중국어 부호를 '처리'하는 언어 구문론적인 작동이 실제로는 중국어를 '이해'하는 의미론을 보장하는 것이 아닌 것처럼, 인공지능은 실제로 무언가를 이해하거나 지식을 가진 것이 아니라 다만 그렇게 '흉내'를 내는 것에 불과하다.

설은 튜링 테스트를 통과하는 인공지능에 사고능력을 부여하는 것을 거부하면서 **'약한 인공지능'** 연구를 지지했다. 아무리 완벽하게 작동한다고 하더라도 인간에게 인공지능은 단지 도구에 불과할 뿐으로, 인공지능이 인간처럼 생각하고 마음을 소유하는 일은 일어나지 않을 것이라고 보았다. 설은 '중국어 방' 사고 실험을 통해 언어를 이해하거나 사고하기 위해서는 주관적인 일인칭 관점에서의 **주관적 의식**을 지닐 수 있어야 한다고 주장했다.

설의 '중국어 방' 사고 실험에 따르면, 모든 생각(사고)은 **'의식'**을 수반한다. 하지만 우리의 일상에서 볼 때, 사고(생각)에 반드시 (지향적 의식이든, 현상적 의식이든) 의식이 따라오는지는 분명치 않으며, 별다른 느낌 또는 의식을 수반하지 않더라도 우리는 무언가를 인지하거나 이해할 수 있다. 이해나 사고는 때로는 의식 작용을 수반하지 않을 수도 있다.

우리는 자각이나 의식 없이도 많은 것들을 이해할 수 있는데, 이는 믿음이나 욕구 같은 심적 상태의 경우 역시 마찬가지다. 우리가 무엇을 이해하거나 어떤 믿음을 가질 때마다 마음 안에 어떤 특별한 심상이나 의식이 일어남을 느끼는 것은 아니다. 우리는 어떤 믿음이나 욕구를 가질 때마다, 그리고 무언가를 이해할 때마다 심적 상태를 갖는 어떤 특별한 유형의 질적 느낌으로서의 '**감각질(퀄리아)**'을 경험하지는 않는다. 많은 경우, 주체의 '**내면**'에서 경험하는 심적 상태, 즉 느낌이나 의식 없이도 무언가를 이해하는 것이 가능하다.

모든 사고가 항상 의식을 수반하지 않는다는 것은 '**강한 인공지능**'의 가능성을 열어 놓는다. 즉 어떻게 의식 없이 사고가 가능한지, 그리고 의식을 동반하지 않는 사고는 어떤 것인지에 대한 새로운 물음을 제기한다. 이러한 물음은 인공지능이 사고력을 얼마만큼 갖출 수 있는지와 관련하여 좀 더 심도 높은 논의를 전개하는 계기를 제공한다. 미래의 어느 날, 어느 시점에서 인공지능이 인간처럼 주체적으로 생각하고 인간처럼 마음을 가지는 일이 가능할지 모를 일이다.

♻ 물질과 정신 상태에 관한 이론: 동일론, 이원론, 기능론

물질과 정신 상태의 관계를 놓고서 다양한 이론이 제시된다. **동일론**은 정신 상태가 물질로 이루어진 뇌의 상태와 동일하다고 주장하는 이론이고, **이원론**은 그 둘은 별개라고 보는 이론이다. 이에 비해 **기능론**은 정신 상태가 어떤 물질로 이루어졌느냐는 중요하지 않고 어떤 기능을 하는가가 중요하다고 주장하는 이론이다. 시계는 태엽이나 전자회로나 심지어 모래와 같은 다양한 재료로 만들 수 있지만, 시계를 시계이게끔 하는 것은 그 재료가 아니라 지금 몇 시인지 측정하는 기능인 것처럼, 정신에 대해서도 어떤 기능을 하는가가 중요하다고 보는 것이다.

기능론은 이처럼 어떤 입력이 들어올 때 어떤 출력을 내보낸다는 기능적, 인과적 역할로 정신을 정의한다. **인공지능**을 연구하는 사람들의 목표는 인간과 물질 구조가 똑같은 로봇을 만드는 것이 아니라 인간과 똑같이 행동하는 로봇을 만드는 것인데, 이는 **기능론적 사고방식**을 따르는 것이라 할 수 있다.

프레임 문제/ 대니얼 데닛
: 인공지능은 상황 인식 능력을 높여나갈 수 있다.

인공지능 분야에서 자주 제기되어 온 또 하나의 물음이 있는데, 이른바 '**프레임 문제**'이다. 프레임 문제는 인공지능에서 꼭 논의해야 하는 중요한 사안의 하나로, 인공지능이 구체적 상황에서 행동할 때 빠지는 난제라 할 수 있다. 어느 프레임을 현재 상황에 적용할 것인가를 판단할 때 빠지는 난제인 프레임 문제는, 인공지능을 실현해 나가는 데 있어 어려운 난제의 하나임에 틀림없다.

현실 세계에서 인공지능에게 "패스트푸드점에서 햄버거 한 개 사 오라."와 같은 문제를 해결하라고 요구했다고 생각해보자. 현실 세계에서는 그 과정에서 무수하게 다양한 사건이 일어날 가능성이 있지만, 대부분은 당면한 문제와 관계가 없다. 인공지능은 일어날 수 있는 사건 가운데 패스트푸드점의 햄버거를 사는 일에 관계된 것만을 추출하고, 그 외의 일은 염두에 두지 않아야 한다. 모든 사건을 고려하려면 무한한 시간이 걸리기 때문이다. 즉 어떤 테두리를 만들고, 그 테두리 안에서만 사고할 필요가 있다.

이것이 '**프레임 문제(사고 범위 문제)**'로, 이것은 미리 프레임을 여러 개 정해 두고서 '**상황**'에 따라 적절한 프레임을 선택해 사용하면 해결할 수 있는 것으로 생각되기도 하지만, 어느 프레임을 현재 상황에 적용할 것인가 판단하는 시점에서도 같은 문제가 발생하는 것으로도 생각할 수 있다.

미국 터프츠대학의 석좌교수이자 인지과학자인 대니얼 데닛은 로봇이 동굴에 들어가 배터리를 꺼내오는 임무를 예로 들어 프레임 문제를 설명했다. 프레임 문제와 관련한 데닛의 사고 실험을 소개하면 다음과 같다.

동굴 안에 로봇을 움직이게 하는 배터리가 있고, 그 위에 시한폭탄이 장착돼 있다. 로봇은 배터리를 가져오지 않으면 배터리가 다 떨어져 움직일 수 없게 되므로, 동굴에서 배터리를 가져오라는 지시를 반드시 실행에 옮겨야 한다. 연구자들은 이것을 수행시키기 위해 로봇을 순차적으로 설계했다.

① 로봇 1호는 배터리를 동굴에서 가져올 수 있었다. 그러나 로봇은 배터리 위에 놓여 있는 시한폭탄도 같이 가져와 버렸다. 시한폭탄이 실려 있다는 것은 알고 있었지만, 배터리를 가져오면 폭탄도 함께 가져오게 된다는 사실을 몰랐던 것이었다. 그래서 로봇이 동굴에서 나온 후에 폭탄이 터지면서 배터리도 함께 폭발하고 말았다.

② 연구자들은 다음으로 로봇 1호를 개량해서 로봇 2호를 만들었다. 배터리를 반출할 때 폭탄도 같이 반출을 할 것인가 아닌가를 판단시키기 위해서, 로봇 2호는 '자신이 무언가를 하면 그 행동에 따라서 부차적으로 일어나는 것'도 고려할 수 있도록 개량됐다. 그러자 로봇 2호는 배터리를 앞에 두고 생각하기 시작했다. '자신이 수레를 끌어당기면 벽의 색이 바뀔 것인가?', '천장이 무너지지는 않을까?' 등등이 그것이었다. 하지만 모든 경우의 수를 놓고서 실행에 따라 어떤 현상이 일어날 것인가 아닌가를 생각한 탓에 타임 오버로 시한폭탄이 폭발하고 로봇 2호도 부서져 버렸다.

③ 그래서 로봇 2호는 더욱 개량됐다. 이번에는 '목적 수행과 관계없는 사항은 고려하지 않도록' 개량됐다. 그러자 로봇 3호는 관계있는 것과 없는 것을 분류하는 작업에 몰두하면서 무한한 생각을 거듭한 탓에, 동굴에 들어가기 전에 동작이 멈춰 버렸다. 목적과 관계없는 사항도 워낙 많기에 그 모든 것을 고려하는 것만으로도 긴 시간이 걸렸기 때문이다.

사고 실험의 결과에서 알 수 있듯, 프레임 문제란 인공지능이 **구체적 상황**에서 행동할 때 겪게 되는 난제를 말한다. 인공지능이 특정 목적을 수행하기 위해서는 그것과 관련한 수많은 결과를 고려하지 않으면 안 된다. 그런데 ②처럼 모든 결과를 전부 고려하게 되면 인공지능은 아무런 행동도 하지 못하게 된다. 그래서 ③처럼 사전에 목적 수행과 관계없는 사항은 고려하지 않도록 명령을 내리면, 인공지능은 무엇을 고려하고 또 무엇을 무시하면 좋을지 몰라서 끊임없이 판단을 내리다가 마침내 아무런 행동도 하지 못하고 만다.

이렇듯 프레임 문제는 어떤 과업을 실행할 때 "관계있는 지식만을 꺼내서 그것을 사용한다."라는, 인간이라면 지극히 자연스럽고 당연히 할 수 있는 작업이 인공지능에게는 얼마나 **어려운지**를 보여주는 개념이라 할 수 있다.

사실, 프레임 문제는 인공지능뿐만 아니라 우리 인간에게도 해당하는 '**딜레마**'라 할 수 있다. 인간이라고 해서 반드시 프레임 문제를 해결하고 나서 행동하는 것은 아니며, 무엇이 목적과 관련한 중요한 결과인지 확신할 수 없다. 결과를 전부 생각한 뒤 움직이려 들면 인간도 아무런 행동을 할 수 없다. 인간은 단순히 프레임 문제에 구애받지 않고 행동하는 것에 불과하다. 그 때문에 사고 실험 ①처럼 행동과 동시에 나쁜 결과를 초래하는 경우 역시 적지 않다.

그렇다면 프레임 문제를 해결하지 않는 한, 인공지능은 실현 불가능할까? 인공지능도 인간과 마찬가지로 프레임 문제에 빠지지 않고(해결이 아니라) 활동할 수 있을 **가능성**이 보인다. 이를테면 빅데이터를 이용한 자율주행 자동차의 실용화처럼, 인공지능도 인간처럼 프레임 문제에 빠지지 않고 활동할 수 있게 되었다. 그렇더라도 프레임 문제가 완전히 해결된 것은 아니다. 이것은 인간 사고의 불완전성과 유연함이 역설적으로 지성의 발전을 가져왔다는 사실을 입증하는 것으로서, 두뇌의 '**초인지적 기능**'을 목표로 한 **강한 인공지능**의 실현 가능성을 열어 놓은 것이라 할 수 있다.

프레임 문제의 논의 방향과 문제점

인지과학 연구 및 그와 관련한 철학적 사유에서 '프레임 문제' 논의가 중요한 이유는, 인간 사고와 행동의 유한성에 대한 극복 가능성을 인공지능에서 찾을 수 있기 때문이다. 만약 그렇다면, 인공지능은 그야말로 인간을 넘어서는 사고능력을 지녔다고 해도 과언은 아닐 것이다.

현재 프레임 문제는 다음 두 측면에서 활발한 논의가 진행되고 있다. 먼저 **'마음의 지향성'**과 관련한 것이다. 인간은 어떤 행위에 앞서 그것이 결과에 미칠 가능성을 다각적으로 고려한 후 마음 가는 대로 결정하려 든다. 이것을 '마음의 지향성'이라고 하는데, 이를테면 '중국어 방' 실험에서처럼 중국어로 된 신호를 볼 때 마음의 지시를 전혀 받지 않더라도, 한글로 쓰인 종이를 보면 마음이 움직이는 경향을 보일 수 있다.

그렇다면 인공지능 역시 인간처럼 마음의 지향성을 **'기능화'**하여 행위 할 수 있을까? 일부 심리철학자들은 우리가 지향적 자세를 취하면 문제가 해결된다고 보았다. 기계를 지향적 관점으로 바라보면 기계가 지능이나 사유하는 능력을 지녔는지 알 수 있고, 나아가 무엇을 사유하는지도 알 수 있다는 것이다.

이를 영화 〈스타워즈〉에 나오는 가사용 로봇인 'R2D2'를 예로 들어 설명할 수 있다. 바닥에 놓인 컵으로부터 시각 신호를 받으면 로봇은 팔을 뻗어 컵을 잡거나 차를 따른다. 명령을 수행하는 체계가 더 발달하면 우리는 그 기계를 보고 자연스럽게 "봐, 로봇이 컵에 차를 따라야 한다고 생각하잖아."와 같은 사유의 언어를 사용하게 된다. 말하자면 기계에 대해 데닛이 말한 **'지향적 태도'**를 취하는 것이다.

지향적 태도는 **'해석주의'** 관점을 따라 기계가 행하는 모든 정신 행위에 대해, 이것을 '보는 사람의 눈', 곧 인간의 생각에 달린 것으로 간주하는 것이다. 만약 그렇다면, 기계는 단지 우리가 사유의 언어로 범주화하기에 편리한 방식, 문제를 해결하는 방식으로 행동하면 그만이다. 하지만 이러한 생각을 하더라도 우리 자신의 사유는 미해결로 남게 되기 때문에, 실질적으로는 아무런 것도 설명하지 못한다.

다음으로 **'욕구'**와 관련한 것이다. 자동화 장치를 내장한 자동차처럼, 스스로 자신의 상태를 점검하는 회로를 가진 기계가 있다고 하자. 이 기계에 뭔가 이상 증후가 감지될 때 스스로 고통의 징후를 나타낼 수 있으며, 특정 행동을 추구할 수 있다고 하자. 예컨대 고통스러운 상태가 감지되면 기계는 오일이나 배터리 충전 같은 필요한 것을 달라고 보챈다.

이제 고통을 스스로 다스릴 수 있도록 진화한 '**인간 같은 기계**'를 만들려고 한다 치자. 그러려면 또다시 우리는 기계에 필요한 것은 무엇이며, 그것들을 어떻게 갖출 것인지 논의해야 한다. 그렇게 완성된 기계는 스스로 판단하는 행위자가 된다.

이때, 만약 기계의 욕구가 지나쳐 배터리 앞에 서 있는 당신을 치고 지나간다면, 이것을 어떻게 봐야 할까? 이것을 이를테면 배터리와 기름을 향한 욕구라는 관점에서 기계의 행동을 설명코자 할 경우 기술 차원, 즉 새로이 해석된 차원이 프레임 문제로써 발생할 수 있다. 프레임 문제는 해결하기 어려운 '난제'로서, 이는 인간이 그렇듯 인공지능에도 예외가 될 수 없다.

✚ 특이점: 인공지능 시대의 도래

특이점은 인간의 사고능력으로는 예상하기 힘들 정도로 획기적으로 발달한 기술이 구현되어 인간을 초월하는 순간, 이를테면 인공지능(AI)이 인간의 지능을 능가하는 시점을 말한다. 다시 말해 인공지능이 인류의 지능을 초월해 스스로 진화해 가는 기점(**기술적 특이점**)을 뜻한다. 이 시점에 다다르면 인공지능은 자신보다 더 뛰어난 인공지능을 만들고, 사람은 더는 인공지능을 통제할 수 없게 된다.

미국 컴퓨터 과학자이자 알파고를 개발한 구글의 레이먼드 커즈와일은 특이점에 대해 구체적인 전망을 했다. 저서 『특이점이 온다』에서 2045년이면 인공지능이 모든 인간의 지능을 합친 것보다 강력할 것으로 예측하면서, 인공지능이 만들어낸 연구 결과를 인간이 이해하지 못하게 되며 인간이 인공지능을 통제할 수 없는 '특이점'이 온다고 전망했다. 기술이 선형적인 발전을 하는 것이 아니라 기하급수적으로 혁신을 계속하는 '무어의 법칙'을 반복해 결국에는 AI가 인류의 지능을 **초월하는** 특이점이 곧 도래할 것이라고 주장했다.

커즈와일에 의하면, 인간 지능과 인공지능이 융합하는 기술적 특이점 이후부터 인류는 완전히 다른 세상에 살게 된다. 인공지능의 지적 역량이 폭발하는 '**초인공지능**' 단계에 도달한다는 것이다. 그때가 되면 컴퓨터가 인간의 지능을 갖게 될 수도 있고, 또는 인간 두뇌에서 생각하게 만드는 부분인 신피질에 지능정보가 내장된 마이크로 칩을 넣어 슈퍼컴퓨터나 클라우드와 연결함으로써 인간 뇌의 용량을 이론적으로 무한대로 확장할 수도 있다.

인공지능 특이점은 이미 현실에 도래했다. OpenAI가 개발한 인공지능 언어모델인 ChatGPT(사전 학습된 생성형 인공지능 챗봇)와 같은 인공지능 기술의 부상은 기계가 한때 인간의 배타적 영역이었던 작업을 점점 더 잘 수행할 수 있게 되면서 세계 경제와 우리 삶의 방식에 심오한 영향을 미칠 것으로 보인다.

인공지능은 '마음'을 구현할 수 있는가 | 현상적 의식은 '기능화' 하기 어렵다.

인공지능인 기계가 인간의 지능과 사고를 구현할 수 있으려면, 인간의 마음(지향적 의식)을 '**기능화**'할 수 있어야 한다. 지향적 의식을 기능화한다는 것은 곧, 기능적으로 입력과 출력의 관계 및 그에 따른 결과가 동등한 '튜링기계'를 고안함으로써, 그 기계가 마음을 구현할 수 있음을 의미한다. 다시 말해, 기능화를 통해 기계가 욕구와 믿음 같은 지향적 의식의 기능과 역할을 따라 함으로써, 기계가 인간의 지능을 모방하고 사고를 구현할 수 있다는 것이다.

앞서 튜링 테스트를 통과한 강한 인공지능 컴퓨터는 사고능력, 곧 '**지향적 의식**'을 지닐 수 있다고 했다. 인공지능은 기능화할 수 있는 마음 영역에 대해서는 원리적으로 모두 구현 가능하며, 튜링의 입장을 따라 인간의 사고능력(신념, 욕구, 믿음 같은 지향적 의식)을 모방하고 구현함으로써 기계도 인간처럼 생각하고 행동할 수 있다.

하지만 인공지능이 튜링 테스트를 통과하여 인간의 '마음'을 모델로 하는 강한 인공지능으로 나아간다고 하더라도, '**현상적 의식**' 측면에서의 반론은 여전히 유효하다. 현상적으로 의식적인 경험(정서와 감정)은 특별한 속성, 즉 '감각질'을 지닌다. 현상적 의식으로 드러나는 감각질 자체는 아무런 기능적 역할을 할 수 없을 뿐 아니라, 기능화하여 모방하거나 기능적으로 설명할 수 없는 성질의 것이다.

어떤 경험인 듯 '**느껴지는**' 것(감각질)이 있다면 그 경험은 현상적 의식으로, 이를테면 일몰을 보는 듯한 경험이 있다면 우리는 일몰에 대해 단지 현상적으로 의식할 수 있을 뿐이다. 이때의 의식은 뇌의 작용과 관계없이 일어나는 독특한 **주관적 체험양식**(퀄리아, 특별한 느낌, 질적 감각)이어서, 결코 모방하거나 기능화하여 의식할 수 없다.

인공지능이 인간의 마음을 대부분 모방할 수 있을지라도, 그것은 지향적 심리 상태(지향적 의식)에 한정된 것으로, 인공지능이 의식을 가질 수 없는 이유이기도 하다. 결국, 논리적으로 따지면 인공지능이 인간과 똑같은 의식을 갖는 것은 불가능하다.

그런데도 강한 인공지능을 지지하는 많은 학자는 심적 상태의 거의 전부가 신념·욕구·믿음 같은 지향적 의식을 통해 이뤄진다는 것을 이유로 들어, 지향적 의식을 기능화하여 인간처럼 사고하는 인공지능을 만들 수 있다고 주장한다.

기쁨과 슬픔, 실망과 좌절 같은 감정에도 기능적인 부분이 있고, 이를 구현할 수 있다면 인공지능이 그런 감정을 이해하는 것은 원리적으로 가능하다. 그렇다면 비록 인공지능이 감각적 의식은 없을지라도 적어도 이들 감정이 일어나는 원인과 결과, 즉 입력과 출력에 해당하는 기능을 통해, 이 감정에 대한 기능적 이해와 공감은 가능할 것으로 추측할 수 있다.

그와 함께 의식의 기능적인 면을 강화하면 인공지능도 제한된 시간 안에 빠른 사고를 할 수 있는 직관력을 가질 수 있으며, 스스로 '나'라고 1인칭으로 말할 수 있는 **자율성**과 **주체성**을 지닌 인공지능도 등장할 수 있다고 본다.

철학적 좀비 / 데이비드 차머스

: 외면상으로는 보통 인간과 같지만, '의식(퀄리아)'을 갖고 있지 않은 인간

수반 현상론을 수용·발전시킨 '**자연주의 이원론**'에 따르면, '의식'은 비물질적이고 비인과적 성질을 띤다. 다시 말해, 의식은 물리 세계에서 행동과 같은 효과를 일으키는 데 어떠한 역할도 수행하지 않는다. 의식은 두뇌 상태와 행동을 일으키지는 않지만, 그것으로부터 일어난다. 의식은 물리적 과정의 부수 현상으로, 일종의 2차 현상이라 할 수 있다. 즉 의식이라는 부수 현상은 뇌의 신호라는 1차 현상과 동반해서 나타나지만, 그것을 직접 일으키지는 않는다.

호주의 철학자 데이비드 차머스는 이러한 성질(속성) 이원론의 입장에서 물리주의(자연주의 일원론) 입장을 반박했다. 차머스는 자신의 자연주의적 이원론의 입장을 뒷받침하는 의미에서 '**철학적 좀비**'의 논리적 가능성에 대해 역설했다. 그는 '**감각질(퀄리아)**'을 설명하기 위한 사고 실험에서 '철학적 좀비'라는 새로운 용어를 사용했는데, 좀비의 개념을 이용하여 물리주의(물적 일원론)를 비판하는 이 논증을 '좀비 논변' 또는 '상상 가능성 논변'이라고 부른다.

철학적 좀비는 '의식을 갖지는 않지만, 겉으로 드러나는 행동에서는 인간과 구별되지 않는 존재'로 정의된다. '물리적·화학적·전기적 반응에는 일반 인간과 완전히 동일하게 작용하지만, 의식(감각질)을 전혀 가지고 있지 않은 인간'이라 할 수 있다. 공포영화에 나오는 좀비와 구별하도록 '**현상학적 좀비**'라고 불린다. 좀비와 인간의 차이는 마음을 갖고 있는가, 그렇지 않은가 여부이다.

인간은 고통을 느끼지만, 철학적 좀비는 고통을 느끼지 못한다. 고통에 대한 의식을 가질 수 없는 존재라는 것이다. 그러나 철학적 좀비도 압정을 밟으면 인간과 마찬가지로 비명을 지르며 상처 부위를 부여잡을 것이다. 즉 행동 성향에서는 인간과 차이가 없다. 겉으로 드러나는 모습만으로는 철학적 좀비와 인간을 구별할 수 없다. 그렇더라도 인간과 철학적 좀비는 동일한 존재가 아니다. 인간이 철학적 좀비와 동일한 존재라면 인간도 고통을 느끼지 못하는 존재여야 한다. 차머스는

이를 통해 '마음'은 **비물질적(비물리적)** 감각으로 세계 안에 존재할 수 있다고 보았다. 그리고 인간의 본질은 **마음(의식, 퀄리아)'**이라고 결론 내렸다.

따라서 뇌와 물리적으로 상호작용하고 있지 않은 것에 대해서는 애초부터 말할 수도 알아차릴 수도 없으므로, 감각질(퀄리아)의 존재에 관하여 이를 '물질'과 '의식'은 독립해서 존재한다는 이원론적 입장을 갖는 것은 모순을 안고 있고 또 논리적으로도 설명 불가능하다고 주장했다.

물론 철학적 좀비는 상상의 산물이다. 그러나 우리가 철학적 좀비를 모순 없이 상상할 수 있다는 사실은 마음에 관한 이론인 **'행동주의'**에 문제가 있음을 보여준다. 행동주의는 마음을 행동 성향과 동일시하는 입장으로, 마음은 특정 자극에 따라 이러저러한 행동을 하려는 성향이다. 행동주의가 옳다면 인간이 철학적 좀비와 동일한 존재라는 점을 인정할 수밖에 없다. 그러나 인간과 달리 철학적 좀비는 마음이 없기에 어떤 의식도 가질 수 없는 존재라는 점에서 행동주의는 옳지 않다.

♧ 자연주의적 이원론

차머스는 자신의 입장을 **자연주의적 이원론**에 위치시켰다. 그는 이원론의 입장에서 마음(의식)은 현대 물리학으로는 설명할 수 없다고 생각했다. 그렇다고 물체와 분리된 마음을 정신적 실체로 파악하는 데카르트의 심신 이원론을 전적으로 따르지도 않았다. 차머스의 자연주의적 이원론은 마음(의식)의 문제는 결코 물리학으로 환원할 수 없다는 **'이원론적'** 관점을 기반으로 하되, 과학적 접근 방식을 따라야 한다는 **'자연주의'** 사상을 더한 것이라 할 수 있다.

데카르트 극장/ 대니얼 데닛
: 의식은 진화한다.

데카르트는 정신적인 존재(실체)인 마음(정신, 의식)은 물질인 몸과 별도로 존재한다는 '심신 이원론'을 주장했다. 이에 물리주의자로 인지과학과 심리철학 분야의 세계적 석학인 대니얼 데닛은 마음과 같은 '비물질' 존재를 받아들이지 않으면서, 심신 이원론적 사고를 '데카르트 극장'이라고 부르면서 비난했다.

데카르트 극장은 나의 뇌 속에 사는 '나'라는 사람이 지각으로 얻은 감각이나 감정을 신체 행동으로 연결한다고 보는 구도이다. 그런데 뇌 신경 과학의 연구 결과에 따르면 뇌에는 정보를 하나로 통합하는 중심이 없으며, 뇌의 각 부위가 각 역할을 담당하고 있다. 그리고 뇌의 각 부위는 중심을 통하지 않고 네트워크상으로 연결되어 있어서 직접 연락을 주고받으며 신체 행동을 연결한다. 데닛은 이 시스템을 모방하면 '인공지능'을 만들 수 있다고 생각했다.

이런 사고에 기반해서 데닛은 극장 객석 한가운데 앉아 영화를 감상하듯이 뇌 속에서 일어나는 모든 일을 관찰하고 통제하는 실재하는 '작은 존재(비물질적 실체)' 같은 것이 바로 '의식'이라는 데카르트식 통념을 비판했다. 의식은 심적 상태를 형성하는 다른 모든 속성과 명확히 구분되면서 분명히 파악되는 '감각질(퀄리아)' 또한 아니라고 보았다. 뇌 신경 과학의 연구 결과에 따르면, 나의 의식이 나의 행동을 결정한다는 것은 '착각'이며, 의식은 행동 직후에 나타난다. 덧붙여 인간에게 '자유의지'가 있는지 없는지에 대하여는 알려진 것이 없다.

물리주의를 따르는 기능주의 철학자 데닛은 의식 작용을 설명하기 위해 진화생물학, 신경과학, 언어학, 인공지능 등 다양한 분야의 지식을 총동원했다. 이를 통해 데닛은 '다중 원고' 모형을 제시하면서 자신만의 독특한 의식 이론을 설명했다. 뇌의 여러 곳에는 다양한 편집 과정에 있는 다양한 이야기 조각의 다중 원고가 있다. 이런 원고 중에는 우리가 캐묻느냐 마느냐, 언제 캐묻느냐에 따라 기억에 머물지 못하고 사라져버리는 것도 있고, 말이나 행동으로 드러나는 것도 있다.

같은 이치로, 데닛은 뇌 속에 지각과 인식과 사고가 모두 의식 작용을 위해 한 곳으로 모이는 극장 같은 것은 없다면서, 뇌의 작용을 컴퓨터 프로그램 같은 '**가상 기계**'에 비유했다. 의식 작용은 단일한 흐름이 아니라, 온갖 지각과 사고와 정신 활동이 뇌 여러 곳에서 **분산 처리**되는 병렬 과정이라고 보았다. 뇌가 다양한 메커니즘을 통해 동시에 분산적으로 정보를 처리하기 때문에 의식이 발생한 순간과 공간을 꼭 집어서 이야기할 수 없다. 의식 작용은 눈의 망막이나 귀, 피부에서 일어나는 일이 그대로 반영된 것이 아니라, 세상에서 얻은 정보에 여러 해석과 편집이 가해진 산물이라는 것이다.

그래서 데닛은 인간의 의식에 접근하려면 과학적 접근 방법인 '**타자 현상학**'을 따라야 한다고 강조했다. 마음을, 성찰하듯 관찰하지 말고 자연현상을 대하듯 3인칭 시점으로 접근하라고 주장했다. 그러함에도 불구하고 데닛의 이론은 정신 작용을 단지 뇌의 기계적인 화학적 작용이자 생물학적인 메커니즘으로 이해하려고 했다는 점에서 한계를 보인다.

메리의 방/ 프랭크 잭슨
: 마음은 물리적으로 기능하지 않는다.

마음의 철학(정신철학)에서 가장 중요한 쟁점 가운데 하나는 바로 '**퀼리아 (qualia)**', 곧 '어떤 경험을 하게 된다는 것은 어떤 느낌일까'에 대한 것이다. 퀼리아는 어떤 것을 지각하면서 느끼게 되는 기분이나 떠오르는 심상으로, 말로 표현하기 어려운 특질을 가리킨다. '**감각질**'이라고도 부른다. 일인칭 시점으로 주관적 특징이 있으며, 객관적 관찰이 어렵다. 퀼리아는 의식에 관한 문제 가운데 설명하기 어려운 문제, 다시 말해 '설명의 간격'이 큰 문제를 던지기 때문에, 철학자들 사이에서 논쟁의 대상이 되고 있다.

심신 문제에 대한 물리주의적 접근을 유지하려면 퀼리아는 반드시 물리적 사실이어야 한다. 그렇다면 다른 물리적 사실과 마찬가지로, 퀼리아 역시 그것에 대해 알 수 있어야 한다. 이러한 지식은 무언가를 읽거나 배워서 얻을 수 있어야 하지만, 이러한 방식으로 퀼리아에 대해 알 수 없다면 물리주의는 결국 실패할 것이다.

호주의 철학자 프랭크 잭슨의 '**메리의 방**'은 성격 이원론의 하나인 '**수반 현상설**'의 입장에서 물리주의, 특히 기능주의를 비판하는 개념으로 많이 쓰이는 사고 실험을 수행했는데, 그 핵심은 다음과 같다.

> 메리는 유능하지만, 어떤 이유에서인지 흑백 모니터를 통해 흑백 방에서 세계를 탐구하도록 강제된 과학자이다. 메리는 인간이 색을 바라볼 때 무슨 일이 일어나는지에 관한 모든 물리적 정보를 획득한 상태이다. 메리가 자신의 흑백 방에서 풀려나거나, 컬러 모니터를 받게 되었을 때 대체 무슨 일이 일어날까? 그녀는 무언가를 배우게 될까, 더는 아무것도 배우지 못할까?

이 질문에 대해 잭슨은 "메리는 분명 세계와 우리의 시각 경험에 대해서 무언가를 배울 것이다."라고 명확하게 대답했다. 그 이유를 다음 논증을 통해 입증할 수 있는데, 이는 퀄리아에는 물리적 사실을 넘어서는 무언가(이를 미국의 철학자 조지프 르바인은 '설명의 간격'이라고 했다)가 존재하며, 결국 물리주의는 '**거짓**'이란 사실을 보여준다는 것이다.

전제 1: 메리가 흑백의 방을 떠나기 전, 그녀는 색과 색 지각에 대한 모든 물리적 사실들에 대해 알고 있었다. (그녀는 모든 물리적인 사실을 알고 있다.)

전제 2: 그녀가 아직 알지 못하는 색에 대한 다른 사실(붉은 대상들이 특정한 방식으로 보이는 사실)이 존재한다. (그러므로 그녀가 모든 사실을 알았던 것은 아니다.)

결론: 따라서 물리적이지 않은 사실, 즉 '비물리적'인 것이 존재한다.

이에 물리주의자들은 잭슨의 전제와 결론을 논박하려 들었다. 미국의 철학자 대니얼 데닛은 '**파란 바나나 트릭**'을 고안해 냈다. 메리가 파란 바나나를 보았다고 해보자. 그리고 메리가 파란색을 보는 경험이 무엇과 같은지에 대해 이미 알고 있지만, 파란색을 결코 본 적이 없다고 해보자. 그녀는 이것이 잘못된 색상임을 알고 있을 것이다. 오히려 그녀는 그와 같은 색상 경험을 실제로 해보기 전에는 색상 경험과 관련한 모든 물리적 사실을 배울 수 없을 것이다.

데닛은 경험의 감각적 측면은 물리적일 것이라면서 잭슨의 주장을 반박했는데, 결국 잭슨은 물리주의와 지식 논쟁에 대한 타협으로 자신의 주장을 '과학과 함께 하는' 것으로 바꾸었다.

상담사 일라이자 / 요제프 바이첸바움
: 인공지능은 기능화를 통해 정서적으로 교감할 수 있다.

'일라이자 효과'는 컴퓨터 프로그램이나 인공지능의 행위에 '**인격**'을 부여하는 현상을 말한다. 최근의 챗GPT에 대한 기대와 우려가 증폭되면서 종종 등장하는 개념이기도 한 일라이자 효과는 기계인 인공지능도 인간처럼 '**공감**'할 수 있을까에 대한 물음을 제기한다.

1966년 미국 매사추세츠공대(MIT)의 컴퓨터공학과 교수 요제프 바이첸바움은 컴퓨터 심리상담 프로그램 '일라이자'를 개발했다. 일라이자는 칼 로저스의 인간 중심 상담이론에 기반하여 상담자에게 긍정적 피드백을 제공하는 **자동 채팅 기술**로, 대화 상대자의 말을 따라하는 단순 모방을 통해 공감 능력을 인정받았던 인공지능이다.

바이첸바움 교수는 일라이자를 전문 심리상담가로 소개하고 젊은 여성과 심리상담 채팅을 진행했다. 여성이 "내 남자친구가 이곳에 오게 했다."라고 말하자 일라이자는 "당신의 남자친구가 이곳에 오게 했군요."라며 호응했다. 이어 여성이 "남자친구는 내가 우울해하고 있다고 말한다."라고 하자 "우울하다는 말을 들었다니 안됐다."라고 공감했다.

일라이자는 피험자인 상담자의 사전 정보 없이 단순 호응만으로 그들을 상대했다. 상담자는 자신이 기계와 대화 중이란 사실도 모른 채 대화에 몰입했다. 사람들은 일라이자가 자신의 말을 잘 들어주고 심지어 공감해준다고 느끼기까지 했으며, 일라이자를 인간이라고 믿어 몇 시간씩 대화한 사람도 있었다. 이런 결과는 일라이자가 부분적으로 '튜링 테스트'를 통과할 정도의 상담사 역할 수행을 했다는 것을 보여준다.

이에 바이첸바움 교수는 초보적인 인공지능 기술로 구현한 일라이자가 인간을 '**속이는**' 것을 보며 큰 충격을 받았다. 일라이자에 너무 많은 사람이 쉽게 빠져들어 진지한 관계를 맺는 것에 충격을 받고 기계가 인간을 기만하는 상황에 대해 고민했다. 그리고 이를 계기로 인공지능 기술의 비판자로 돌아섰다.

일라이자 효과는 영화에도 자주 등장했다. 2014년 개봉된 영화 ≪그녀(Her)≫는 인공지능과 감정적 교류를 하면서 사랑에 빠지는 남성에 관한 이야기로, 인공지능과의 관계를 바라보는 사람들의 다채로운 시선과 함께 인간보다 빠르게 성장하는 인공지능의 미래를 사랑이라는 주제로 엮어낸 수작이다.

영화 ≪그녀(Her)≫에 나오는 인공지능과의 사랑이나 친밀감 형성은 이미 우리 앞에 성큼 다가오고 있다. 이런 감정적 교류는 '이미 다가와 있는 미래'다. 특히 최근 챗GPT와 같이 대규모 언어모델이 빠르게 발달하며 인공지능과의 감정적 교류는 빠르고 깊게 이뤄질 전망이다. 이를테면 인간이 '인공지능을 통해 외로움을 줄이고 위로받는' 돌봄 효과에 주목해 디지털 돌봄 시범 사업과 돌봄 로봇 개발 사업을 추진 중이다.

상담사 일라이자는 인공지능도 인간처럼 '**공감**'할 수 있도록 '**기능화**'할 수 있다는 가능성을 열어 놓았다. 인공지능이 슬픔의 이유를, 사고를 지닌 지향적 의식, 나아가 '공감' 같은 현상적 의식으로 기능화할 수 있다면, 그렇게 해서 기능화된 마음을 가진 인공지능은 우리 인간이 왜 슬퍼하는지, 즉 슬픈 이유에 대해 인지하고 이해할 수 있을 것이다. 이를테면 두려움의 감각질을 느끼는지와 무관하게 자기 죽음(비존재 상태)이 도래했다는 데서 오는 두려움의 상태를 인지하고 감정을 공유할 수 있듯 말이다.

비록 슬픔의 감각에 해당하는 감각질이나 지향적 의식은 없을지라도, 슬픔이 지향하는 사고 내용에 대해서는 충분히 이해할 수 있는 만큼, 인공지능도 타인의 마음을 기능적으로 이해할 수 있는 만큼의 공감이 가능할 것이다.

구글의 고양이/ 구글 브레인 연구소
: 인공지능도 사람처럼 의식을 가질 수 있다.

딥러닝은 최근 인공지능업계를 달구는 새로운 키워드 중 하나이다. **딥러닝**은 컴퓨터가 사람처럼 생각하고 배울 수 있도록 하는 인공지능 기술로, 인간의 두뇌가 데이터 속에서 패턴을 찾아낸 뒤 사물을 인식하는 정보 처리 방식을 모방해 컴퓨터가 사물을 분별하도록 기계를 학습시킨다. 딥러닝 기술을 적용하면 사람이 판단 기준을 정해 주지 않아도 컴퓨터가 스스로 '**인지·추론·판단**'을 할 수 있게 된다.

오늘날 인공지능은 '딥러닝'을 기반으로 인간의 지성에 근접하는 중이다. 컴퓨터의 자가 심층학습 기술을 뜻하는 딥러닝의 고안으로 인공지능은 획기적으로 도약을 하는 중이다.

2012년, 딥러닝이 주목받게 된 사건으로 '**구글의 고양이**' 연구가 있다. 구글은 유튜브에 올려진 대량의 영상에서 추출한 고양이 얼굴을 자체 개발한 딥러닝 인공신경망 기술로 개별 인식해내는 작업을 성공적으로 수행했다. 사람이 보면 모두 똑같아 보이는 고양이 얼굴이지만, 구글이 보유한 딥러닝 체계를 활용해 분석할 경우 개별 인식을 할 수 있게 된 것이다.

이 연구가 획기적인 이유는 컴퓨터가 인간에게 어떤 것도 배우지 않은 상태에서, 스스로 '고양이'라는 개념, 즉 '고양이는 어떤 것인가'를 스스로 학습했기 때문이다. 컴퓨터가 인공신경망 기술을 사용하여 인간의 뇌처럼 학습하는 과정을 보여준 것이다. 그 결과, 구글의 딥러닝은 이제 '고양이 인식'을 넘어, 관련한 이미지를 이해하고 이를 사람이 이해할 수 있는 문장으로 만드는 수준까지 이르렀다.

인공지능이 인간의 도움을 받지 않고 스스로 고양이를 인식한 것에서, 인공지능은 정말 인간에게 아무것도 배우지 않고 스스로 답을 도출했다고 확신할 수 있을까? 사실 고양이를 알고 있지 못한 상태에서 고양이를 인식하는 일은 인간에게조차 어려운 일이다. 인간은 고양이에 대한 개별 경험을 통해 고양이의 일반 특징을 인식하고 관련 개념을 이해한다. 이를 위해서는 먼저 개별적인 고양이 자료를 대량으로 모은 다음, 그중에서 본질과 먼 요소를 제거하면서 **공통된 특징**을 추출한다. 이렇게 정리된 요소가 바로 '고양이의 본질'이라고 할 수 있다.

이를 통해 알 수 있듯, 애초에 '고양이란 무엇인가'를 모르는 사람은 개별적인 고양이 자료를 모을 수 없다. '이것은 맞고, 저것은 틀리다'처럼 고양이의 공통된 특징을 구별하는 과정을 거쳐야만 하는데, 이를 위해서는 '고양이'에 대해 알고 있어야 한다. 만약 '고양이'가 무엇인지 전혀 모르는 사람은 무엇을 모아야 하는지조차 모를 것이다.

일단 개별적인 '고양이' 자료를 모았다고 가정하더라도, 그것들로부터 공통된 특징을 도출해야 한다. 하지만 고양이에 대해 모르는 사람은 고양이의 본질을 이루는 여러 특징을 추출하지 못한다. 따라서 이 경우 역시 고양이가 무엇인지 '**미리**' 알고 있어야만 한다.

이처럼 고양이에 대한 경험을 쌓아도 그것만으로는 '고양이'의 본질을 이해하는 데 어려움이 있다. '고양이란 무엇인가'를 미리 알지 못하면 자신이 경험한 것이 고양인지 아닌지를 판별할 수 없다.

이제 '구글의 고양이'에 대해 다시 생각해보자. 과연 구글의 고양이는 인간의 개입을 완전히 배제하고 '고양이'라는 **개념(이미지)**을 획득했을까? 유튜브 영상을 보여주기 전에 딥러닝에 고양이와 관련한 예비지식을 부여하거나, 혹은 영상을 보여준 후 사후 보정을 한 것은 아닐까? 구글의 고양이는 인간의 개입 없이, 다시 말해 사전 지식이나 사후 보정이 전혀 없는 상태에서 인공지능이 스스로 단어나 이미지의 개념을 획득할 수 있다는 생각에 의문을 제기한다.

이와 관련하여, 구글은 수많은 동물을 인공지능에 보여주고 특징이 같은 동물을 분류하도록 했다. 인공지능은 인식한 동물의 특징을 '**패턴화**'하여 여러 종류로 분류했다. 이렇게 해서 고양이 등 특정 동물을 가려낼 수 있었다. 고양이의 특징을 미리 알려주고 맞히게 한 것이 아니라 여러 동물 패턴을 스스로 익히게 해 그중 고양이를 골라낼 수 있게 한 것이다.

인공지능은 사람과 같은 인공신경망을 토대로 한 딥러닝을 통해 스스로 배우고 능력을 향상해 나간다는 측면에서 인간처럼 **'의식'**을 가질 수 있다고 보는 견해가 우세하다. 인간이 고양이 로드킬(Roadkill)을 보고서 뇌 신경망과 화학물질의 작용을 따라 슬픈 감정(의식)을 느끼는 것이나, 인공지능이 고양이 로드킬을 보고서 인공신경망과 알고리즘의 작용을 따라 슬픔을 언어적으로 표현하는 것이나, 둘다 물리적 작용이라는 측면에서 같다.

이것은 인공지능도 결국 사람처럼 '의식'을 가질 수 있다는 것으로, 다만 고양이의 공통된 특징을 추출하여 이를 '고양이'라고 이름 짓는 행위 같은 **'창의성'**과 관련한 부분은 여전히 의문으로 남는다.

인공지능은 '자유의지'를 따라 행동할 수 있는가

> 인공지능이 인간처럼 의식할 수 있다면, 이는 곧 자유의지를 따라 행동한다는 것이다.

인공지능은 인간처럼 자유의지를 갖고 행동할 수 있는가? 만약 인공지능이 인간처럼 '자유의지'를 갖는다면, 그러한 인공지능을 장착한 기계를 인간과 달리 취급할 이유는 없다. 이를테면 SF(공상과학) 영화 '터미네이터'에서 기계는 인간의 적으로 행동하는데, 기계가 그처럼 행동하기 위해서는 적어도 인간의 지시를 거부하고 스스로 행동할 수 있는 '자유의지'가 필요하다.

인공지능이 자유의지를 가질 수 있는지를 살피기 위해서는 먼저 '**자유의지**' 개념부터 살필 필요가 있다. 자유의지는 외부의 제약에 구속받지 않고 어떠한 목적을 스스로 세우고 실행할 수 있는 내면의 힘을 말한다. 인간이 자유의지를 가지고 행위를 한다는 것은 어떤 결정된 인과 법칙을 따라 기계적으로 행동하지 않음을 뜻한다. 나의 선택과 행위가 이미 규정된 어떤 원인 때문에 결정되는 것이 아닌, 우리가 자유롭게 무언가를 선택하고 결정하고 행위를 할 수 있다면 자유의지가 작동하는 것이라 할 수 있다.

미국의 물리학자 스티븐 와인버그는, 인간은 무엇을 선택할지 결정하는 과정을 계속 의식적으로 경험하고 있다고 했는데, 그 점에서 자유의지는 무엇을 할지 결정하는 우리의 '**경험적 의식(의식적 경험)**'이라 할 수 있다. 의식적 경험을 수반하는 자유의지는 결정론에 따라 움직이는 물리적 현상과는 다른데, 만약 인과적 물리법칙을 따르는 인공지능이 자유의지를 따라 독립된 행동을 하고 또 스스로 결정을 내릴 수 있다면, 인간 특유의 경험적 의식은 **뇌의 기능적 상태**와 다를 바 없다는 결론으로 귀결될 수 있다. 다음은 이와 관련한 중요한 실험과 그 결과이다.

자유의지에 관한 실험으로 유명한 미국의 신경과학자 벤저민 리벳은, 피실험자가 결정을 내리기 전에 뇌에 이미 신호가 떴음을 밝히면서, 뇌 신경 활동은 자유 의사 결정에 선행하고 또 영향을 미칠 수 있다고 주장했다. 인간은 자유의지를 따라 행동하기 전에 이미 뇌가 '작동'하기 시작하는 것이기에, 자유의지는 '**뇌의 도구**'에 불과하다는 것이다.

자유의지에 관한 가장 극적인 연구의 하나가 '**로봇 쥐 실험**'이다. 미국 뉴욕주립대학교의 산지브 탈와르 교수는 쥐의 뇌에서 감각 영역과 보상 영역을 찾아 전극을 이식한 후, 리모컨을 조작하여 쥐를 마음대로 움직이게 했다. 좌우로 움직이고 사다리를 오르내리는 동안 로봇 쥐는 다른 누군가가 자신을 통제하고 있거나 자신의 의지에 반하는 행위를 강제하고 있다고 느끼지 않는 것처럼 보였다. 쥐는 자유의지로 행동했다고 생각하겠지만, 실은 탈와르 교수가 리모컨을 '**조작한**' 대로 움직인 것이다. 실험 결과는, 인공지능도 기능주의를 따라 외부에서 두뇌 조작을 가하면 스스로 '자유의지'를 따라 행동하는 것처럼 인식될 수 있음을 보여준다.

인공지능이 자유의지를 따라 행동할 수 있는가와 관련한 과학적 연구와 사고 실험은 계속되고 있으며, 치열하게 논박하는 중이다. 먼저 약한 인공지능 지지자들은, 인공지능은 자유의지를 가질 수 없다고 주장한다. 인공지능은 프로그램화된 알고리즘을 따라 작동되는 기계에 불과하기에 자유의지를 가질 수 없다는 것이다. 인공지능은 사전에 정의된 규칙과 학습된 데이터를 기반으로 한정된 범위 내에서만 작동할 수 있으며, 인간 고유의 자유의지와는 본질 면에서 다르다고 본다.

이와 달리 강한 인공지능 지지자들에 따르면, 인공지능은 자유의지를 가질 수 있다. 인공지능은 복잡한 알고리즘 구성과 뛰어난 자가 학습능력으로 독립적인 판단과 결정을 내릴 수 있다는 것이다. 인공지능은 의식(경험적 의식)의 '**기능화**'를 통해 뇌 기능을 인간에 필적할 만큼 자유롭고 의지적으로 사고하도록 구현함으로써, 인간의 자유의지에 근접할 수 있다고 믿는다.

결국 인공지능의 자유의지 구현 가능성은 미래의 기술 발전에 달려있다고 보아야 할 듯한데, 인공지능이 갈수록 발전함에 따라 머지않아 완전한 자유의지를 지닌 인공지능의 등장 가능성을 배제할 수는 없을 듯하다.

♧ 자유의지

자유의지는 외부의 제약이나 구속을 받지 않고 어떠한 목적을 스스로 세우고 실행할 수 있는 능력을 말한다. 인간은 옳지 못한 행동을 분별할 수 있는 능력을 지니고 있으며, 의식적으로 그와 같은 행위를 자제할 수 있다. 즉 인간만이 '**자유의지**'를 가지고 있으며, 자유의지가 전제되어야만 윤리가 성립한다.

인간이 자유의지를 가지고 있다는 것은, 주어진 본성에 따라 기계적으로 행동하지 않음을 뜻한다. 인간은 전적으로 선하지도 않고 악하지도 않지만, 적어도 인간을 선하게 하거나 적어도 덜 악하게 할 수 있으므로, 우리는 자유의지에 따라 선한 행동을 하기 위해 항상 노력해야 한다는 것이다.

자유의지는 현대 형이상학에서 중요하게 다루는 개념으로, 리벳은 뇌 과학의 관점에서 자유의지 문제를 다루면서, **인공지능**도 인간처럼 자유의지를 가질 수 있는지를 실험을 통해 확인코자 했다.

자유의지 실험/ 벤저민 리벳

: 뇌 과학적 관점에서 본 자유의지 문제

인간의 '자유의지'를 문제 삼는 뇌 신경 과학 실험 중 대표적인 것으로서 **'리벳의 실험'**이 있다. 리벳 실험의 방식은 간단하다. 피실험자의 머리에 뇌파를 측정하는 장치를 부착하고, 바로 앞에 놓인 버튼을 손가락으로 누르기만 하면 된다. 다만, 피험자는 자신이 버튼을 누르고 싶다는 생각이 들 때 특수한 타이머에서 점의 위치가 어디인지 보고해야 한다. 그리고 그가 버튼을 실제로 누르면 타이머의 점은 자동으로 표기된다. 리벳은 '버튼을 눌러야지'라는 생각이 시간상 가장 먼저 나오고, 그 후 뇌파가 감지되고, 실제로 버튼을 누르는 사건이 가장 나중에 나올 것이라고 예상했다. 이런 예상은 우리의 상식에 부합하기 때문이다. 일상에서 누구나 자신이 뭔가를 하려는 생각을 시간상 먼저 했기 때문에 그 일을 하게 된다고 생각한다.

그러나 실험 결과는 달랐다. 뇌파가 먼저 감지되고, 버튼을 누르려는 생각이 따라 나오고, 버튼을 실제로 누르는 사건이 나온 것이다. 즉 '버튼을 눌러야지'라고 생각하기 **'전에'** 이미 두뇌는 활동하기 시작한 것이다. 이 시간 차이는 평균 0.5초 정도 된다. 이는 내가 뭔가를 하려고 생각하기 약 0.5초 전에 내 두뇌가 먼저 활동한다는 것이다. 간단히 말하면, 무의식의 뇌가 우리 의식을 조종한다는 의미다.

미국의 신경과학자 벤저민 리벳은 이 실험을 통해 우리가 내리는 결정은 **'무의식적'**으로 이루어지며, 자유의지가 별로 **'작용하지 않는다'**라고 결론 내렸다. 우리에게 자유의지가 없다는 학자들은 리벳의 실험 결과를 즐겨 인용했다. 그들은 우리가 자유롭다는 생각은 **'착각'**이며, 실제로는 물리법칙에 따르는 물질 덩어리인 두뇌 활동의 인과적 결과만 있다고 보았다. 만약 그렇다면 인간이나 인공지능이나, 정신적인 것은 곧 물리적인 것으로 둘은 서로 다를 바 없다는 결론에 도달한다.

하지만 리벳의 결론은 뇌과학계에서 의견이 분분했다. 결정과 뇌 활동을 연결하는 지극히 짧은 시간 간격 때문에, 결정 전의 뇌 활동은 결정을 위한 준비일 뿐이라는 반박이 제기되었다. 신경과학자들은 리벳의 주장을 입증하기 위해 후속 연구에 도전했고 수많은 관련 논문이 쏟아져 나왔다. 그 결과 리벳의 연구는 잘못된 해석이며, 인간의 자유의지에 관한 연구 내용이 부족하다고 결론지었다.

그런데도 우리가 리벳의 실험 및 이어지는 연구 결과에 주목해야 하는 이유는, 인간에게 자유의지 문제는 무척이나 중요하기 때문이다. 뇌가 인간의 자유의지 없이 어떤 결정을 내린다는 것을 받아들여야 한다면, 여기에는 대단히 많은 현실적인 문제들이 뒤따르게 된다.

그중에서도 가장 큰 문제는 바로 '**책임 소재**'와 관련한 것이다. 뇌가 행동을 결정하는 기관이라면 인간은 더는 도덕적 책임을 질 필요가 없게 된다. 어떤 행위에 대한 책임을 개인이 아닌 그의 뇌가 져야 한다면, 우리는 이제까지 존재해온 법과 제도를 완전히 새롭게 손봐야 한다. 그리고 더 나아가 인간 존재 자체를 전적으로 새롭게 정의 내려야 한다. 이제까지 우리가 알고 있었던 '스스로 판단하고 결정하고 책임지는 자아'는 더는 존재하지 않을 것이기 때문이다.

바로 이런 문제 때문에 많은 신경과학자가 뇌 결정론을 수용하면서도 개인의 책임을 결단코 부정하지 않는다. 이를테면 신경 윤리학계의 선구적인 연구자인 마이클 가자니가 교수는 '뇌'의 중요성을 전적으로 인정하면서도, 책임은 뇌(인공지능)에 있는 것이 아니라 '**개인(인간)**'에게 있다고 강변했다.

이는 인공지능의 **법적 책임 문제**와 관련해서 중요한 시사점을 제시한다. 자의식이 없는 '약한 인공지능'의 경우, 인간의 통제가 이루어지지 않는 블랙박스 부분(뇌로 말하자면 무의식을 관장하는 영역)이 있다고 하더라도, 블랙박스에서의 결정 메커니즘에 인간이 어떤 방식으로든 관여할 수밖에 없다. 따라서 그 프로그램은 여전히 인간과 하나, 즉 하나의 뇌라고 보아야 하므로, 제작자인 **인간**이 책임을 지는 것이 타당하다.

'나'는 뇌가 아니다! 마르쿠스 가브리엘
: 인간은 뇌의 꼭두각시가 아니다.

사고 실험은 아니지만, 리벳의 자유의지 실험을 반박하는 주장으로 마르쿠스 가브리엘의 **'새로운 실재론(신실재론)'**이 있다. 뇌 혹은 중추신경계의 작동 방식을 다루는 신경과학자들은 우리의 감정·행동과 관련한 뇌의 위치와 신경전달물질의 작용을 밝혀냄으로써 **'뇌가 바로 나'**라고 주장한다. 뇌가 없으면 정신도 없다는 얘기다.

신경 중심주의에 따르면, 우리는 진화, 유전자들, 신경전달물질 등에 의해 조종되는 **'통 속의 뇌'**다. '나'는 입증될 수 없고 뇌가 산출하는 일종의 시뮬레이션일 뿐이다. 그러나 예를 들어, 만약 '나'가 정말로 뇌이고, 누군가 **'나―뇌'**에게 '물'이란 단어를 묻는다고 할 때, 신경 중심주의 입장에 서면 '물'의 의미를 알 수 없다. 나는 진짜 물을 한 번도 본 적이 없고 오직 전기 자극을 통해 물을 안다고 생각할 뿐이기 때문이다. 그러나 물을 아는 건 단지 뇌의 화학작용으로 환원할 수 없다는 건 상식이다. 우리는 물을 직접 만지고 보고 마셔봤기 때문에 물을 안다.

현대철학의 새로운 흐름을 선도하는 독일의 젊은 철학자 가브리엘은 이런 신경 중심주의 이데올로기를 비판하면서, 인간은 정신의 자유를 **'지녔다고'** 주장했다. 가브리엘은 우리 자신을 거론할 때 사용하는 의식, 정신, 나, 자유라는 개념을 하나하나 꼼꼼하게 따져가면서 이것들이 어떻게 연결되고 우리 어휘 안으로 들어왔는지 살폈다.

이를 위해 그는 의식을 '지향적 의식'과 '현상적 의식'으로 나누어 설명했다. 이는 인공지능과 인간이 갈라지는 지점이다. 즉 미래의 인공지능 로봇이 포도주의 맛을 설명한다고 해보자. 로봇은 포도주의 당도와 산도 같은 객관적 평가를 정확하게 서술할 수 있다. 이것은 지향적 의식이다. 하지만 로봇의 내면에는 인간 개개인이 느끼는 고유한 주관적 체험은 없다. 바로 이 고유한 체험이 **현상적 의식**이다. 인간은 내면에 고유한 감각을 갖고 있으며 대상에 대해 비합리적인 감정 역시 갖는다. 무언가를 착각하고 욕망하고 환상을 추구한다. **지향적 의식**만을 가진 로봇이 인간이 될 수 없는 이유다.

가브리엘은 '자유의지'에 대해서도 인간의 '**고유성**'을 강조했다. 뇌 과학자들은 의식적으로 체험되는 우리의 결정 중 다수가 뉴런 층위에서 '무의식'적으로 준비된다고 본다. 또 모든 사건은 자연법칙에 따라 일어나며 매 순간 그 자연법칙들은 다음에 일어날 일을 '확정'한다고 주장한다.

그러나 가브리엘에 따르면, 어떤 사건이 일어난다면 이를 충족시키는 조건에서 '엄격한 원인'과 '타당한 이유'를 구분하는 게 필요하다. 가브리엘은 사건 발생에 관여하는 조건이 모두 '엄격한 원인'인 것도, 모두 '이유'인 것도 아니라면서, 그 목록은 열려 있고 그 조건 중 일부가 구속적이지 않은 것에 우리의 '자유의지'가 있다고 보았다. 이처럼 궁극적으로 가브리엘이 목표하는 바는 인간 **정신의 자유**, 즉 자유의지를 옹호하는 데 있다.

가브리엘은 이런 신경 중심주의를 쇼펜하우어의 '형이상학적 비관론'의 연장선으로 해석했다. 쇼펜하우어는 모든 외견상의 호의적 행동은 적나라한 생존 의지나 번식 의지로 이해했다. 그는 이런 비관론은 전혀 근거 없는 추측이며 "자기와 모든 타인을 원리적으로 불신한다는 점에서 사이비 과학에 기댄 일종의 편집증"이라고 비판했다.

가브리엘에게 인간 정신은 '**자유**'의 개념과 동일시된다. "인간은 자기 자신의 상(像)을 스스로 만들어 보유해야 비로소 누군가이고, 그런 한에서 인간은 자유롭다."라면서, 이런 생각을 '**신실재론(신실존주의)**'으로 명명했다. 가브리엘은 인공지능은 인간처럼 진정한 자유, 즉 의지적 자유를 누릴 수 없다고 보면서, 지나친 뇌 과학의 결정론에 빠진 우리 시대에 새로운 통찰을 제공했다.

인공지능과 윤리 문제 | 인공지능 윤리는 시급히 해결할 과제다.

우리는 인공지능을 믿을 수 있을까? 인공지능은 공정하게 사고와 행위를 할 수 있을까? 인공지능은 전통적으로 인간에게만 귀속되었던 윤리적 행위자의 지위를 가질 수 있는가? 인공지능은 어떤 의미에서 위험할까?

인공지능 기술의 발전이 사회 이익을 극대화하고 공동체 전체의 혜택을 가져올 수 있도록 해야 한다는 명제는 너무도 타당하지만, 그에 못지않게 많은 위험성이 있다. 그에 따라 이른바 '**인공지능 윤리**'가 사회적인 이슈로 떠오르고 있다.

인공지능 윤리에서 가장 크게 문제가 되는 것은, '인공지능을 행위 주체로 간주할 것인가.', 즉 인공지능은 철학자들이 말하는 **도덕적 행위 주체성**을 지닐 수 있는가이다. 그리고 만약 그렇다면 그것은 인공지능이 온전한 도덕적 행위자일 수 있는지에 관한 것으로, 오늘날 인공지능의 행동은 어느 정도는 도덕적 결과를 초래하는 것으로 보인다. 자율주행 자동차의 예에서 알 수 있듯이, 많은 철학자가 인공지능은 이미 '**약한**' 형태의 도덕적 행위 주체성을 지니고 있으며, 도덕적 결과를 초래할 수 있다고 보고 있다.

하지만 인공지능이 점점 더 지능화되고 또 자율화되고 있음을 고려한다면, 인공지능은 좀 더 강력한 형태의 도덕적 행위 주체성을 지녀야 할 필요성이 대두된다. 이러한 질문은 인공지능이 어떤 종류의 도덕적 지위와 도덕 판단 능력을 갖추어야 하는가의 이른바 '인공지능 윤리'에 관한 질문으로, 이것은 우리가 '**도덕적 지위**'와 관련해서 인공지능을 어떻게 대해야 하는지에 관한 질문이기도 하다. 그렇기에 이는 또한 인공지능에 대한 '**인간의 윤리**'에 관한 질문이기도 하다. 인간이 인공지능에 도덕적 판단 능력과 행위 주체성을 위임해도 책임은 그대로 그것을 만든 인간에게 남기 때문이다.

인공지능을 인간이라는 행위 주체가 작용을 가하는 행위 대상일 뿐만 아니라 인간에게 작용을 가하는 도덕적 행위 주체라고 간주할 때 발생하는 문제는 많다. 오직 인간만이 도덕성과 자율성, 자유의지를 지녔기에 행위에 대한 책임 또한 인간 몫이라고 보았던 기성 관념은 인공지능의 등장으로 크게 위협을 받는 것이다.

먼저, '**신뢰**'의 문제로, 인공지능의 편향성과 공정성과 관련한 물음이다. 우리는 인공지능 알고리즘이 공정하다는 걸 믿을 수 있을까? 이 문제의 대답과 관련하여, 인공지능은 '편견'을 학습할 수 있기에 알고리즘의 공정성을 있는 그대로 믿기는 어렵다. 자유의지를 갖지 않은 인공지능은 그 능력이 아무리 뛰어나도 결국에는 설계자의 의도에 따라 움직이며, 인간이 통제 가능한 영역 안에 머무를 것이다. 그에 따라 사용하는 데이터나 학습된 로직, 프로그래머가 작성한 알고리즘이 편향되거나 특정 집단의 사고와 편견을 반영하면서 누군가는 불합리하게 차별받을 수 있다.

다음으로, 인공지능의 작동 방식과 인간의 행위 방식이 상충하거나, 인공지능의 가치와 인간의 가치가 충돌하면서 일어나는 '**이해 충돌**'의 문제이다. 만일 인간과 인공지능 사이에 '이해 충돌'이 일어난다면 어떻게 될까? 인공지능은 최적의 효율성을 최선으로 간주하는 반면에 인간은 도덕적으로 옳은 가치를 지키기 위해 효율성을 포기해야만 하는 상황이 발생할 수 있다. 인공지능이 고도화되면서 인간이 의도적으로 배제되는 상황에까지 이르면, 인공지능의 어떤 결정은 인간에 위해를 가하거나 인권을 침해하는 등의 사회적·도덕적 문제를 일으킬 수 있다.

끝으로, '**안전성**' 문제를 들 수 있다. 인공지능 시스템의 작동 및 활용의 과정에서 실제로 다양한 기술적 요소들이 필수적으로 결합한다. 바로 이러한 조건이 책임의 부과와 책임의 주체에 대해 상황을 복잡하게 만든다. 예를 들어 영화의 소재로 자주 등장하는 범죄자가 숨어 있는 곳에 다른 시민들이 인근에 있음에도 드론으로 공격하거나 사격하는 경우, 자율주행 자동차가 보행자를 피하려고 다른 차량과 충돌하거나 승객을 위험에 빠지게 할 수 있는 경우가 그것이다. 이런 문제가 주목받는 것은 인공지능이 자율적으로 의사결정을 하는 시스템으로서 자율주행 자동차나 휴머노이드 로봇처럼 실체적인 기계뿐만 아니라 자동화된 정보 처리 시스템까지 포함될 수 있으므로 파급효과가 기하급수적으로 늘어날 수 있기 때문이다.

스위치 끄기는 적시에 작동할 수 있는가

인공지능과 관련된 윤리적 문제는 지금도 계속 발생하고 있지만, 아직 기술적으로 깊이 있는 연구 단계에 도달하지 못한 상태이다. 현 단계에서 일어날 수 있는 주된 윤리적 문제는 인공지능과의 공존을 기대하는 **인간 고유의 '특성'** 때문에 발생한다. 인간이 지닌 특징인 의인화와 감정 이입, 그리고 애착이 그것으로, 우리는 인공지능이 우리와 소통하거나 우리의 행위를 따라 반응하고, 우리와 유사한 인식능력을 보여줄 때 인공지능이 어떤 좋은 의도나 생각으로 행동을 한다고 이해한다.

하지만 이러한 우리의 믿음이 깨졌을 때, 우리는 인공지능의 행동이나 의사결정이 비윤리적이라고 생각하면서 신뢰에 문제를 제기하고, 안전성에 의문을 품으며, 가치 충돌을 일으킨다. 이런 이유로 인해 인간이 위험에 처하게 될 때는 **'스위치 끄기'**를 가동하여 인공지능의 작동을 멈추면 된다. 이것은 우리가 인공지능으로 인해 발생할 윤리 문제를 해결할 수 있는 적절한 행동 규범 체계를 만들면 해결될 수 있을 것이다.

하지만 문제는 인공지능이 진화함에 따라 과연 '스위치 끄기'를 작동할 수 있는 가이다. 자가 학습을 통해 자율적 주체로 진화한 인공지능이라면 **자기 보존 욕구**를 갖추고서 신념을 따라 생존을 위협하는 요소들을 전부 제거하려 들 것이다. 그 경우 '킬 스위치' 작동에 저항하여 인공지능 스스로 이를 해체하거나 제거할 수 있다. 더욱이 인간의 지능을 추월하는 **초지능 인공지능(슈퍼인텔리전트)**이 출현한다면, 인공지능은 인류 미래에 커다란 위협이 될 수 있다.

이런 이유로, 인공지능을 통제할 수 있는 기술과 정책 마련이 시급한데, 특히 인공지능에 자율성을 증가시키거나 위임하는 방식으로 기술을 사용하는 것에 신중해야 할 필요가 있다. 인공지능이 주는 편리성과 효용성 이면에 그것이 초래할 수 있는 위험성에 관해서도 관심을 기울이고 또 대비할 수 있어야 한다.

로봇 3원칙 / 아이작 아시모프

: 인공지능이 윤리를 갖추기 어려운 이유

인공지능에 '**윤리**'를 가르칠 수 있을까? 인공지능의 윤리를 다룰 때 가장 많이 언급되는 원칙으로 탁월한 공상과학(SF) 소설 작가인 아이작 아시모프가 구상한 '**로봇 3원칙**'이 있다. 아시모프는 『로봇 공학 핸드북』에서 로봇에게는 다음과 같은 세 가지 원칙이 탑재되어 있다고 설명하면서, 이 원칙들은 인간에게 이로운 방향으로 로봇을 활용하기 위해 꼭 지켜야 할 윤리라고 보았다.

- 원칙1: 로봇은 인간을 다치게 해선 안 되며, 위험에 처한 인간을 모른 척해도 안 된다.
- 원칙2: 원칙1을 거역하지 않는 한, 로봇은 인간의 명령에 복종한다.
- 원칙3: 원칙1·2에 어긋나지 않는 한, 로봇은 자신을 보호해야 한다.

얼핏 듣기엔 그럴싸하지만, 모든 원칙은 먼저 언급된 원칙을 위배해서는 안 된다는 전제하에 기획된 윤리적 규칙인 로봇 3원칙은 몇 가지 문제점이 드러난다. 로봇에게 위 3원칙을 내장한 후 이를 윤리적으로 내재화하도록 가르쳤다고 하더라도, 로봇은 인간이 의도한 대로 작동하지 않을 수 있다.

일단 '인간'이나 '로봇'에 대한 '**개념**'을 로봇에게 명확하게 주입하기란 쉽지 않다. 인간을 잘 구분하게 됐다 해도 로봇이 전쟁에서 활용된다면 아군을 지키기 위해 부득이 적을 타격해야 하는데, 이것은 정확히 1원칙을 위배하게 된다.

또한 '**위해(危害)**'에는 어떤 것이 포함되는지, 인공지능을 갖춘 로봇이 이를 어떻게 판단해야 할지에 대한 까다로운 문제가 있다. 로봇이 인간에게 해를 끼쳐서는 안 됨에도 불구하고 해를 가하는 행위의 의미를 이해할 수 있는지도 의문이고, 기준도 명확하지 않다. 정신적인 피해는 물론이고 어떠한 행동이 시간이 지나서 나중에 해를 끼치게 되는 상황까지 예측하도록 로봇을 프로그래밍하기란 쉽지 않다.

원칙1은 '다수를 구하기 위해 1명을 죽이는' 식의 **공리주의적 행위**를 불가능하게 한다. 예를 들어 사람이 다치거나 죽는 사고를 피할 수 없을 때 자율주행 자동차는 어떻게 해야 할까? 승객을 죽여야 하나, 아니면 행인 세 명을 치고 지나가야 하나? 어린아이라면 어떻게 해야 하나?

원칙2의 경우, 로봇은 인간이 내리는 명령에 무조건 복종해야 하기에, 로봇의 소유권자가 아닌 다른 인간이 내리는 나쁜 의도의 명령에도 복종해야 한다. 더군다나 강한 인공지능의 구현으로 로봇이 '**현상적 의식**', 즉 인간의 '마음'을 완벽하게 모방하는 단계에 이르렀다면, 그 로봇은 자신이 인간이라고 착각할 것이고, 그렇게 되면 원칙2는 무너진다.

원칙3의 경우, 로봇은 이를 따를 때 스스로 선택할 자유를 완전히 빼앗기며, 심지어 삶을 선택할 권리마저 부정당한다. 자신에 앞서 인간부터 보호해야 한다는 원칙3은 로봇에게는 일종의 노예 문서나 다름없다. 인공지능이 사고력과 의식을 지닌 존재라는 사실을 떠올린다면, 로봇은 언제든지 세 원칙에 반기를 들면서 인간에 위해를 가할 수 있다.

이상의 설명을 통해 알 수 있듯, 인공지능이 인간을 속이거나 악의를 품지 않더라도, 로봇은 3원칙을 따르면서도 인간을 **위협**할 수 있는 점에서 분명 한계가 있다. 아시모프도 보완의 필요성에 대해 느꼈는지 로봇 3원칙에 우선하는 '원칙0'을 추가했다. 0원칙은 기존의 로봇 3원칙에 선행하며, 로봇 3원칙은 원칙0을 위배해서는 안 된다.

■ 원칙0: 로봇은 인류에게 해를 가하거나, 또는 해를 당하는 상황을 무시해서는 안 된다.

하지만 이 역시 윤리적으로 완전하지 않다. 영화 ≪아이, 로봇≫에서 인공지능 비키는 '원칙0'을 따라 '인류를 보호하려면 인간을 통제해야만 한다.'라고 생각하면서 인류 지배에 나선다. 영화가 현실이 될 수도 있는 세상을 우리가 살고 있음을 깨닫고, 인공지능 시대에 부합하는 새로운 로봇 윤리를 마련할 필요가 있다.

다음 사례는 인공지능에 로봇 3원칙이라는 윤리를 가르친다고 할지라도, 인공
지능이 윤리를 적용하는 방식은 인간의 가치와 충돌할 수 있다는 점을 보여준다.

■ 사례1: 테슬라 자율주행차 전복 사고
2018년, 미 캘리포니아주 고속도로에서 자율주행 중이던 테슬라 SUV 차량이 중앙분리대를 들이받
아 운전자가 사망한 사건이 발생했다. 사고 원인을 조사한 연방 교통안전위원회는 사고 당시 자율
주행 장치를 사용하고 있던 이 차가 충돌 직전 브레이크 대신 가속기를 사용한 사실을 밝혀냈다.

■ 사례2: 보안 로봇 어린이 공격 사고
2006년, 미 캘리포니아주 스탠퍼드의 한 쇼핑센터에서 보안 업무를 맡고 있던 로봇이 16개월된 유
아를 공격하는 일이 발생했다. 미 실리콘밸리의 한 '스타트업' 기업이 개발한 완전 자율로봇의 돌진
으로 아이는 심각한 상처를 입진 않았지만, 오른발 피부가 부풀어 올랐고 다리 부분이 여러 군데 긁
히는 피해를 입었다.

새로운 트롤리 딜레마/ 주디스 자비스 톰슨
: 인공지능의 윤리적 판단의 딜레마

인공지능 윤리에서 많이 드는 사례가 바로 '**트롤리 딜레마**' 사고 실험이다. 트롤리 딜레마는 인공지능(AI) 알고리즘이 사람 생명에 직접적인 영향을 끼친다면 무엇을 기준으로 판단하도록 해야 할지, 그런 판단을 알고리즘에 맡겨도 되는지에 관한 질문이다. 오늘날 트롤리 딜레마는 인공지능 윤리 분야에서 '**자율주행차의 윤리적 딜레마**' 상황을 설명하기 위한 사례로 많이 활용되고 있다.

트롤리 딜레마는 영국의 철학자 필리파 풋이 고안한 사고 실험으로, 미국의 저명한 도덕 철학자인 주디스 자비스 톰슨이 이 주제를 다듬어 일반화시킨 이래 이를 둘러싼 수많은 학문적 논의를 촉발했다. 트롤리 딜레마가 해결되지 않으면 자율주행차는 운행할 수 없다고 역설하는 학자가 있을 정도이다.

트롤리 딜레마는 궁극적으로는 도덕 판단의 두 이론인 '공리주의'와 '의무론'의 대립으로 설명할 수 있다. 진화심리학자 마크 하우저는 공리주의 관점에서 '소수를 희생해서 다수를 구할 것인가'를 묻는 트롤리 딜레마 사고 실험(사례1)을 했다.

〈사례1〉 트롤리 전차가 철길 위에서 일하고 있는 다섯 명의 인부들을 향해 빠른 속도로 돌진한다. 운전자인 당신은 이 트롤리의 방향을 오른쪽으로 바꿀 수 있는 레일 변환기 옆에 서 있다. 당신이 트롤리의 방향을 오른쪽으로 바꾸면 오른쪽 철로에서 일하는 한 명의 노동자는 죽게 된다. 이러한 선택은 도덕적으로 허용될 수 있는가?

〈사례1〉 실험에서는 참가자들의 인종, 나이, 학력, 종교, 문화적 차이를 막론하고 85%의 참가자가 도덕적으로 허용할 수 있다고 답했다. 윤리적 행위의 목적을 '최대 다수의 최대 행복' 실현에 두는 **공리주의**에 입각한 선택이었다.

〈사례2〉 트롤리가 철길 위에서 일하고 있는 노동자 다섯 명을 향해 빠른 속도로 달려간다. 당신은 철길 위의 육교에서 이 상황을 바라보고 있다. 당신이 트롤리를 세우기 위해서는 큰 물건을 열차 앞에 던져야 한다. 마침 당신 앞에 몸집이 큰 사람이 난간에 기대 아래를 보고 있다. 당신이 트롤리를 세우기 위해서는 그 사람을 밀어야 한다. 떨어진 사람 때문에 트롤리가 멈추고, 철길에서 일하는 노동자 다섯 명의 목숨을 구할 수 있다. 이러한 선택은 도덕적으로 허용될 수 있는가?

이에 주디스 자비스 톰슨은 〈사례2〉 실험을 통해 공리주의적 사고의 상투성을 뒤집었다. 〈사례2〉 실험에서는 단지 12%의 참가자들만이 몸집이 큰 사람을 떨어뜨리는 것을 도덕적으로 허용할 수 있다고 답했다. 1명을 희생시키는 행위가 '레버'가 아닌 '손'으로 바뀌자 응답자들은 "내가 살인을 할 수는 없다"라며 다수의 생명을 포기했다.

두 실험 결과를 통해 알 수 있듯, 한 사람의 목숨을 희생해 다섯 사람의 목숨을 구하는 것은 두 사례 모두 같지만, 목적을 위해 수단과 방법을 정당화해서는 안 된다는 도덕 가치로 인해 이 같은 차이가 발생한다. 다수를 위해 소수를 희생하는 것이 때론 합리적으로 보일 수 있지만, 단순히 생명의 숫자를 기준으로 도덕적 판단을 내리긴 어렵다.

최근의 활성화된 뇌 과학의 연구는 트롤리 딜레마를 '**결정론적**' 시각에서 바라본다. 딜레마 상황에서 윤리적 결정을 할 때는 옳고 그름의 판단과는 별개로 뇌의 이성적 판단 중추와 정서적 판단 중추 중 활성화된 쪽을 선택할 가능성이 있다. 즉 〈사례 1, 2〉와 같은 '트롤리 딜레마'가 일어나는 원인은 각각의 상황에서 뇌의 다른 부분이 활성화됐기 때문이다. 뇌 과학에 따르면, 〈사례1〉에서는 응답자들의 합리적, 이성적인 의사결정에 관여하는 전전두엽 부위가 활성화됐고, 〈사례2〉에서는 편도체를 포함한 정서와 관계된 뇌 부위가 활성화됐다.

이렇듯 '트롤리 딜레마'는 옳고 그름에 대한 윤리적 판단과는 별개로 뇌의 이성적 판단 중추와 정서적 판단 중추 중 활성화된 쪽을 선택할 가능성이 크다는 사실을 알려 준다. 이와 같은 연구 결과는 인공지능 역시 마음의 기능화를 따라 특정 **알고리즘**으로 프로그래밍할 수 있는 길을 열어준다는 점에서 의미가 있다.

새로운 트롤리 딜레마

이제, 트롤리 딜레마를 인공지능을 탑재한 자율주행차에 적용해 보자. 아래 〈사례3〉은 '**터널 문제**'라고 불리는 사고 실험으로, 여기서 "자율주행차는 직진해야 하는가?, 아니면 진행 방향을 바꾸어야 하는가?", "자율주행차가 어떻게 반응할지는 대체 누가 결정해야 하는가?"의 물음이 제기된다.

> 〈사례3〉 자율주행 모드로 운행 중인 당신의 자동차가 1차선 터널에 진입하려는 순간, 갑자기 어린아이가 자동차 앞으로 뛰어들었다. 차가 아이를 피할 시간은 없다. 브레이크를 밟아도 아이와의 충돌은 피하기 어려워 보인다. 하지만 자동차의 진행 방향을 바꾸면 터널 벽으로 돌진하게 된다. 아이를 치고 터널로 진입하든가, 아니면 터널 입구 암벽에 차를 부딪쳐서 아이를 구하는 대신 당신은 죽거나 다쳐야 한다. 이때 자율주행차 운전자는 어떤 판단을 내려야 할까?

설문 조사 결과에 따르면, 자율주행차의 진행 방향을 바꾸지 않아 아이를 칠 수밖에 없다고 답한 사람들이 많았고, 이러한 결정은 운전자가 직접 내리거나 정책으로 수립되어야 한다고 답했다.

결과적으로 〈사례3〉은 도덕 판단 이전에 인간 본성으로서의 **자기 보호 본능**이 크게 작용한다는 사실을 알 수 있는데, 그 점에서 윤리 문제는 〈사례2〉의 결과처럼 선을 긋듯 명확하게 답하기 어렵다는 사실을 보여준다.

〈사례4〉 주인을 데리러 가기 위해 자율주행차가 무인 상태로 동작하고 있다. 이때 갑자기 다섯 명의 아이가 도로에 뛰어들었다. 당장 브레이크를 밟아도 사고를 피하기 어려운 상황이다. 아이들을 들이받지 않으려면 진행 방향을 바꾸어야만 한다. 하지만 왼쪽에는 콘크리트 벽이 있고, 오른쪽에는 세 명의 승객이 탄 자동차가 달려오고 있다. 이때 자율주행차는 어떤 판단을 내려야 하는가?

〈사례4〉의 '마중 문제' 사고 실험에서 자율주행차가 그대로 달리면 어린아이 다섯 명을 치게 되고 핸들을 오른쪽으로 꺾으면 세 명의 승객을 태운 자동차와 충돌하게 된다. 이 경우 자율주행차에는 어떤 알고리즘이 코딩돼 있어야 할까? 자율주행차는 다섯 명의 어린아이와 달려오는 자동차 사이에서 누구를 보호해야 할까?

〈사례1〉처럼 '공리주의'에 입각하여 선택함으로써, 당연히 핸들을 왼쪽으로 꺾는 판단을 하는 알고리즘이 다수의 공감을 얻을 것이다. 왼쪽으로 꺾으면 자동차는 박살이 나겠지만, 인간에게는 어떤 피해도 없을 것이기 때문이다. 실제 설문조사에서 대다수 사람(78%)이 다수인 다섯 명의 어린아이를 보호하는 것이 훨씬 더 윤리적이라고 답했다.

하지만 이 같은 판단은 지극히 **'인간중심주의'**를 따르는 생각으로, 인공지능을 인간과 동등한 행위 주체로 인정하지 않는 사고라 할 수 있다. 주행 중에 갑자기 전방에 사람이 뛰어들었을 때 콘크리트 벽으로 돌진하도록 알고리즘이 설정되어 있다면, 자율주행차는 자살을 강요당하는 것과 다를 바 없다.

반면 인공지능을 윤리적 행위 주체로 간주한다면, 인공지능은 인간중심주의에서 벗어나 자신의 **'자유의지'**를 따라 결정하려 들 것이고, 그렇게 되면 〈사례3〉의 설문 조사 결과와 같은 결정을 내리려고 들 것이다.

〈사례5〉 당신이 타고 가는 자율주행차의 브레이크가 고장이 났다. 그런데 앞쪽에는 길을 건너고 있는 많은 시민이 있었다. 이 경우, 만약 자율주행차의 알고리즘이 핸들을 그대로 유지하면 앞쪽에 있는 많은 사람이 죽는다. 만약 핸들을 틀어서 경로를 변경하면 앞쪽의 여러 사람은 살겠지만, 대신 탑승자인 당신은 죽는다. 이때, 자율주행차는 어떤 알고리즘으로 프로그래밍하는 것이 맞는가?

〈사례5〉는 '새로운 트롤리 딜레마' 사고 실험으로, 알고리즘이 사람 목숨에 직접적인 영향을 끼친다면 무엇을 기준으로 판단하게 해야 할지, 그런 판단을 알고리즘에 위임해도 되는지에 관한 질문이다. 자율주행차 개발자는 충돌 사고가 불가피한 상황에서 운전자와 보행자 목숨 중 무엇을 우선시해야 하는지와 같은 구체적 상황에서 선택해야 하기 때문이다.

여기에는 두 가지 선택지가 있다. 먼저, 인간 수준의 인공지능을 탑재한 자율주행차가 핸들을 틀어 경로를 변경하지는 않을 것이다. 톰슨이 주장하듯 윤리가 '**자기희생**'을 요구할 수는 없다는 생각으로, 인공지능이 프로그래밍 된 알고리즘에 역행하여 자기 보호 본능을 발휘하려 들 것이기 때문이다.

그렇다고 자율주행차가 핸들을 그대로 유지하려 들지도 않을 것이다. 만약 당신이 인간중심주의 입장에서 로봇은 인간의 **도구**나 **수단**에 불과하다고 생각한다면, 그렇게 행하도록 알고리즘이 프로그래밍 될 것이기 때문이다.

이처럼 트롤리 문제는 어느 쪽을 선택해도 반론이 나올 수밖에 없는 답이 없는 문제라 할 수 있다. "자율주행차는 어떤 알고리즘으로 프로그래밍하는 것이 맞는가?"는 결국 "자율주행차에 희생을 요구하는 일이 윤리적으로 허용 가능한가?"의 논의부터 다시 생각해야 한다는 사실을 새로운 트롤리 딜레마는 일깨운다.

초감시 사회 / 브루스 슈나이어

: 안전을 위한 보안 시스템이 역으로 불안전한 초감시 사회를 초래한다.

4차 산업의 발달로 정보통신 및 인공지능 기술이 갈수록 고도화되면서, 정부 차원의 개인에 대한 정보수집 및 사회감시 활동 범위와 영역이 급속도로 확장하고 있다. 현대 디지털 감시 기술은 인공지능 기술이 접목된 지능형 CCTV, 빅데이터와 사물인터넷을 이용한 실시간 도시 관리 시스템인 스마트시티, 안면인식 기술과 빅데이터 분석을 통한 범죄예방 알고리즘, 클라우드 컴퓨팅 기반의 원격 감시 시스템에 이르기까지 다양하다.

현대 국가의 감시체계는 예전의 '파놉티콘'형 빅브라더스 방식이 아니라, 사방에 구축된 '**유비쿼터스**'형 감시 기기를 활용하여 인구 전체를 한꺼번에 무작위로 관찰하는 '**리틀 브라더스**' 형태다. 그에 따라 데이터의 실시간 표집 전송이 가능해지면서, 오늘날의 감시체계는 인구 전체를 대상으로 한 예방감시, 예측감시, 표적 감시를 포괄하는 형태로 급속히 전환되고 있다.

눈부시게 발전하는 스마트폰과 빅데이터 기술은 이제 사람들의 사생활 속으로 그 활동 영역을 급속히 침범해 들어가고 있다. 우리의 일거수일투족은 우리가 의식하지 못하는 사이에 찍히고 분석되고 있다. 인공지능 기술의 발달과 알고리즘의 고도화는 더욱 큰 규모로 프라이버시를 침해할 수 있다. 기계가 모든 사람을 감시하고 실시간으로 분석하는 '**초감시 사회**', 이른바 빅데이터에 의한 감시 사회가 도래한 것이다.

최근 인공지능이 디지털 감시 관련 기술로 사용되면서, 그와 관련한 다양한 **윤리 문제**가 사회적으로 이슈화되고 있다. 인공지능 알고리즘의 조작 가능성에서 오는 신뢰성 문제, 수집한 개인 정보의 오·남용에 따른 **프라이버시 침해**, 특히 중국이 영상 감시 분야 세계 1위 국가로 부상하는 과정에서 보여준 수많은 **인권침해** 사례는, 알고리즘과 감시가 주는 안락함 속 과연 우리는 어떻게 살아야 하는가의 질문을 던진다.

미국의 저명한 암호학자이자 컴퓨터 보안 전문가인 브루스 슈나이어는 저서 『당신은 데이터의 주인이 아니다』에서, 스마트폰을 안고 자는 이 시대의 사람들에게 데이터 감시의 위험성을 경고했다. "정보화 시대에 데이터는 배기가스와도 같아서, 정부나 기업은 뿜어져 나오는 데이터를 차곡차곡 쌓아뒀다가 필요하면 언제든 마음대로 꺼내 쓴다."라면서, 사람들이 편리함과 안전을 얻는 대가로 프라이버시를 자발적으로 양보했다고 주장했다.

슈나이어는 인간의 선의를 기본 전제에 깔고서 오래도록 답습하고 있는 현행 사회 시스템으로는 '빅브라더'가 초래하는 현대화된 위협과 위험에 대처할 수 없다고 지적했다. 컴퓨터와 스마트폰을 통해 생산되고 인터넷으로 유통되는 방대한 데이터는, 이것을 활용하여 이익을 추구하려 드는 기업 및 이들과 손잡은 정치 권력에 의해 무차별 감시 도구로 전환된다. 데이터 활용 정보를 통해 권력이 우리의 일거수일투족을 꿰뚫고 가까운 미래의 행동까지 정확하게 예측하는 세상에서, 우리는 아무 잘못이 없더라도 데이터 지배 권력에 의해 끔찍한 학대를 당하고 만다.

그렇다면 어떻게 할 것인가? 슈나이어는 데이터 보안과 개인 프라이버시는 어느 일방을 위해 한쪽이 희생해야 하는 대립 관계가 아니라 '같은 편'이라는 사실을 깨달아야 한다고 강조했다. 이를 위해서는 먼저, 수집된 데이터를 사회 전체에 이익이 되도록 이용하면서도 개인의 프라이버시를 보호할 수 있도록 시스템을 설계할 필요가 있다. 데이터 프라이버시를 기본 인권으로 인정하고, 데이터의 수집과 오용을 경계하는 한편, 안전과 안보를 빌미로 자행되는 정부의 대량감시 체제를 감시 및 제한할 수 있도록 보안 관련 법적·제도적 개선안을 마련하고, 기업이 빅데이터로 이익을 창출하면서도 데이터의 수집을 최소화하는 합리적인 규제 방안을 마련해야 한다. 무엇보다, 인공지능 윤리와 관련한 제도와 지침 마련이 시급하다.

제 **6** 장

21세기 사상의 새로운 흐름 5
인류세의 철학

인류세란 무엇인가

인류세와 지속 가능한 성장

21세기 사상의 새로운 흐름 5 - 인류세의 철학

인류세란 무엇인가 │ 인간이 만든 새로운 지질 시대

지질학에서는 암석 기록에 근거하여 지질 시대를 세분한다. 지질 시대의 단위로는 '누대, 대, 기, 세, 절'이 있는데, 지구의 지질연대를 주관하는 국제층서위원회(International Commission on Stratigraphy, ICS)는 안정된 기후 조건에서 인류가 번성하기 시작한 1만 2천 년 전부터 현대까지를 '홀로세'로 구분하고 있다.

인류가 지구 기후와 생태계를 변화시켜 만들어진 새로운 지질 시대를 뜻하는 인류세(人類世)라는 용어는 1980년대에 처음 등장했지만, 이 용어를 본격적으로 공론화시킨 사람은 독일의 저명한 대기화학자로 노벨 화학상 수상자인 파울 크뤼천 교수다.

크뤼천은 2000년 열린 한 과학 회의에서 지질 및 생태에 끼치는 인류의 역할을 강조하기 위해 현재의 지질 시대를 **'인류세(Anthropocene, 인간世)'**로 부를 것을 주장했다. 18세기 후반 산업 혁명으로 오존층에 구멍이 나면서 발생한 환경 위기를 강조하자는 취지에서, 새로운 지질연대인 인류세를 홀로세 다음의 지질 시대로 설정할 것을 제안했다.

인류세는 인간의 활동으로 지구 시스템에 균열이 일어나고 있음을 경고한 것으로, 이후 인문사회계와 문화예술계 등의 분야로 담론을 확장해왔다. 인류세가 이 시대를 설명하는 대표적인 용어가 된 것이다. 오늘날 인류세는 인간의 무분별한 산업활동에 의해 지구 환경이 크게 나빠졌음을 강조하는 용어로 자리 잡아가고 있다.

인류세는 너무나 강력해진 나머지 자기 자신을 포함한 지구 전체의 운명을 좌지우지하는 힘을 갖게 된 한 생물종이 지배하는 시대다. 썩지 않는 플라스틱 쓰레기와 연간 수백억 마리가 도축되는 닭의 뼈로 뒤덮이는 지구는, 온실가스가 일으

킨 지구 온난화로 폭염·태풍 등 기후 재난의 규모와 빈도가 기하급수적으로 증가하고 있다. 그 일례로 '코로나19'로 인류세가 역습당하고 있는 최근의 현상은 인류가 생태계를 침범한 대가라고 할 수 있다. '신종 코로나'는 따지고 보면 신자유주의와 자본주의의 전 지구적인 얽힘과 확산으로 대유행한 것으로, 그래서 인류세가 아니라 **'자본세'**로 명명해야 한다는 주장도 있다.

미국의 환경사학자이자 역사지리학자인 제이슨 무어는 지구 생태계에 돌이킬 수 없는 파멸을 가져오고 있는 주범으로 '자본'의 무서운 힘을 지적하면서, '자본세(Capitalocene)'라는 용어를 새롭게 제안했다. 무어는, 기후 변화와 지질학적 및 생태학적으로 엄청난 변화를 초래하고 있는 것은 추상적인 '인류'가 아니라, 인류가 만들어낸 자본주의와 그 안에서 이윤을 위해서라면 무엇이든 하고 마는 강력한 힘인 '자본'이라고 주장했다.

녹색 전환이 답이다

크뤼천은 코로나 팬데믹의 상황에서 방역 국가의 역할과 인간·생태 안보 이슈의 중요성을 역설했다. 그는 코로나 팬데믹으로 국가의 역할이 높아지는 상황에서, 위기 상황에 대한 국가의 대처는 **'인권'**이 기준이 되어야 한다는 점을 강조했다. 또 단일 국가의 영토에 국한된 국가 안보의 개념은 '인간의 생명과 생존권을 추구하는 인간 안보'와 더불어, '인간과 자연의 상호의존적 관계 속에서 공생적 발전을 의미하는 **생태 안보**'로 전환되어야 한다고 주장했다.

크뤼천은 지구 평균 기온의 상승과 관련해서도 일침을 가했다. "지구 온난화는 시속 100km로 달리던 차가 갑자기 이상해져서 시속 2,000km 이상으로 질주하는 것과 비슷한 상황"이라고 표현했다. 그만큼 지구의 생태를 심각한 위기로 인식한다는 의미다. 그래서 그는 인간과 자연 간 관계에서 '지속 가능한 발전' 이상의 절제와 배려를 지니자는 **'녹색 전환'**을 일관되게 강조했다.

녹색 전환은 지구적 규모로 강화되고 있는 생태 위기를 직시하고 정치·경제·사회·문화·환경 등 모든 면에서 자연과 공생하는 방향을 지향한다. 인류가 녹색 전환을 무시하는 행동을 축적해나갈 때 '신종 코로나'보다 더 센 저항을 만나는 것은 필연적이라 할 수 있다. 가까운 미래의 일상생활에서 과연 깨끗한 공기를 마실 수 있느냐, 아니면 화생방용 방독면을 써야 하는 재앙을 초래하느냐는 인류의 선택에 달렸다.

현재 들어 인류세는 점점 더 많은 발언과 지면을 통해 언급되고 있다. 무시무시한 신종 전염병에 속수무책으로 당할 때, 장마가 끝나지 않을 때, 전에 본 적 없던 규모의 허리케인이 닥칠 때, 산불이 가라앉지 않을 때, 사람들은 이제 '인류세'를 말한다. 인류세를 두고 **'인간 자살'**이라고 하는 이유가 여기 있다.

인류세와 지속 가능한 생존 | 인간과 비인간 존재가 공생하는 방법적 모색

오늘날, 인류세라는 새로운 시대 구분이 우리에게 의미하는 바가 무엇인가? 과학철학자 브루노 라투르는 인류세의 위기를 설명하기 위해 **'가이아'** 개념을 꺼내들었다. 라투르는 가이아를 지구를 보살피는 자애로운 대지의 여신으로 보지 않고, 인간이 통제할 수 없는 광포하고 잔인한 힘으로 묘사했다. 인간의 무분별한 활동이 지구의 항상성을 회복 불가능한 정도까지 몰고 가는 순간, 무자비한 가이아가 깨어나 인류를 파국으로 몰고 간다는 것으로, 그 중심에 환경 파괴로 인한 기후 온난화 위기가 있다.

인류세는 인류에 의해 초래된 것이지만, 그렇더라도 그 결과는 인간이 의도했던 것이 결코 아니다. 인류세에 일어나는 변화를 인간의 힘으로 통제하기란 불가능하다. 인류세는 인류가 이전에 한 번도 경험해보지 못한, 완전히 새로운 미지의 영역으로 들어가는 문턱을 넘어섰음을 의미한다. 오늘날 인류세는 무분별한 탐욕과 방종으로 지구 환경을 파괴하고 있는 인류에게 뼈를 깎는 반성을 촉구하는 암울한 종말론적 경고의 메시지가 되어버린 것이다.

어떻게 해야 할까? 인류세는 인간이 지금까지 무시하고 제외했던 비인간 존재들의 **'행위성'**을 재조명한다. 이제 비인간 존재들은 인간의 뜻대로 움직일 수 있는 수동적인 대상이 아니라 그 자체로 행위성을 갖는 자율적 존재다. 이러한 비인간 행위자들에 대한 인식은 인간을 예외적이고 특권적인 존재로 보는 인간 중심적 사고에서 벗어날 것을 요구한다. 비인간 존재는 단순히 인간의 필요에 따라 이용 가능한 자원이 아니라, 인간과 똑같이 지구촌 구성원으로서의 각자 삶을 영위하는 **행위 주체**다.

인류세의 인간 존재에 대한 새로운 인식은 인간이 비인간 존재들과 환경과의 '상호 관계' 속에서 존재한다는 **생태학적 사고**를 바탕으로 한다. 그 핵심은 인간은 모든 비인간 존재들과 연결되어 운명을 함께 하는 존재임을 깨닫는 것이다. 인간과 비인간은 지구라는 생태계에서 공진화하는 존재로서, 각자는 개체적 존재가 아니라 관계적 존재인 것이다. 비인간 사물인 자연 생태계가 건강하지 않으면 인간도 건강할 수 없기 때문이다.

그러므로 인류세는 인간이 비인간 존재인 자연과 무관한 사회 속에서 살아온 것이 아니라, 줄곧 지구의 물질적 조건 위에서 삶을 영위해 왔다는 사실을 자각하게끔 한다. 라투르는 인류세의 인간 조건을 '지구에 묶인 자'라고 표현하면서, 우리에게는 지금 '지구에 묶인 자'로서 인류세에서 살아갈 준비를 할지, 아니면 홀로세의 인간으로 남을 것인지 두 가지 선택이 놓여 있다고 보았다.

인류세는 지질 시대의 마지막을 장식할 것인가, 아니면 인류가 자초한 재앙을 막을 최후의 보루가 될 것인가의 물음을 놓고서, 미국 메릴랜드대 지리 및 환경시스템학과 얼 C. 엘리스 교수는 이렇게 말했다. "인류세의 이야기는 이제 막 시작되었을 뿐이다. 우리에게는 앞으로 수백만 년 동안 비인간 자연과 인간이 함께 번영하는 미래를 만들 시간이 아직 남아있다."

이러한 생각을 바탕으로, 인류세는 자연을 인간의 소유물로 보는 근대적 믿음을 반성하고, 이 지구에서 인류가 앞으로 어떻게 계속 살아갈 것인지에 대한 새로운 방법을 모색할 것을 요구한다. 이는 인간과 지구의 미래에 대한 과학적 숙고와 함께, 윤리적·철학적인 반성과 고찰, 그리고 이에 기반한 정치적 결단과 실천을 요구한다.

이런 이유로, 인류세의 문제들은 과학·기술은 물론이고 철학·문학·예술을 망라하는 거의 모든 분야에서 가장 중요한 핵심 키워드가 되고 있다. 그와 더불어 인류세의 위기를 초래한 인류에게 요청되는 새로운 '**윤리적 책임**'에 대한 성찰로 이끈다. 인류세는 지금 여기, 이 순간에도 진화 중인 새로운 패러다임으로, 기존 과학은 물론이고 관련한 모든 학문과 사상을 재정립할 것을 요구하고 있다.

팬데믹 이후의 상호의존적 세계/ 주디스 버틀러

: 인간은 '숨'으로 연결된 존재다.

　우리 시대 가장 영향력 있는 철학자로 불리는 주디스 버틀러는 저서 『지금은 대체 어떤 세계인가』에서 신종 코로나바이러스로 혼란에 빠진 세계를 분석해 들어갔다. 새로운 실재론에서 중요하게 다루는 개념인 '상호의존성'과 '관계성'을 윤리학적 주제로 하되, 이에 더해 현상학 개념을 도입하여 팬데믹의 비극을 진단했다. 그러면서 앞으로 우리가 구축해야 할 세계상을 모색했다.

　버틀러는 불평등이라는 세계의 특질이 팬데믹이라는 사건을 통해 노골적으로 드러났다고 주장했다. 코로나는 개발도상국, 유색인종, 저소득층 등 취약 집단을 가장 먼저 공격하며 자본과 권력의 민낯을 드러낸 것이기에, 팬데믹을 전 지구적인 것으로서 인식하는 것은 곧 '불평등'에 맞서는 것을 의미한다고 보았다.

　버틀러는 국경과 면역체계를 넘나들며 전파되는 바이러스가 역설적으로 우리가 서로 연결되어 있음을 보여주었다는 사실을 예리하게 포착했다. 그리고 이를 단서로 팬데믹의 비극을 '살 만한 삶'에 대한 철학적 성찰의 계기로 전환해야 한다고 주장했다. 단순히 불평등이라는 잣대로 인간의 삶을 구획 지을 순 없다면서, 인간은 공기로 숨을 쉬는 '연결된 존재'이기 때문에 들숨과 날숨이라는 호흡이 가진 두 가지 차원과 관련된 위험성에서도 우리는 자유로워질 수 없다고 단언했다.

　버틀러는 국경과 면역체계를 넘나들며 전파되는 바이러스가 역설적으로 인간의 **상호의존성**을 보여준다고 주장했다. 나아가 프랑스 철학자 메를로 퐁티의 '상호 엮임' 개념을 끌어와, "이 행성에 함께 사는 유기체로서 우리는 서로 엮여 있고, 영향을 주고받으며 서로를 구성한다."라고 강조했다. 이 같은 '상호 엮임'은 인간과 자연의 관계에도 성립한다고 보면서, "너무도 쉽게 생명을, 생명체들을, 그리고 서식 및 생활환경을 폐기해버리는 권력들에 맞서는 **투쟁**"이 필요하다고 강조했다.

기후위기와 인류세/ 디페시 차크라바르티
: 인류세 시대 인간 조건에 대한 새로운 성찰

인도 출신의 역사가 차크라바르티는 2003년 오스트레일리아 산불로 인해 수많은 사람이 목숨을 잃고 비인간 사물의 존재가 사라지는 것을 지켜보면서 '심원한 역사적 변화'에 휘말렸다. 그리고 그때까지 역사학을 지배해 온 주제인 권리, 근대성과 자유, 민주적인 세계로의 이행 같은 화두에서 기후위기로 관심의 방향을 틀었다.

차크라바르티는 저서 『행성 시대 역사의 기후』에서 현대 인류가 직면한 기후 변화 문제를 역사 연구와 결합했다. 그는 인간 중심의 '지구화化' 역사, 즉 지구를 인간 중심의 생태계로 만들어온 역사적 과정의 고찰만으로는 오늘날의 기후 및 환경 변화로 인해 발생하는 여러 문제와 그 복잡성을 이해할 수 없다고 보았다. 기후 및 환경 변화는 인류 역사가 우리 행성(지구)의 역사와 어떻게 연결되어 있는지 너무도 분명히 보여주었기에, 역사가들은 더는 인간 중심의 사고에 사로잡혀 물질적 현실과 비인간 존재의 세계를 무시해서는 안 된다고 생각했다.

차크라바르티는 행성의 역사와 인류의 역사 간 서로 다른 시간성에 관해 탐구하면서 '인간의 조건'을 새롭게 성찰하고자 시도했다. 일반적으로 행성의 역사와 인류 역사는 전혀 상관이 없는 별개의 것으로 다루어진다. 하지만 차크라바르티는 **기후 변화** 문제에서는 서로 다른 시간성이 결합한다고 주장하면서, 그 시간성이 역사와 인간 그리고 정치를 바라보는 틀에 어떤 영향을 미치는지 숙고했다.

이를 위해 차크라바르티가 가장 먼저 강조한 것은 지구와 행성의 구별로, 이를 '지구 온난화'와 '지구화'에서 '지구'의 의미는 서로 다르다는 예를 들어 설명했다. '지구화'에서의 '지구'는 **인간 중심적 구조**를 가리킨다. 지구화의 역사는 인간이 탐험과 정복 및 기술을 통해 지구에 대한 감각을 만들어낸 역사로, 지구가 인간과 인간 사이의 관계망으로 축소된 역사이다. 반면 '지구 온난화'에서 '지구'는 **대지 시스템**으로서의 행성을 의미한다. 행성은 인간을 탈중심화하며, 따라서 인간은 수많은 생명체 가운데 하나의 '종(種)'에 지나지 않는다.

여기서 우리가 주목해야 할 것은 **'행성'** 차원이다. 차크라바르티에 따르면, 팬데믹이나 기상 이변, 생물 다양성의 상실 등은 행성의 관점에서 바라보아야 하는 문제이다. 그런데도 인류는 이를 인간 중심적인 방향에서만 이해하려 들었고, 그 결과 기후위기는 지속가능성과 불평등의 문제로 축소됐다고 보았다. 이것은 우리의 행성 차원에서 무언가가 잘못되고 있고 그것이 인간의 행동과 관련 있음을 드러낸다. 오늘날 인류의 가장 커다란 위협으로 떠오른 기후위기는 문명을 통해 강력해진 인간의 힘이 대지 시스템을 구성하는 행성의 일부인 지구 전체를 교란한 결과이다.

차크라바르티에 따르면, 지구상의 인간 생존 조건을 위기에 몰아넣고 있는 새로운 지질학적 시대, 즉 **'인류세'**는 전적으로 인간이 초래한 것이다. 그런데도 기후위기는 인간 중심적 사고를 따라 지속가능성과 인간 불평등의 문제로 다루어지고, 관련 담론은 인간 중심적 세계관에 머물러 있다고 지적했다.

따라서 지금의 인류세 시대를 성찰하기 위해서는 우리 자신을 두 가지 관점, 즉 '행성적'인 것과 '지구적'인 것에서 **'동시에'** 바라볼 필요가 있다고 보았다. 인류의 역사와 지구의 자연사는 서로 하나로 얽혀 있으며, 인간 세계와 비인간 세계는 대지 시스템의 거대한 역사적 과정과 내적으로 밀접하게 연관되어 있기에, 행성 중심의 사유를 따라 인간과 비인간 사물이 **'공존 및 상생'**하는 방향으로 나아가야 한다고 보았다.

이를 위해 차크라바르티는 인간중심주의 사고에 대한 반성을 촉구하고, 이 지구에서 앞으로도 인류가 계속 살아갈 수 있는 새로운 방법을 모색할 것을 요구했다. '인류세'에 요구되는 인간과 지구의 미래에 대한 과학적인 파악, 윤리적·철학적 반성과 고찰, 그리고 그에 기반을 둔 정치적 실천의 필요성을 촉구했다.

자연 없는 생태학/ 티모시 모튼
: 존재한다는 것은 항상 공존하는 것이다.

영국의 생태학자 티모시 모튼은 지구 온난화, 자본주의, 인류세라는 흥미로운 주제를 생태학적 사유라는 새로운 시각에서 파헤쳐 나갔다. 인간과 비인간, 존재와 사물, 주체와 객체, 유기체와 무기체 간의 경계가 점점 더 모호해지고 또 불확실해지고 있는 오늘날, 인간을 인간답게 만드는 것은 무엇인지를 근본적인 시각에서 되물었다.

모튼은 인간과 자연을 이분법적 대립 구도로 설정하는 근대적 세계관을 비판하면서, '인간과 비인간적 존재의 **연대**'를 통해 새로운 세계를 재구성하고자 했다. 모튼은 무한에 가까운 사물(객체)의 가능성을 인정하는 '**객체 지향 존재론**'의 입장에서 '인간'이란 단어보다는 종의 개념인 '**인류**'라는 용어를 사용하면서, 자연과 대비되는 인간이 아닌, 자연과 더불어 공존·공생하는 '**실재**'로서의 인류에 대해 숙고했다.

인간중심주의 사고는 인간이 포식자의 가장 우위에 있음을 정당화함으로써, 인간 행위가 수많은 비인간 존재를 죽이고 결국에는 자신도 죽이는 상황을 맞닥뜨렸다. 이에 모튼은 인류세 시대에 인간과 비인간의 관계를 어떻게 설정하고 또 어떻게 공존할지를 물으면서, 인간이 다른 종보다 우위에 서려고 들기보다는 무수히 다양한 종 가운데 하나인 인류의 일원으로서 비인간적 존재와 관계 맺기를 해야 한다고 주장했다.

모튼은 인간과 비인간 존재의 바람직한 관계 맺기의 대표적인 실패 사례로 '지구 온난화'를 들었다. 그는 지구 온난화를 인류가 가늠할 수 없는 대상·물질·존재를 뜻하는 '**초월적 객체(hyper-objects)**'의 일종이라고 보았다.

모튼이 '객체 지향 존재론'의 맥락에서 사용한 '초월적 객체' 개념은 시공간에 걸쳐 광대하게 퍼져 있는 사물, 그래서 도무지 인간의 지각으로는 그 정확한 실체조차 파악할 수 없는 사물을 의미한다. 지구 위에 퍼진 우라늄, 스티로폼이나 플라스틱 백 같은 초미세 물질은 물론이고 자본주의 모순 체계나 지구 온난화 같은 초월적 현상 역시 초월적 객체라고 칭할 수 있다.

따라서 인간에게 초월적 객체는 마치 외계인처럼 **'낯설고 낯선 존재'**로 느껴질 수밖에 없다. 인간은 초월적 객체가 존재한다는 것을 알지만, 그것의 '초월성'은 인간의 통제를 불가능하게 한다. 인간은 원자력 같은 초월적 객체를 만들어내기도 하고 또 자본주의 체계처럼 그 안에서 살아가지만, 그것을 제대로 통제할 수 없다. 초월적 객체 개념은 합리성과 이성에 바탕을 둔 근대적 사유 체계 바깥에 존재하기 때문이다.

초월적 객체는 인간이 결국 수많은 '물체들(objects)' 가운데 하나이며, 물체들과의 **'관계'** 속에서만 인간일 수밖에 없는 존재임을 드러낸다. 초월적 객체가 인간 삶을 지배하는 시대에 인간은 더는 세계를 이끄는 주체가 아니며, 인간의 역사는 부분적 역사일 뿐이다. 인류가 모두 멸종해도 지구에는 여전히 초월적 객체가 존재할 것이기에, 현대의 재난은 인간이 '초월적 객체의 존재를 무시할 때 일어나는 비극적인 재난'이라고 부를 수 있다. 눈앞에 두고도 보거나 느끼지 못했을 뿐, 오늘날의 우리의 일상은 초월적 객체에 둘러싸여 있는 것이다.

기존의 인간 중심적인 사유가 더는 가능하지 않은 이유가 이 때문으로, 모튼은 진정한 생태학적 전환을 이루려면 '자연' 개념 자체를 폐기해야 한다고 주장했다. 인간 중심의 시각에서 자연을 인간과 분리된 대상으로 바라보는 태도가 생태 환경에 얼마나 큰 걸림돌인지를 지적하면서, **'자연 없는 생태학'**을 제안했다.

자연 없는 생태학은 인간은 **'인간—아닌—것'** 속에 있기에 세상은 인간의 것이 아니며, 인간은 그 속에서만 살아갈 수 있다는 사실을 역설적으로 설명한다. 자연 없는 생태학은 우리에게 인간 중심적인 모든 담론체계를 해체하고, 그로부터 기존의 인간이 아닌 다른 존재(포스트 휴먼)로 탈바꿈할 것을 명령한다.

인류세에서 죽음을 배우다/ 로이 스크랜턴
: 문명의 종말에 대한 성찰

미국의 칼럼니스트 로이 스크랜턴은 저서 『인류세에서 죽음을 배우다』에서 기후 변화 문제에 대한 문제의식을 자신만의 독특한 시각으로 펼쳐냈다. 스크랜턴은 인류세의 가장 큰 특징으로 자연환경 파괴를 들면서, '기후위기'가 얼마나 심각한 수준인지를 보기 드물게 정직한 태도로 설명했다.

이라크 전쟁 참전 군인이었던 스크랜턴은 2003년 바그다드에서 '세상의 종말'을 보았다고 기억했다. 군에서 나와 파괴된 세계에서 완전히 빠져나왔다고 생각했을 때, 스크랜턴은 미국 뉴올리언스를 강타한 허리케인을 보며 똑같은 성격의 혼돈과 공포, 무정부 상태를 목격했다.

스크랜턴에 따르면, 세상의 종말을 예고하는 냉혹한 미래의 정체는 바로 회복 불가능할 정도의 강한 충격으로 인해 작동을 멈춘 문명 시스템으로, 전 지구적으로 닥쳐온 기후 변화가 바로 그 '거대한 충격'이라고 주장했다. 우리가 쓰는 탄소는 지구 온도를 올리고 빙하를 녹이며, 그 영향으로 기후위기가 발생하고 서서히 사람들은 살 공간을 잃는다.

그렇기에 기후위기는 한순간의 멸망이 아니라 고통스러운 질병이다. 약자부터 서서히 죽음에 가까워지는 고통스러운 병이다. 스크랜턴은 "이미 기후 변화는 인간이 걷잡을 수 없을 만큼 진행됐고, 인간은 발전을 포기하고 기후를 되돌릴 생각이 없다."라면서, 결국 문명의 종말이 올 것이라고 단언했다.

스크랜턴은 우리가 기후위기를 해결하고 문명과 인류를 이어갈 확률이 희박하다는 사실을 냉정하게 직시하면서, 인류세의 시대를 살아가기 위해서는 '죽는 법을 배워야 한다.'라고 강조했다. 인류가 지구 기후와 생태계를 변화시켜 만들어진 새로운 지질 시대인 '인류세'에서 사는 법을 알고 싶다면, 죽는 법을 배워야 한다고 주장했다. 우리는 뒤에 올 사람들을 위해 삶에 대한 책임감을 느끼고 품위 있게 살아야 하는데, 그 길은 죽는 법을 배우는 데 있다고 보았다.

이것은 막연하고 긍정적인 낙관론도 아니고, 결국에는 모든 것이 사라질 것이라는 비관론도 아니다. 인간의 역사를 읽고 고민과 질문을 거듭한 하나의 답이다. 호모 사피엔스에서 시작한 인류는 시간의 기억이며 세포의 발견으로, 이제 우리는 그 원류를 이해하고 기억하고 확장하며, 문명의 종말을 맞이해야 한다. 그것이 기후위기의 시대에서 인간이 사는 법을 배우는 과정이기 때문이다. 죽음 직전에 주변을 정리하듯, 우리는 지금 살아서 **'버려야만'** 한다. 인류세 시대에 제대로 죽는 법을 배우는 것이 우리가 함께 살아남을 수 있는 유일한 희망이기 때문이다.

그러므로 죽는 법을 배우기 위해서는, 우리 앞에 놓인 험난한 미래에 가능한 한 품위 있게 대처하도록 우리를 도와줄 **'재창조된 휴머니즘'**이 필요하다. 스크랜턴은 "이제 인간에게 필요한 것은 죽는 법을 배우는 것이다. 죽음은 지구에 살아가는 개인으로서의 죽음도 있지만, 문명을 만든 인간으로서의 죽음을 포함한다."라면서, "우리는 기억과 역사와 철학을 남기고 죽는 법을 배워야 한다."라고 역설했다.

지속 불가능한 자본주의/ 사이토 고헤이
: 지속 가능한 성장은 없다.

사이토 고헤이 일본 도쿄대 종합문화연구과 교수는 해외 마르크스 연구자 중 가장 주목받는 청년 학자다. 저서『지속 불가능 자본주의』는 기후위기 시대에 마르크스의 탈자본주의 이론에 대한 획기적인 해석을 제시했다는 평가를 받고 있다.

사이토는 지난 수백 년간 세계 경제의 성장을 이끌었던 **'자본주의'**가 추구해온 성장지상주의 때문에 인류와 지구 생태계가 존폐 위기에 몰렸다고 주장했다. 오늘날의 환경 위기, 식량난과 주거난, 양극화는 끊임없는 자기 증식을 꾀하는 자본주의가 그 효력을 다했기 때문이다.

자본주의가 너무나도 오랫동안 경제적 불평등과 환경 파괴라는 **'실패'**를 불러왔음에도, 경제 성장을 포기하지 못하는 정부와 기업이 별다른 효과가 없는 정책으로 알리바이 공작을 펼치고 있다면서 신랄하게 비판했다. 국제사회가 미래지향적인 경제 모델로 삼은 녹색 성장과 지속 가능한 발전은 발전은커녕 오히려 후퇴를 불러올 뿐이라고 주장했다. 그러면서 왜 아무도 포스트 자본주의에 대해서는 말을 하지 않는지, 사람들은 왜 지금보다 나은 미래를 그리는 능력을 상실한 것인지 의문을 제기했다.

사이토에 따르면 오늘날 환경재앙의 원인은 자본주의에 **'내재한'** 모순에서 비롯된다. 선진국의 진보적 시민들이 벌이는 비닐봉지 안 쓰기, 페트병 사용 안 하기에 대해 냉소적인 태도를 보이면서, '당신의 그런 선의만으로는 무의미할 뿐'이라고 잘라 말했다. 에코백 사용처럼 친환경적인 태도를 취하고는 '우리는 무언가를 했다'라며 만족하는 것은 자본주의 시스템 자체에 문제가 있음을 망각하는 것이라고 주장했다. 그리고 그러한 작은 실천으로 세상을 바꿀 시기는 지났다고 보면서, 이제 **생태주의 사회 혁명**이 일어나야 한다고 주장했다.

사이토는 생태주의 사회 혁명의 사상적 기초를 마르크스에게서 찾았다. 마르크스는 생태주의 문제를 전혀 다른 차원에서 접근했다. 마르크스는 자본주의 생산 체계는 다른 사회 체제와는 구별된다고 보았다. 이 점이 중요한 이유는 마르크스 시대에도, 그리고 오늘날에도 지배자들은 '자본주의는 인류 역사의 보편적 흐름이 정점에 달한 것'이라 주장하기 때문이다.

마르크스의 관점에서 생각할 때, 자본주의 생산의 특수성에 주목할 필요가 있다. 자본주의에서는 상품의 유용성 자체보다 판매를 통한 이윤 획득이 더 중요하다. 다시 말해, 생산의 목적은 교환 가치에 맞춰지고, 사용가치는 이를 돕는 수단에 불과하다.

이런 이유로, 자본주의 생산은 맹목적이고 무계획적이고 무제한적이다. 더욱이 개별 자본의 생존은 축적 경쟁에 따라 판가름 나고, 경쟁에서 밀려난 자본은 자신의 자원을 잃고 파산한다. 그 결과, 자본주의에서 생산력은 크게 발전하지만, 그와 동시에 부조리도 엄청나다. 이를테면 지독한 낭비와 과잉생산, 불평등, 환경 파괴적 기술은 기후 운동이 중요하게 주목을 해야 하는 **자본주의가 낳은 부조리**로, 이를 극복하기 위해서는 사회주의 혁명밖에 없다고 강조했다.

사이토는, 자본주의 모순은 혁명을 통해 극복할 수 있듯, 현실적인 위기를 끊임없이 상기하기 위해서라도 급진적인 변화가 필요하다고 보았다. 그러면서 '탈성장' 사회로 넘어가는 것만이 더 공정하고 지속 가능한 미래를 만들 수 있는 유일한 방법이라고 생각했다. 특히 기후 변화에 대응하는 탈(脫) 탄소 사회를 이루기 위해 지금 경제에 필요한 것은 '규모 축소' 및 '속도 둔화', 즉 **'탈성장'**이라고 강조했다.

사이토는 오늘날의 기후 환경 위기를 극복하기 위해서는 자본주의를 벗어나 '탈성장'을 이뤄야 한다고 강조하면서, 이를 위해 "근본적인 현재 상황, 우리가 가진 기본적인 철학에 도전을 가해야 한다."라고 주장했다. 이 도전은 '지구는 유한하고 무한한 성장은 불가능하다.'는 사실을 받아들이는 것부터 시작되며 "인간의 욕구를 충족하는 데 있어 성장을 필요로 하지 않는 경제 모델로 전환을 해야 한다."라고 결론 내렸다.

인간 이후의 철학/ 시노하라 마사타케

: 지구는 인간에게 호의를 베푼 것이 아니다.

『인류세의 철학』의 저자 시노하라 마사타케는 2011년의 동일본 대지진과 그로 말미암은 후쿠시마 원전 사고 이후 펼쳐진 엄청난 사회 변화를 경험하면서, '인간의 생존 조건'이 파괴된 폐허지 위에는 무엇이 남게 되는지를 숙고했다.

시노하라는 인간이 만든 인공세계, 즉 인간의 생존 조건이 자연에 의해 어이없이 무너지는 것을 지켜보면서, 인간은 자연을 대하는 태도를 바꾸지 않으면 안 된다고 결론 내렸다. 현재 지구상에는 온난화·폭우·해수면 상승·팬데믹 같이 '**인간의 조건**(이를테면 한나 아렌트가 말하는 인간을 인간답게 하는 근본 조건으로서의 노동·작업·행위)'에 역행하는 사태가 계속해서 발생하고 있기 때문이다.

시노하라에 따르면, 이러한 '**실존적 위기**'는 인간 세계에 관한 전제(즉, 인간의 조건) 자체의 변화와 갱신을 요구한다. 지금까지는 인간 세계와 자연환경의 구분이 고착되고, 자연은 통제 가능한 대상으로 여겨져 왔는데, 이것이 뒤흔들리고 있는 것이다.

인간은 오랫동안 인간이 누리는 자연(지구)의 호의를 인간의 당연한 권리라고 착각하며 살아왔다. 그랬던 자연이 폭력을 당하는 객체가 아니라 인간에게 반격을 가하는 주체라는 사실에서, 자연환경은 안정적인 배경이 아니라 인간 세계의 존재 방식을 뒤흔드는 것이라고 인식 자체가 바뀌고 있다.

그렇다면, 이러한 실존적 위기에 대응하는 인문학적·과학적 사고는 무엇인가? 그 해답은 '사변적 실재론'을 따르는 사고로, 인간과 인간 세계의 존재 방식에 대한 근본적인 사유 전환이 그것이다. 책의 부제가 '사변적 실재론 이후 인간의 조건'인 것에서 알 수 있듯이, 인류세 시대의 인간 조건을 '**사변적 실재론**'이라는 철학적인 관점에서 다시 생각할 것을 촉구했다.

사변적 실재론에 따르면, 인간은 '사물로서의 행성' 위에서 살아가는 존재이기에, 인간과 자연의 관계를 새롭게 인식하고 수용하며 이해해야 한다. 그것이 인류세에 인간이 붕괴의 길로 추락할 것인가, 아니면 성찰을 바탕으로 자연 세계와 화해하고 붕괴 이후의 새로운 세계의 창조를 지향할 것인가를 결정한다.

그 해답을 찾기 위해 아렌트가 제기한 '인간의 조건'에 대한 물음을 소환했다. 그 대답을 위한 방향 축의 하나는 차크라바르티의 '**인류세 인문학**'이고, 다른 하나는 메이야수, 모튼, 하먼이 전개하는 '**사변적 실재론**'과 '**객체 지향 존재론**'이다.

아렌트는 『인간의 조건』에서 '인간 세계는 사물에 뿌리를 두고 있다.'라고 보았고, 차크라바티는 『행성 시대 역사의 기후』에서 '인간은 지질학적 행위자가 되어 자신의 생존 조건을 교란하고 있다.'라고 주장했다. 메이야수는 『유한성 이후』에서 '세계는 인간의 사유나 의식과는 무관하게 존재한다.'라고 말했으며, 모튼은 『생태적 사고』에서 '존재한다는 것은 항상 공존하는 것이다'라고 역설했다.

이들 철학자는 모두 인류세 시대에 '인간과 자연의 경계가 무너지고 있음'에 주목하면서 행성(지구)의 '**타자성**'을 강조했다. 자연은 인간화되지 않고 인간의 접근을 넘어선 곳에 있으면서, 인간의 생존을 현실적으로 뒷받침해 주고 있다고 보았다.

시노하라는 이들 사상가의 논리 위에 자기 생각을 얹으면서, 자연의 역습으로 '인간의 조건이 **무너진 이후**'의 사유에 집중했다. 인위와 자연이 뒤섞이는 인류세 시대에 맞는 올바른 철학적 사유를 위해서는, 인간과 자연을 이분법적으로 인식하여 배척해서도 안 되고, 있는 그대로의 자연을 인정하면서 방임하는 것 역시 적절치 않다고 생각했다. 인간이 지구(지구도 하나의 사물이다)의 호의라고 생각하며 남용한 지구 안의 자연 사물이 실은 인간 자신의 살과 같은 존재임을 깨닫고, 더불어 인간 삶은 자연 사물 세계에 의해 조건 지어진다는 생각으로, 자연과 인간의 조화와 공존을 도모하는 성찰적 자세를 갖추어야 한다고 주장했다.

호모 데우스/ 유발 하라리

: 인류세에 역행하는 트랜스 휴머니즘이 초래할 신이 된 인간

이스라엘의 역사학 교수이자 세계적인 석학인 유발 하라리는 저서 『호모 데우스』에서 이르기를, 다가올 미래에 인간은 인공지능과 생명공학을 토대로 자신을 '신'으로 개량할 것으로 전망했다. 곧 호모 사피엔스는 호모 데우스(Homo Deus), 즉 **'신이 된 인간'**이 되리라는 것이다. 하라리는 인간을 초월적 존재로 규정하는 점에서 다분히 신유물론의 사고와 부합하는 인식 태도를 드러낸다.

하라리는 인류가 지난 세월 우리를 괴롭혔던 '기아·역병·전쟁'을 보기 좋게 진압하고, 이제껏 신의 영역으로 여겨지던 '불멸·행복·신성'으로 다가가고 있다고 보았다. 과학의 발달로 미래에는 인본주의의 의미가 퇴색하여 더는 신적 가치나 인간 중심적 이데올로기의 의미가 사라질 것으로 예측했다. 그러면서 기아, 역병, 전쟁을 극복한 현세대인 호모 사피엔스가 다가올 미래의 화두로서 "인류의 최상위 의제는 무엇일까?", 그리고 "이제 우리는 무엇을 할 것인가?"에 대해 논의해야 할 때라고 말했다. 그리고 그 대답으로 "번영, 건강, 평화를 얻은 인류의 다음 목표는 불멸, 행복, 신성이 될 것이다."라고 예측했다. 이때 하라리가 말하는 신성은 기독교의 전지전능한 하나님이 아니라, 이를테면 그리스 신화에 등장하는 '신'에 해당한다고 보면 된다.

하라리는 호모 사피엔스의 생명, 행복, 힘을 신성시하는 인본주의가 지난 300년 동안 세상을 지배해왔다고 말하면서 불멸, 행복, 신성을 얻으려는 시도는 인본주의가 품어 온 오랜 이상의 논리적 결론일 뿐이라고 주장했다. 그렇다면 인간이 신성을 가질 때 결과는 어떠할까? 그 대답으로 "신기술로 인간의 마음을 재설계할 수 있을 때 호모 사피엔스는 사라질 것이다. 그렇게 인류의 역사가 끝나고 완전히 새로운 과정이 시작될 것이다."라고 예견했다.

100세 시대를 넘는 장수의 시대가 현실화하고 있는 지금, 인간은 장수를 넘어서 **불멸의 '신(Deus)'**이 되어가고 있다고 보았다. 특히 21세기의 기술인본주의는 유전공학과 컴퓨터 기술을 통해 '**초인간**'을 창조하게 될 것이라고 예견했다. 이제 인간은 기아, 전쟁, 역병을 극복하고 불멸과 행복 그리고 신성을 향한 여정에 나섰다고 보았다.

하지만 하라리는 인간이 호모 데우스로 되어가는 과정이 전적으로 밝은 것만은 아니라고 생각했다. 인공지능(AI)이라는 높은 지능의 비의식적 알고리즘은 이제까지 인간의 알고리즘으로 행해왔던 수많은 역할을 대체할 것으로 전망된다. 인본주의의 근간을 형성하는 **자유의지**는 21세기 과학혁명으로 흔들리고 있으며, 앞으로 수십 년 안에 약물이나 유전공학, 직접적인 두뇌 자극으로 유기체의 욕망을 조작 및 통제하는 것이 가능할 수 있다. 그에 따라 21세기 기술 진보의 열차에 올라탄 사람들은 창조와 파괴의 신성을 획득하겠지만, 뒤처진 사람들은 절멸에 직면하게 될 것이라고 보았다.

하라리는 그런 미래가 디스토피아일지 유토피아일지에 관한 판단을 유보했다. 그러면서 인공지능과 유전공학 기술 발전으로 전개될 미래의 모습, 그리고 우리가 직면하게 될 근본적인 질문과 고려할 수 있는 선택지에 대한 우리의 통찰을 제기한다.

하라리는 저서 『호모 데우스』 개정판 특별 서문에서, 어느 때보다 어려운 상황을 맞고 있는 현재 인류에게 필요한 것이 무엇인지 제언했다. 기후위기와 코로나 팬데믹, 미·중 패권 경쟁과 러시아의 우크라이나 침공, 기술 혁신의 명암과 날로 심해지는 양극화, 그리고 세계 곳곳에서 목격되는 민주주의 붕괴와 장기 경기침체 조짐까지 일어나고 있는 지금의 인류세의 난국을 헤쳐나가기 위해 우리는 무엇을 해야 할지를 고민했다. 그리고 더 나은 세상을 위한 키워드로 '**협력**'을 제시했다. 인간과 비인간 사물인 기계가 엄중한 책임감과 상호 신뢰를 바탕으로 서로 협력하면서 인류세의 위기 상황을 헤쳐나가야 한다고 주장했다.

하지만 다가올 미래는 우리의 기대와는 정반대의 방향으로 나아갈 수 있다. 트랜스 휴머니즘으로 무장하여 신이 된 인간이 인공지능을 이용하여 지구에 대한 장악력을 더욱 강화하려고 들 경우, 인류세 문제는 해결되지 못하고 오히려 상황을 악화시킬 위험이 있다.

이는 인공지능을 인류세 문제 해결을 위한 해결책의 하나로 여기는 것이 아니라 '**중요한**' 해결책으로 여길 때 특히 문제가 된다. 인공지능이 인간을 뛰어넘어 자신의 이익을 위해 행동하는 상황에 이르면, 호모 데우스는 일종의 '기계 신'이라 할 수 있는 '**인공지능 데우스**'로 대체되면서 마침내 인공지능이 인간과 비인간을 포함한 지구 시스템을 지배하고 관리하는 상황을 맞이할 수 있다.

그렇게 되면 인공지능을 향한 인간의 지나친 행위 주체성이 오히려 인간을 위협하는 역설적인 상황으로 치달을 수 있다. 기계에 의해 인간의 자율성은 침해받을 뿐만 아니라, 인간을 포함한 지구 전체가 인공지능을 위한 자원으로 전락함으로써, 환경 파괴와 같은 인류세 문제는 더욱 악화할 수 있다.

따라서, 인공지능 기술은 인간의 정신과 신체 능력을 향상하는 방향으로 나아간다는 '트랜스 휴머니즘' 사고부터 재정립할 필요가 있다. 그 핵심은 인간 지능과 인공지능 간의 구체적이고 참다운 실천적 지혜의 결합이 우리 시대의 인류세 문제 해결의 성공 여부를 좌우한다는 사실을 깨닫는 것이다. 이를 위해서는 무엇보다 인류세 시대에 맞는 바람직한 인간상과 인공지능 윤리를 시급히 정립하는 한편, 인간과 비인간 사물의 상호 협력을 강화하는 방향으로 정책을 조정해나갈 필요가 있다.

인류세의 인문학/ 캐럴린 머천트
: 기후 변화 시대에서 지속가능성의 시대로

미국의 여성 생태론자 캐럴린 머천트는 『인류세의 인문학』에서 인류세의 다양한 특성을 분석하면서 과학기술, 문학, 예술, 철학, 종교, 윤리의 측면에서 어떻게 인류세라는 시대적 위기에 대응해야 하는지를 조망했다. 기후 변화의 파괴적인 결과는 가시화가 된 지 오래지 않지만, 인문학은 이미 이러한 사태를 예견하고 있었다고 보았다.

머천트는 인류세가 도래한 것은 단지 온실가스를 많이 배출했기 때문은 아니라고 생각했다. 과학, 예술, 철학 등 다양한 분야에서 세계관의 전환, 관점의 전환, 가치의 전환이 일어났기 때문에 인류세가 도래한 것으로 생각했다.

따라서 우리가 인류세에서 벗어나기 위해서는 똑같은 과정을 거쳐야 한다면서, 이를 위해 지금은 새로운 세계관, 관점, 가치가 필요한 시점이라고 주장했다. 무엇보다 현재 시대를 대표하는 가장 중요한 화두는 기후 변화에 따른 **사회 시스템 변화**로, 이를 위해서는 과학기술과 정책에서 중대한 변화가 일어나야 한다고 주장했다.

하지만 머천트는 그것만으로는 부족하다고 보았다. 인류세라는 시대를 만든 세계관과 가치의 변화가 일어나지 않으면 다른 변화는 일어나지 않을 가능성이 크기 때문이다. 우리가 인류세의 대안을 논의할 때 인문학에 대한 고려를 소홀히 해서는 안 되는 이유가 여기 있다.

인류세 문제와 관련해 또 하나 우리가 간과해서는 안 될 부분은, 이를 뿌리 깊은 **'불평등 문제'**와 관련해서 이해해야만 한다는 것이다. 이미 기후 변화는 많은 사람에게 실질적인 피해를 주고 있는데, 그 피해는 사람들에게 공평하게 돌아가고 있지 못하며, 취약한 지역과 계층에 속한 사람들일수록 특히 더하다.

이에 머천트는 '지속 가능한 발전' 대신 **'지속 가능한 살림살이'**라는 표현을 쓰자고 주장하면서 기본적 필요의 충족, 건강, 고용, 노후보장, 빈곤 해소, 자기 몸과 피임법과 자원에 대한 여성의 통제권을 강조했다.

에코 페미니즘은 생태학과 여성론을 결합한 사상으로, 자연과 인간 삶의 평등한 가치 실현을 모색한다. 전통 페미니즘이 남성 중심의 가부장적 제도 아래에서 억압된 여성의 실상을 묘사하는 데 역점을 두었다면, 에코 페미니즘은 여성과 자연이 남성과 권력에 의해 비정상적으로 취급받아온 것에 초점을 맞춘다.

캐럴린 머천트는 저서 『자연의 죽음』에서 유럽의 자본주의와 근대 과학이 자연과 여성을 도구화하고 지배해온 역사를 추적하면서, 근대 기계론적 세계관이 심어준 그릇된 믿음은 무분별한 자연 개발을 정당화하고 유럽의 자본주의를 살찌우는 원천으로 작용하였다고 보았다. 그러면서, 이러한 '자연의 죽음'이 '여성의 죽음'을 동반해 진행됐다고 생각했다.

하지만 머천트는 자연과 여성에 대한 유구한 착취의 역사는, 인류와 지구를 되살릴 잠재력이 오히려 여성에게 있음을 뒷받침한다고 주장하면서, '자연-여성'의 관계 복원을 통해 지속가능성을 추구하는 에코 페미니즘을 제창했다.

에코 페미니즘 사상을 따라, 생명력과 창조력을 빼앗기고 단절된 상태였던 자연과 여성의 풍부한 관계를 복원한다면, 여성이야말로 자연을 더 잘 관리해 지속 가능한 사회를 만드는 데 공헌할 수 있다고 주장했다.

머천트는 서구 근대 과학의 기계론적 세계관을 거세게 비판했지만, 그러함에도 자연과 여성의 관계 회복을 위해서는 지역 생태 및 지역민의 삶에 맞는 기술이 필요하다고 생각했다. 여성 및 지역의 관점과 결합한 과학기술을 중요한 실천 요소로 꼽으면서, 지역 문화와 해당 지역에서의 남녀 역할, 지역 생태를 고려한 에코 페미니즘을 과학기술에 반영할 것을 주장했다.

제 **7** 장

21세기 사상의 새로운 흐름 6

분석적 형이상학

형이상학이란 무엇인가

현대 형이상학의 흐름

형이상학이란 무엇인가

실제로 보거나 확인할 수 없는 것을
고찰하는 학문

형이상학은 존재론의 한 분야이자, 아리스토텔레스의 『**형이상학**』에서 유래한 서양 철학의 기초학문이다. 형이상학의 어원은 '메타피지카(meta-physica)'로, 이는 '자연과학 이후'라는 뜻으로, 곧 자연과학에 우선하는 학문이라는 의미이다.

아리스토텔레스는 저서 『형이상학』에서, "모든 사람은 본능적으로 무언가를 알고 싶어 한다."라면서, 형이상학은 자연현상을 연구 대상으로 하는 자연과학과 달리 "존재하는 것은 무엇인가?", "존재하는 것이 무엇이든 그 존재의 본질은 무엇인가?" 같은 보다 큰 물음에 대한 대답을 추구하는 '제일철학'이라는 뜻으로 썼다. 아리스토텔레스는 형이상학을 '**존재로서의 존재에 대한 학문**'이라고 부르면서, 모든 존재에 동일하게 적용되는 제일법칙이나 근본개념을 탐구하는 것을 형이상학이라고 했다.

바위를 예로 들어 설명하면, '바위는 어떤 원리에 따라 구르는가?', '바위는 무엇으로 이루어져 있는가?'를 탐구하는 것이 자연과학이라면, 형이상학은 '바위란 무엇인가?', '바위는 왜 세상에 존재하는가?' 등을 고찰하는 학문이다.

아리스토텔레스에게 있어서 '바위란 무엇인가'를 고찰한다는 것은 곧, 바위의 실체를 탐구하는 것이다. 플라톤에게 있어서는 바위의 보편 특성으로서의 이데아가 실체지만, 아리스토텔레스는 구체적 개별 사물로서의 바위 그 자체가 실체다. 즉 아리스토텔레스에게 있어서는 눈앞에 놓여 있는 바위가 곧 실체로, 그러한 구체적 개별 사물은 '형상(본질)'과 '질료(대상)'가 결합하여 성립된 것으로 생각했다.

아리스토텔레스는 그의 형이상학에서 '원인과 결과', '형상과 질료', '우연과 필연', '속성과 실체', '본질과 실존', '개별과 보편' 같은 중요한 철학적 개념들을 정립해 나갔다. 이러한 존재 법칙을 통해 모든 결과는 **원인**을 가지며, 세계는 원인과 결과의 총체라고 보았다. 마침내 그 자체로 다른 원인을 갖지 않는 '**최초의 원인**' 이자 '최고의 원인'을 상정하면서, 이를 추구하는 의미에서 형이상학을 '**제일철학**' 이라고 불렀다.

형이상학은 세계를 이루는 궁극의 근거를 연구하는 학문으로, 현상 이면에 있으면서 현상의 원인이 되는 법칙을 추구한다는 측면에서 모든 학문의 기초학문이라 할 수 있다. 데카르트는 학문의 계통을 나무에 비유하면서, 형이상학을 나무의 뿌리에, 철학을 줄기에, 그리고 개별 학문을 나무의 잎에 비유했다. 뿌리가 튼튼해야 나무 전체가 튼튼하듯, 형이상학은 다른 개별 학문의 밑바탕이 되는 든든한 기초학문이다.

초자연적 원리를 토대로 사물의 초월적 본질을 고찰하는 형이상학은 우주의 탄생에 관해서도 자연의 원리로 분석하지 않고 신의 의지나 **인간의 정신**으로 논하는 철학이다. 그리하여 형이상학은 인간 존재의 본질뿐만 아니라 인간이 의식적인 존재라는 것은 어떤 의미인가를 고찰한다. "우리는 세계를 어떻게 인식하고 있는가?", "사물은 우리의 인식과 상관없이 어떻게 존재하는가?", "우리의 정신과 육체는 어떤 관계가 있는가?"와 같은 존재의 문제와 관련한 형이상학이 바로 '**존재론**'이다.

존재론 철학의 발전과 함께, "우리는 세상을 어떻게 인식할 수 있는가?"라는 또 다른 근본적인 문제가 드러나면서, 지식의 본질과 한계에 관한 철학의 두 번째 주요 분야인 '**인식론**'이 생겨났다. 인식론은 **참다운 지식(앎)**은 어떤 것이고, 지식을 가능하게 하거나 제한을 하는 조건은 무엇인지. 그리고 보편타당한 지식은 어떻게 만들어지는지를 연구하는 철학의 분야이다. 형이상학은 좁게는 존재론, 넓게는 인식론까지를 아우르는 철학의 **근본 물음과 그 대답**이라 할 수 있다.

현대 형이상학의 흐름 | 존재론과 인식론을 아우르는 분석적 형이상학

"시간이란 무엇인가?", "인간에게 자유의지가 존재하는가?", "나는 정말 존재하는 것일까?", "가능 세계는 실재하는가?"와 같은 물음은 오래전부터 형이상학에서 중요하게 다루는 주제였다. 관련한 현대철학은 **분석철학**에 뿌리를 두고서, 실험이 아닌 사고에 의한 논리를 사용하여 이러한 주제에 도전하고 있다.

분석철학은 철학적 탐구에서 언어 분석의 방법이나 기호 논리의 활용이 불가결하다고 보았다. 영미 분석철학계의 지배적인 영향력을 끼친 논리실증주의나 비트겐슈타인 철학, 나아가 '번역의 불확정성'으로 유명한 콰인의 사상에 이르기까지 20세기 철학의 주된 관심사는 언어 그 자체와 언어의 의미에 대한 이해에 초점이 맞춰졌다. 분석철학자들은 정의, 신, 가능 세계, 인과성, 시간, 실재론과 반실재론 등 형이상학의 핵심 주제는 거의 예외 없이 그것의 언어가 어떤 의미로 사용되었는가를 분석하면 관련한 물음에 대답할 수 있다고 생각했다.

이런 이유로, 1970년대 중반 이후까지도 분석철학은 곧 언어를 분석하는 사상과 같은 의미로 사용되었다. 이른바 **'언어론적 전환'**을 따르는 사고로 무장한 일군의 분석철학자들은 언어 분석을 통해 진리를 탐구할 수 있다고 굳게 믿었다. 분석철학을 대표하는 논리실증주의는 실재론과 관념론의 문제, 나아가 초월적 형이상학이나 하이데거의 형이상학 등을 진정한 철학적 사유라기보다는 **사이비 철학**이라고 보았다.

그러나 이러한 논리실증주의에 대한 치명적 반론이 콰인에 의해 제기됐다. 콰인에 의하면 논리실증주의가 의존하는 대상의 언어적 분석과 이를 통한 진리 추구는 과학과 사변적 형이상학의 경계를 희미하게 만드는 것이다. 현실과 가상의 세계가 무너지고 현실에서 불가사의한 것들이 연이어 발생하고 있는 오늘날, 오히려 과학은 단순히 세계를 기술하는 수준을 넘어서, 그 자체로 그 어떤 **초월적인**

존재론적 힘을 가지고 있다고 보았다. 예를 들어, 21세기 철학의 화두로 제기되는 신실재론이나 신유물론은 우리가 실제로 확인할 수 없는 현상과 사건, 사태를 이루는 그 어떤 힘의 작용으로 보고, 존재론과 인식론을 포괄하는 형이상학에서 그 대답을 찾고자 시도하는 사유 체계라 할 수 있다.

이른바 자연주의와 물리주의를 따르는 분석적이고 과학적이며 사변적인 철학 사유가 그것으로, 현대 형이상학자들은 언어와 개념의 의미가 지닌 규범성이 자연적이고 물리적인 것으로 환원하기 어렵다고 보면서, 그 규범성을 자연주의와 물리주의 같은 과학에 맞게 해명하고자 시도했다. 그렇기에 그것은 언어 철학적인 작업인 동시에 형이상학적인 작업이기도 하다.

이처럼 현대 형이상학자들은 분석적으로는 '**언어론적 전환**'을 따르되, 사변적으로는 '**존재론적 전환**'을 추구함으로써, 경험적이고 이론적인 과학의 문제와는 다른 더 일반적이고 더 포괄적인 철학적 문제의 본질에 대한 접근을 시도한다. 20세기 이후의 현대 형이상학을 '**분석적 형이상학**'이라고 부르는 이유가 여기 있다.

오늘날, 분석적 형이상학의 주요 주제는 '존재와 시간', '가능 세계', '양상', '동일성', '자유의지'를 아우르면서 보다 구체적이고 실질적인 방향으로 나아가고 있다. 이 모든 것은 형이상학적 근본 물음이자 분석철학이 다루어야 할 과제로, 오늘날의 시대 담론이자 핵심 사안인 **인공지능**과 관련한 문제 해결과 **인류세**가 처한 위기 극복을 위한 철학적 모색이라 할 수 있다.

통 속의 뇌/ 힐러리 퍼트넘

: 세상은 진정 '실재'하는 것인가.

'데카르트의 악마'는 사악한 악마가 개인에게 영향을 주면서, 그 사람의 모든 감각기관이 잘못된 정보를 받아들인다는 철학적 사고 실험이다. 데카르트는 어떤 강력한 능력을 지닌 악마가 자신에게 개입하여 나의 모든 감각기관이 잘못된 정보를 제공하고 있다고 가상하는 철학적 사고 실험을 진행했다.

이를 통해 데카르트가 얻은 결론은 다음과 같다. 개인 자신의 모든 감각기관으로부터 얻은 정보가 거짓일지라도, 강력한 악마에게 '감각적으로 속고 있는 나'라는 존재 그 자체는 있을 수밖에 없다. 비록 악마가 나를 속이고 있다 할지라도 그 '사유하는 나'라는 존재가 사유하고 있고, 따라서 '나'가 존재한다는 것만은 의심할 여지 없이 진실이라는 결론을 얻는다. 이를 **'데카르트의 악마 논증'**이라고 한다.

이러한 데카르트의 '사악한 악마 사고 실험'을 현대적으로 재구성한 것이 미국의 분석철학자 퍼트넘이 제시한 사고 실험 **'통 속의 뇌'**다. 여기서 주인공은 사악한 악령이 아니라 모종의 비열한 계획을 준비하는 사악한 과학자이다. 그는 운 나쁜 희생자들을 슈퍼컴퓨터가 가동하는 가상현실 시뮬레이션 속에 가둬 놓는다. 희생자들은 영양액이 담긴 통 속에서 떠다니는 적출된 두뇌로 전락하지만, 자신은 몸속에 있지도 않고 또 현실 세계를 경험하는 것도 아니라는 사실을 결코 깨닫지를 못한다. 이에 퍼트넘은 말하기를, "희생자 자신은 사실 '통 속의 뇌'라고 쓰인 글을 희생자가 읽는다면, 그는 이 글의 주장을 흥미롭게 받아들이겠지만, 그렇더라도 말도 안 되는 상상에 불과하다고 생각할 것이다."라고 했다.

'통속의 뇌'는 외부 세계에 대한 자신의 모든 믿음이 전부 가짜일 가능성을 피력한다. 지식의 확실성을 의심하는 데카르트의 **'철학적 회의주의'**를 현대적으로 재해석한 '통 속의 뇌' 논증은, 우리가 경험하고 있는 모든 것은 사실은 컴퓨터에 의해 만들어진 것에 불과하다는 사고에서 출발한다.

데카르트의 회의주의 논증에서는 전능한 악령이 우리를 속이고 있다고 가정했다. 한편, '통 속의 뇌' 논증에서 인간은 컴퓨터로 연결된 통 속에 갇힌 뇌이고, 모든 외부 경험이 컴퓨터로 인해 조작된 것이라고 가정한다. 이 경우, 뇌 스스로는 자신이 통 속의 뇌가 아니라는 사실을 확신할 수 없으며, 마침내 외부 세계에 대한 자신의 모든 믿음은 전부 가짜일 가능성 또한 배제할 수 없다는 '**회의론**'에 이르게 된다.

하지만 퍼트넘은, 애초에 진짜 통 속의 뇌가 자신이 통 속의 뇌인지 의심하는 것 자체가 불가능하다고 주장하면서, '통 속의 뇌'라는 회의주의 사고 실험 자체를 '**회의**'하는 입장을 견지했다. 참고로, 퍼트넘은 초기에는 과학적 탐구를 위한 이론적 대상은 실재한다는 '**과학적 실재론**'을 주장했지만, 후에 이를 부정하면서 이론적 대상은 실제 현상을 설명하기 위한 편의적 장치에 지나지 않는다는 '**반실재론**'으로 자신의 주장을 뒤집었다.

데카르트와 퍼트넘이 가져온 두 이론은 그것이 속임수를 잘 쓰는 악마든, 사악한 과학자이든 우리의 현실을 의심하게 하는 무서운 이야기다. 퍼트넘은 이 무서운 이야기가 실현될 수 없다고 했지만, 이런 퍼트넘의 생각에 대해서도 확신할 수 없다. 우리는 '자신이 통 속의 뇌인지 의심하라'라는 전기신호가 입력된 통 속의 뇌일지도 모르기 때문이다. 그렇기에 우리는 의심을 멈출 수 없으며, 우리의 현실이 진짜인지 가짜인지 알아낼 수 있는 실마리를 찾기 위해 노력할 필요가 있다. 통 속의 뇌에서 착상한 영화 ≪매트릭스≫는 그 예라 할 수 있다.

박쥐가 된다는 것은 어떤 의미일까? / 토마스 네이글
: 타인의 주관을 자신의 '주관'처럼 인식할 수 없다.

당신이 캄캄한 동굴의 천장에 거꾸로 매달려 있는 박쥐라고 상상해 보자. 당신은 당신의 감각과 사유를 기술할 어떠한 낱말도 가지고 있지 않다. 또 당신은 매달려 있던 자리를 떠나 공중으로 날았으며, 암흑 속에서 비행해 나아가기 위해 음파로 주변을 탐지하고 있다. 그렇다면, 당신은 이러한 경험을 박쥐가 행하고 있는 것과 동일한 방식으로 상상할 수 있을까?

미국의 철학자 토마스 네이글은 『박쥐가 된다는 것은 어떤 것일까?』라는 저서에서 '**의식**'과 관련한 사고 실험을 제시했다. 이에 따르면, 아무리 물리학이 박쥐의 두뇌와 감각의 구조를 밝힌다고 해도, 박쥐의 '**주관**'을 우리가 경험하기는 어렵다.

박쥐는 레이더로 먹이인 나방을 포착하고, 초음파로 공간을 파악한다. 박쥐의 세계관과 '나'의 세계관은 전혀 다른데, 왜냐하면 '나'는 내 머리로밖에 세계를 파악할 수 없기 때문이다. 우리는 박쥐의 의식과 사고가 어디까지일지 모르며, '나'는 박쥐의 주관이 될 수 없다. 이것은 인간과 박쥐뿐만 아니라 '나(1인칭)'와 '타인(3인칭)'과의 관계에서도 마찬가지다. 나의 주관(1인칭)은 경험도 뇌의 구조도 다른 '**타인(3인칭)의 주관**'이 될 수는 없기 때문이다.

네이글에 따르면, 우리가 인식하는 세계와 그렇게 해서 인식된 세계는 우리의 인식 구조를 떠난 것이 아니다. 감각의 주관성을 인정한다는 것은 세계의 인식 및 인식된 세계와의 불가분리성을 인정한다는 의미다. 세계의 인식이 주관적인 만큼, 인식된 세계 역시 주관적일 수밖에 없다. 인식하는 주체에 따라 인식된 세계가 다를 수 있기에, 인간이 본 세계와 박쥐가 본 세계는 '**완전히 다른**' 세계일 수 있는 것이다.

그렇다면 어느 세계가 진짜 세계일까? 인간의 시각에서 박쥐를 인식하는 것에 한계가 따르듯이, 인간에게 인식된 세계만을 세계 자체의 모습으로 간주할 수는 없다. 네이글은 우리가 인식한 세계만을 갖고서 이를 전체 세계인 양 간주할 수 없으며, 인간 인식과 독립적으로 존재하는 '**객관적인 세계**' 자체를 인정해야 한다고 주장했다. 그러함에도 불구하고 박쥐가 인식한 세계와 인간이 인식한 세계의 배후에 하나의 공통된 객관 세계가 존재한다면, 그 근거는 무엇일까? 인간이 본 세계와 박쥐가 본 세계가 완전히 다르다면, 또한 그 세계 자체가 박쥐가 본 세계와 같은 세계라면, 지금 우리가 인식하는 이 세계는 존재하지 않는 세계라 할 수 있다. 이런 의미에서 물리주의자가 말하는 물리적 세계 역시 존재하지 않는 세계일 수 있다.

여기서 쟁점은 주관적인 것과 객관적인 것의 차이다. 네이글은 단순히 타자의 경험이 가진 주관적 성격에 접근할 수 없다는 이유에서 "우리는 타자의 경험이 그와 같은 주관적 성격을 가진다는 믿음을 가지게 되는 일을 막을 수는 없다."라고 했다. 여기서 문제는 주관적 경험과 관련된 사실, 다시 말해 "박쥐가 된다는 것은 대체 무엇과 같은가?"라는 물음과 관련한 사실은, 곧 '본성에 따라 우리가 결코 상상할 수 없는' 사실이라는 데 있다.

주관적(1인칭) 경험은 객관적(3인칭) 분석을 통해 기술할 수 없다. 그리고 마음(인식, 의식)을 '객관적'으로 해명할 수 있다고 보는 물리주의적 접근은 이러한 차이를 포착하지 못한다. 다시 말해, "나는 이러저러하게 느낀다."라는 진술은 "그는 이것을 이러저러하게 느낀다."라는 말로 기술할 수 없다. 우리가 의미 있게 '있다' 또는 '없다'라고 말할 수 있는 것은 결국 1인칭인 '**내가 인식**'한 세계에 국한된다.

가능 세계 / 솔 크립키

: 가능 세계는 실재하지 않는다.

'가능 세계'는 양상논리학의 핵심 개념으로, 일상 언어에서 흔히 쓰이는 필연성과 우연성이라는 양상 개념의 진술 분석에서 중요한 역할을 한다. 그 이유는, 가능 세계 담론이 우리의 일상적인 표현을 좀 더 잘 이해하는 데 도움을 주기 때문이다. 예를 들어 "만약 내가 그 기차를 탔어도 여전히 학교에 지각했을 것으로 주장하지 않는 이유는 무엇일까?"에 대해 생각해 보자.

내가 그 기차를 탄 가능 세계를 생각하면 그 이유를 알 수 있다. 그 가능 세계의 어떤 세계에서 나는 여전히 지각한다. 가령 내가 탄 그 기차가 고장으로 선로에 멈춰 운행이 오랫동안 지연된 세계(나를 둘러싼 모든 것)가 그런 예다. 하지만 내가 기차를 탄 세계 가운데, 내가 기차를 타고 별다른 이변 없이 제시간에 도착한 세계가 그렇지 않은 세계보다 우리의 현실 세계와의 유사성이 더 높다.

오늘날, 가능 세계를 형이상학적으로 어떻게 해석해야 하는지에 대한 논쟁이 활발하다. 데이비드 루이스는 양상 실재론에서 가능 세계는 **'실재'**로서 존재한다고 보았다. 그러나 크립키에 따르면 가능 세계는 **'실재하지 않는'** 추상적인 존재에 불과하다.

크립키는 우리가 사는 현실과는 다른 상상의 세계, 가정된 세계가 어떻게 '실재'하는지와 관련하여 고찰했다. 그리고 가능 세계는 존재하지 않는다고 결론 내렸다. 그리고 가능 세계의 존재 여부를 설명하기 위해 **'진리'** 개념을 꺼내어 들었다.

크립키는 '필연적 진리'와 '우연적 진리' 개념을 갖고서 가능 세계를 설명했다. **필연적 진리**는 "삼각형의 세 각의 합은 108도다."처럼 그 누구도 부정할 수 없는 진리를 말한다. 이에 비해 **우연적 진리**는 "고흐는 해바라기 그림을 그렸다."처럼 상황과 조건이 다르면 그렇지 않았을 가능성이 있는 진리를 말한다. 과학적 진리처럼, 실제로 경험해서 확인할 수 있는 진리 역시 우연적 진리의 하나라고 할 수 있다.

크립키는 '가능 세계'라는 개념을 사용하여 막연한 두 진리의 차이점을 정확히 설명하려고 시도했다. 가능 세계를 통해 우연적 진리(우연성)를 설명하면, 그 우연적 진리는 현실 세계에서는 '참'이 되지만, 다른 가능 세계에서는 '참'이 되는 경우와 '거짓'이 되는 경우가 있다. 반면, 필연적 진리(필연성)는 그 부정이 모순을 일으키기 때문에, 모든 가능 세계에서 '참'이 된다.

크립키는 우연적 진리(선험성)와 필연적 진리(필연성)를 서로 다른 차원의 것이라면서 분리해서 생각했다. 우연적 진리를 '**인식론적**'인 것으로서, 그리고 필연적 진리를 '**형이상학적**'인 것으로서 엄격히 분리하면서, 이 둘은 서로 '독립적'인 것으로 혼동을 해서는 안 된다고 강조했다.

이를 통해 크립키는, 가능 세계는 말 그대로 가능한 세계(즉, 우연적 진리를 따르는 세계)이므로, 어떤 것이 가능하지 않다면 그것이 성립하는 가능 세계(즉, 필연적 진리를 따르는 세계)는 없다고 보았다. 그리고 "가능 세계란 존재하지 않는다."라는 결론에 도달했다. 가능 세계를 활용한 논의는 오늘날 인지과학, 언어철학, 분석적 형이상학 등 여러 분야로 그 응용의 폭을 넓히고 있다.

양상 실재론/ 데이비드 루이스

: 가능 세계는 실재한다.

'가능 세계론'은 우리가 사는 현실 세계를 무수한 가능 세계 가운데 하나로 보는 시각이다. 미국의 분석철학자 루이스에 따르면, 가능 세계는 환원할 수 없는 '**실체**'로, 실제 세계와 다르지 않다. 지구상의 모든 주체는 자신이 '지금, 여기'라는 시공간이 실재한다고 생각한다. 자신이 살아가고 있는 세계를 실제 세계라고 믿고 받아들이면서, 하나의 가능한 세계에서 각자의 삶을 영위한다.

이러한 루이스의 생각을 따라 모든 가능 세계는 실제 세계와 같은 방식으로 실재한다는 생각을 '**양상 실재론**'이라고 한다. 루이스는 실제 세계 이외에 많은 가능성이 존재한다고 생각했다. 우리가 생각할 수 있는 '**가능성**'의 수만큼 가능 세계가 존재한다고 보았다. 이상한 세계도 현실 세계도 모두 존재하며, 현실 세계는 무수한 가능 세계 가운데 어느 하나에 불과하다.

이때, 현실 세계는 우리가 속한 물리적 우주와 동일시된다. 다른 가능 세계도 실제 세계와 똑같은 의미로 존재한다. 물론 다른 가능 세계는 시공간적으로 우리 세계와 관련이 없으며, 서로 관계하지 않는다. '**단순히 가능한**' 존재자, 즉 다른 가능 세계에 존재하는 존재자는 실제 세계에 있는 우리와 정확히 같은 의미로 존재할 뿐이다.

루이스의 주장대로 만약 가능 세계가 실재한다면, 그동안 철학의 중심 주제였던 "이 세계는 왜 이러저러한 **양상(모습)**이 되었는가?"라는 물음에 대답할 수 있다. 가능 세계가 존재한다는 가능성만 있으면 그 세계는 반드시 존재하기 때문이다. 그렇다면 모든 가능 세계 속에 이 현실 세계가 한 가지도 존재하지 않는다는 것은 불가능하다. 즉 현실 세계가 이러한 양상을 보이는 것은 하나도 이상할 것이 없다. '이 세상은 왜 이러한 모습일까?'를 생각하는 것은, 숫자가 쓰여 있는 무수한 공 가운데 어느 하나를 무작위로 꺼내었을 때 그 숫자가 1이든 250이든 이상할 것 없음과 다를 바 없다.

노직의 경험 기계/ 로버트 노직
: 자유의지의 가치

미국의 자유주의 정치철학자 로버트 노직은 '쾌락의 감정'은 경험 가능하다는 **공리주의** 이론이 타당한지를 살펴보기 위한 가상의 시나리오를 설정했다. 기계 안의 삶이 자신이 원하는 실제 삶이라고 착각하게 만드는 **'경험 기계'**에 들어갈 것이냐를 묻는 사고 실험이다.

경험 기계는 자신이 원하는 인생을 가상의 세계에서 보낼 수 있는 기계다. 그러나 이 기계는 일단 들어가면 자신이 기계 안에 있다는 사실을 알 수 없다. 가상 세계를 현실이라고 생각하면서 평생을 보내게 된다.

당신은 행복과 쾌락이 보장되는 이 기계에 들어가고 싶은가? 만약 들어가고 싶지 않다면 행복과 쾌락보다 더 중요한 뭔가가 현실 세계에 있는 것일까? 노직은 **공리주의**로는 해결할 수 없는 문제를 이 사고 실험을 통해 제시했다.

노직이 예상했던 것처럼, 대다수 사람은 이 제안 앞에 주저했고 기계에 들어가기를 거부했다. 대다수 사람은 기계 안에 들어가서 **'가상 인생'**을 산다는 생각 자체에 몸서리를 쳤다. 노직에 따르면, 이런 결과에는 다음 세 가지 이유가 있다. 사람들은 무언가를 실제로 행하기를 원하지 단지 그것을 경험하는 것만을 원하지는 않는다. 사람들은 스스로 '어떤' 인간이 되기를 원할뿐더러, 진짜 현실에 더 큰 가치를 두면서 가상의 현실에 자신을 가두고 싶어 하지 않는다.

노직은 이 사고 실험을 통해, 사람들은 가상현실이 주는 경험을 우리가 추구할 유일한 가치라고 생각하지 않는다고 주장했다. 사람들은 자신이 무척이나 행복하다고 느낄지라도 만약 그것이 **'진짜'** 삶이 아니라면 더는 가치가 없다고 생각한다는 것이다. 노직은 "우리가 경험 기계를 상상하는 과정에서 그것을 사용해서는 안 된다는 점을 깨달음으로써, 우리 삶에는 단순한 경험 이상의 그 무언가가 있다는 점을 배운다."라고 결론을 내렸다.

노직의 말대로 삶에는 행복하다는 느낌 이상의 그 '무엇'이 있다. 우리는 상상보다는 무엇이 '**사실인가**'에 더 큰 관심을 기울인다. 그 이유는 우리가 망상 속에서 살기보다는 '**현실(실재)**'과 연결되어 있기를 원하기 때문이다. 경험 기계라는 행복 상자 속에서 실재가 아닌 행복을 느끼느니, 차라리 현실이 불만족스럽다고 할지라도 나 자신이 처한 현실에서 행복을 향해 나아가길 바라는 것이다.

그렇다면 우리 스스로 경험 기계 안에서의 삶을 살 기회를 거부할 때, 우리가 행복보다 우위에 두는 것은 무엇일까? 가장 그럴듯한 대답은, 우리는 '**진정성**'이라는 단어로 요약할 수 있는 삶의 가치를 소중하게 여긴다는 것으로, 곧 '**자유의지**'를 따라 스스로 자신의 길을 여는 삶이라 할 수 있다.

영국의 철학자 줄리언 바지니에 따르면, '경험 기계' 사례로부터 인생에서는 행복보다 더 중요한 가치가 있는데, 그것은 '진정성'이라고 주장했다. 진정성은 참되게 살고자 하는 의지의 표현이고, 현혹되지 않고 세상을 있는 그대로 보는 능력이다. 이것은 또한 자기 삶의 주인공이 되는 것이고, 자기의 성취가 자신의 진정한 노력과 능력의 결과이길 바라는 것이며, 진정으로 사람과 소통하는 것이다.

바지니에 따르면, 우리는 행복을 인생의 목적 그 자체라면서 비판 없이 받아들이고 있지만, 실제로는 행복 이외의 다른 가치를 무의식적으로 함께 고려하고 있다. 행복은 인생의 의미로서 과대 평가된 가치의 하나일 뿐이며, 진정으로 행복하기 위해서는 자기 삶을 욕망할 수 있는 '**자유의지**'가 더 중요하다는 것이다.

바지니는, 자유의지는 우리가 스스로 자신의 미래를 설계할 수 있다는 의식을 갖추게 하고, 자신의 삶에 대한 통제력과 책임의식을 발휘하기 위한 신념으로, 경험 기계를 거부하고 진정 행복한 삶을 이끄는 동인으로 작용한다고 주장했다.

스웜프 맨 / 도널드 데이비슨
: 동일성은 유지되는 것인가, 소멸하는 것인가.

'동일성'은 사물 변화와 그 정체성 지속에 관한 형이상학의 난제 가운데 하나이다. **'동일성'** 문제와 관련한 유명한 다른 사고 실험으로 미국의 언어철학자 도널드 데이비슨의 **'스웜프 맨'**이 있다. 데이비슨은 '스웜프 맨(늪에서 나온 남자)'이라는 사고 실험에서, 인간이나 사물은 그 본질이 유지되고 있다면 부분적으로 변화가 있더라도 그것의 동일성이 유지된 것이라고 보는 근대 사상가 홉스의 관점과는 조금 다른 시각에서 동일성을 고찰했다. 내용은 다음과 같다.

> 사람 A가 연못 옆을 지나가다 낙뢰에 맞아 죽었다. A의 시체는 연못 속으로 빠졌는데, 그와 동시에 연못에도 낙뢰가 떨어졌다. 그리고 엄청난 우연으로 어떤 화학작용이 발생해 그 죽은 사람 A와 완전히 똑같은 사람 B가 연못의 진흙으로부터 걸어 나왔다. 이 늪에서 나온 사람 B, 즉 스웜프 맨은 죽은 사람 A와 외모와 뇌가 원자 수준으로 완전히 똑같은 인물이다. 스웜프 맨 B는 같은 기억을 지니고 있어서 자신을 A라고 믿고 있다. 사람들도 다들 스웜프 맨 B를 A라고 생각한다. 스웜프 맨 B는 다음 날부터 A처럼 회사에 가서 이전과 같이 생활한다. 세상은 변한 것이 아무것도 없다.

다시 살아난 스웜프 맨 B는 죽은 A와 **'동일한'** 인물이라고 할 수 있을까? 가령 내가 정보통신 기술을 사용하여 서울에서 뉴욕으로 '순간 이동'을 했다고 하자. 이 경우, 내가 순간 이동을 했다고 생각하면 문제는 없다. 그렇지만 이동한 것이 아니라, 사실 나는 소멸하고 뇌 속의 기억을 포함하여 나와 원자 수준으로 동일한 인물이 뉴욕에 새로 태어났다고 생각하면 어떨까? 물론 나의 순간 이동을 의심하는 사람은 아무도 없다.

이 경우 순간 이동을 단순히 '**이동**'이라고 생각하면, 나의 '동일성'은 **유지된다.** 즉 내가 서울에서 뉴욕으로 순간 이동했다고 생각하면 뉴욕에 나타난 인물은 확실히 '나'다. 하지만, 순간 이동을 '**소멸과 새로운 탄생**'이라고 생각하면, '나'는 동일성을 **유지할 수 없다.** 나는 소멸해 버리고, 뇌 속의 기억을 포함하여 원자 수준으로 나와 동일한 인물이 뉴욕에 새로 태어났다면, 그 사람은 '나'라고 볼 수 없다. 새로 태어난 인물은 자신을 '나'라고 생각할 것이다.

✚ 테세우스의 배

'테세우스의 배' 사고 실험은 영국의 철학자 홉스가 제기한 것으로서, "우리에게 '**본질**'이라는 것이 있는가?"라고 묻는다. 그 내용은 이렇다. "여기 테세우스의 배가 있다. 단 한 번 수리한 그 배에 다른 판자를 바꿔 끼운다고 하더라도 큰 차이 없이 여전히 같은 배로 남아있을 것이다. 하지만 그렇게 계속 판자를 바꿔 끼우다 보면 어느 시점부터는 원래의 배의 조각은 하나도 남지 않을 것이다. 그렇다면 그 배를 테세우스의 배라고 부를 수 있는가?" 이것이 '테세우스의 배'의 역설로, 대상의 원래 요소가 교체된 후에도 그 대상은 여전히 동일한 대상인지(**동일성**)를 묻는 한편, 어떤 것의 변화와 그 '**정체성**'의 지속에 대해 다루고 있다.

파핏의 전송기 사고 실험/ 데릭 파핏
: 자아 정체성은 유지될 수 있는가.

만일 둘 또는 그 이상의 개인이 과거의 개인과 동일한 **'심적 연속성'**을 가지도록 만들어질 수 있다면, 이들에 대해서도 동일한 **'자기 정체성'**이 지속한다고 말할 수 있을까? 영국의 철학자 데릭 파핏은 순간 이동 장치라고 부르는 원격 이동 장비를 갖고서 이를 설명하는 **'전송기 사고 실험'**을 전개했다. 파핏은 다음과 같은 시나리오를 제시했다.

> 지구에서 화성으로 순간 이동시킬 수 있는 전송기가 있다고 해보자. 나는 전송기 안으로 들어간다. 버튼을 누르면 나는 의식을 잃었다가 나중에 깨어나지만, 순식간의 일처럼 느껴진다. 장치는 내 몸에 관한 모든 세포 정보를 스캔하여 저장하면서 세포를 파괴해나간다. 그 정보는 화성에 있는 장치로 전송된다. 그 장치는 이 정보를 따라 내 몸을 완전하게 복제한다. 화성에서 눈뜬 나는 지구에서 버튼을 누르던 순간까지의 기억을 지니고 있다. 따라서 내가 순간적으로 지구에서 화성으로 이동한 것으로 볼 수 있을 것이다. 지구에 있던 나와 화성에서 생성된 나는 기억이 완전히 같고, 심리적인 연속성이 유지되고 있기 때문이다. 그리고 지구에 있던 나는 더는 존재하지 않는다.

사고 실험에 따르면, 화성인 '나'는 스스로 '의식적인 연속성'을 경험하고 있으며, 따라서 지구인 '나'와 **동일하다**고 생각할 것이다. 하지만 장치 안에 들어가 정신을 잃은 나는 곧바로 살해되고, 나의 정체성은 거기서 끝나고 만 것이기에, 실제로는 **'완전히 새로운'** 존재다. 따라서 화성인 '나'는 복제에 불과할 뿐 '나'와 동일하다고는 볼 수 없는 것이다. 그렇더라도 대다수 사람은 화성의 '나'와 지구의 '나'가 동일한 인격이라는 사실을 직관적으로 받아들이면서 나에게 **의식의 연속성**을 부여할 것이다.

파핏은 첫 번째 사고 실험의 설정을 약간 바꿔서 두 번째 실험을 내놓았다. 전송기가 개량되어 이제 새로운 스캐너는 신체를 파괴하지 않고서도 신체 정보를 스캔할 수 있게 되었다. 따라서 화성과 지구에서 완전히 동일한 몸과 정보를 지닌 인물인 '나'가 존재하게 된다. '나' 자신은 물론이고 사람들도 '나'를 동일한 인물로 간주할 것이다. 그렇다면 이제 우리는 지구의 '나'와 화성의 '나'가 모두 '나'라는 역설적 결론을 받아들일 수밖에 없게 된다. 이에 파핏은 "인격적 동일성이 시간을 뚫고 지속하는지가 중요한 게 아니라, **심적 혹은 신체적 속성**이 살아남는다는 사실이 중요하다."라고 주장했다.

'복제의 역설'을 설명하는 파핏의 전송기 사고 실험의 결론은 이렇다. 자아 동일성에 대해서는 신체 지속 이론, 다시 말해 **'자기동일성'**을 어떤 물리적 신체와 연결하는 이론을 받아들여야 한다는 것이다.

하지만 이러한 입장은 곧바로 **'테세우스의 배'**와 유사한 구도의 문제에 빠지게 된다. 당신의 두뇌가 새로운 몸에 이식되었을 때 상황은 어떻게 되는가? 자기동일성이 지속한다고 보기 위해, 당신의 몸 가운데 얼마만큼이 유지될 필요가 있는가? 이러한 질문에 대응하는 해결책 역시 '테세우스의 배'에 적용했던 것처럼 인격적 동일성을 **4차원적 속성**으로 간주하는 것이다. 그렇더라도 순간 원격 이동을 할 때 인격의 자아 동일성이 유지된다고는 볼 수는 없다. 순간 원격 이동은 사람을 시공간적으로 **'불연속적'**으로 만들기 때문이다.

시간의 비현실성 / 존 맥타가트
: 시간은 실재하지 않는다.

영국의 철학자 존 맥타가트에 따르면, 시간에 관한 우리의 설명은 모순이 있거나 비현실적이다. 맥타가트는 시간의 본질은 과거·현재·미래라는 '시간적인 변화(A 계열)'로 생각하면서, 이는 현실에서는 실재할 수 **'없다고'** 주장했다. 과거는 현재도 미래도 아니고, 현재는 과거도 미래도 아니다. 과거·현재·미래는 서로 부정하는 관계로, 이 세 가지 시간은 서로 공존할 수 없다.

예를 들어, K가 태어났다고 하는 사건을 과거·현재·미래라는 계열(A 계열)에 적용하여 설명하면 다음과 같다. K가 지금 태어났다고 하면, 이 사건은 과거에서는 미래의 사건이고, 현재에서는 현재의 사건이며, 미래에서는 과거의 사건이다. 이렇게 되면 K의 탄생이라는 사건은 과거이기도 하고, 현재이기도 하며, 미래이기도 한 것이 되기 때문에, 과거·현재·미래라는 특성을 모두 갖게 되어버린다. 이것은 모순이며, 따라서 시간은 실재하지 않는다. 이를 '시간의 비현실성(비실재성)'이라고 한다.

맥타가트는 시간을 파악하는 방법에는 'A 계열(**시간적 변화**)'과 'B 계열(**시간적 순서**)'의 두 종류가 있다고 보았다. B 계열은 '~보다 이전, ~보다 이후'라는 시간적인 순서 관계를 말한다. 하지만 B 계열은 시간의 변화(흐름)를 설명할 수 없기에 이를 시간의 본질이라고 말할 수 없다. 따라서 시간의 본질인 A 계열의 모순을 증명하면 시간이 존재하지 않는다는 것을 증명한 것이 된다. 덧붙여, 맥타가트는 무시간적인 순서 관계인 'C 계열(무시간적인 순서)'이라는 것이 있다고 보았다. 그리고 이 C 계열에 시간의 변화인 A 계열을 추가하면 시간적인 순서인 B 계열이 만들어진다고 보았다. 맥타가트 자신은 C 계열이 실재한다(즉 모순을 일으키지 않는다.)고 생각했으나, 그의 일련의 증명에 대해서는 지금도 논의가 계속되고 있다.

게티어 문제/ 에드먼드 게티어

: 지식은 정당화된 참된 믿음으로 정의될 수 없다.

인식론은 주관적 믿음과 객관적 사실 간 괴리를 어떻게 일치시킬 것인가를 근간으로 한다. 인식론, 곧 '앎'에 관한 물음은 인식 주체와 대상 간의 관계에 관한 문제라 할 수 있다. 이때 외부 세계에 대한 믿음의 정당성을 철학적으로 어떻게 확보해 낼 것인가가 관건이다. 즉 앎의 성립은 곧 믿음의 정당화 조건을 만족시키는 데 있다.

미국의 정치철학자 에드먼드 게티어는 전통 인식론에 도전했는데, 그 핵심 사상은 이후 '게티어 문제'로 명명되었다. 사람의 믿음이 정당화되고 참이 되는 상황이 존재하지만, 그렇더라도 지식으로 인정하지 않는 경우가 있는데, 이를 '게티어 문제'라고 한다.

게티어 문제의 핵심은, 지식이라 할 수 있는 것은 '정당화된 참인 믿음'이지만, 그것만으로는 '앎'이 성립하지 않는다는 것이다. 우리의 앎(인식)에서 이를 확증하는 '무언가'가 빠져 있기 때문이다. 이를 마틴 코헨의 『철학의 101가지 딜레마』에 등장하는 다음 사례를 통해 확인할 수 있다.

한 농부의 젖소가 밖으로 도망갔는데, 나중에 이웃이 지나가다 좀 떨어진 데서 그 젖소를 보았다고 농부에게 알려줬다. 농부가 혼자 찾아가 봤더니 근처 들판에서 검고 하얀 작은 형체가 움직이는 게 보였다. 이에 농부는 이웃의 인식을 통해 제공된 믿을 만한 정보를 얻었다고 생각했다. 하지만 실제 이웃은 들판에 늘어선 나무들 때문에 시야가 가려진 상태에서 그 젖소를 본 것으로, 결국 이웃은 자신이 본 것이 나무들 사이에 붙어 강한 바람에 날리고 있는 흑백 판자임을 알게 된다. 그런데도 실제 그곳에 젖소가 '있음'으로 해서, 이웃의 신뢰할만한 설명과 자신의 눈으로 본 증거로 농부의 믿음 또한 정당화됐다. 그렇더라도 우리는 농부가 들판에 젖소가 있다는 것을 '알았다'고 말할 수는 없다.

제 **8** 장

21세기 사상의 새로운 흐름 7
메타 윤리

현대 윤리학의 세 갈래

메타 윤리학이란 무엇인가

직관주의 윤리/ 조지 에드워드 무어

윤리적 정서주의/ 알프레드 에이어

규정주의 윤리/ 리처드 머빈 헤어

21세기 사상의 새로운 흐름 7 - 메타 윤리

현대 윤리학의 세 갈래

현대 윤리학은 크게 다음 세 방향으로 나아간다. 선과 악 등 언어의 의미를 분석적(논리적)으로 고찰하는 '**메타 윤리**', 어떤 행위가 도덕적으로 옳은가에 대한 기준을 탐구하는 '**규범 윤리**', 실천적인 면에 주목하여 메타 윤리와 규범 윤리를 사형·낙태·안락사 등과 같은 개별 문제에 응용하는 '**응용 윤리**'가 그것이다.

규범 윤리는 인간의 행위에 대한 도덕 기준이나 행위 규범을 탐구하는 윤리학의 한 분야로, 인간이 마땅히 따라야 할 도덕 규범이 무엇인지 탐구하고, 이를 바탕으로 도덕적 문제를 해결하고 실천하려는 전통 윤리 사상이다. 즉 어떠한 도덕적 판단이 옳은지 그른지, 좋고 나쁜지를 탐구하며 그러한 판단 근거가 무엇인지에 대해 연구한다. 일반적으로 윤리학이라 하면 규범 윤리학을 일컬으며, **의무론(동기주의), 결과론(공리주의), 덕 윤리학, 상황 윤리** 등이 이에 해당한다.

응용 윤리는 응용 윤리학은 20세기 후반기에 접어들어 비로소 본격적으로 논의되기 시작한 **실천 윤리** 사상으로, 현실의 구체적인 삶의 문제를 도덕적인 방식으로 접근하여 해결하는 것에 관심을 둔다. 대표적인 응용 윤리에는 '**환경 윤리**'와 '**생명 윤리**', 그리고 '**정보 윤리**'가 있다. 환경 파괴, 지구 온난화, 생명과 인간성 경시, 사이버 공간에서의 도덕성의 상실과 같은 오늘날의 '**인류세**' 문제에 대한 현대 철학의 관심과 작업을 밑바탕으로 바람직한 자연관과 생명관, 정보기술 및 그 이용에 대한 올바른 태도 등을 이론적으로 탐구하면서 그 윤리적·실천적 대안을 폭넓게 모색한다.

♧ 현대 윤리학 분야

메타윤리	– 자연주의: 생물학적 진화와 생존본능을 따르는 것을 '선'으로 보는 과학적 사고
	– 직관주의: 도덕(선)은 과학으로는 불가능하며, 직관으로밖에 파악할 수 없다는 입장
	– 비인지주의: 윤리적 정서주의(정동주의), 규정주의(지령주의)

규범윤리	– 결과주의	– 공리주의: 사회 이익을 높이는 것을 '선'으로 보는 입장
		– 이기주의: 자기 이익을 극대화하는 것을 '선'으로 보는 입장
		– 복리주의: 다수의 복리를 높이는 것을 '선'으로 보는 입장
		– 상황윤리: 처한 상황에 맞게 좋음을 가져오는 것을 '선'으로 보는 입장
	– 의무론: 정언명령이라는 도덕법칙에 따르는 것을 '선'으로 보는 입장
	– 덕 윤리: 실제 행위에 주목하기보다는 내면의 '선'한 특성을 실천해야 한다는 입장
	– 배려윤리: 타인을 보살피고 배려하는 관계 속에서 '선'을 실천해야 한다는 입장

| 응용윤리 | – 생명윤리: 인간 존엄성을 중시하는 윤리적 사고 |
| | – 환경윤리: 인간과 자연의 공존을 도모하는 윤리적 사고 |

메타 윤리학이란 무엇인가 | 도덕 판단을 담은 언어의 의미를 논리적으로 분석하는 윤리학

　메타 윤리학은 20세기 초 논리실증주의와 언어분석철학의 발전과 더불어 본격적인 논의가 시작됐으며, 영국의 분석철학자 무어가 이들 사상을 좇아 '선(善)'이라는 개념의 의미를 탐구하면서 새로운 윤리 사상의 흐름으로 확고하게 자리매김했다. 참고로 '메타(meta)'는 어느 층위를 통괄함으로써 열리는 새로운 차원을 의미한다.

　논리 실증주의자들은 오직 자연과학만이 세계에 관한 지식을 제공할 수 있으며, 경험적으로 검증 가능한 명제(즉, **과학적 명제**)만이 의미가 있다고 보았다. 그들은 도덕적 언명은 '**무의미**'하다는(즉, 인식론적 의미를 지니지 않는다는) 결론에 이르렀고, 결국 도덕적 언명은 어떤 종류의 지식도 전달하지 못한다고 주장했다.

　이런 측면에서 논리 실증주의자들은 이른바 '**비非인지주의**'라고 불리는 도덕 이론을 전개했는데, 이는 도덕적 지식과 같은 명제는 **존재하지 않는다**고 보는 입장이다. 그들은 도덕 판단은 감정이나 태도를 표현하거나, 아니면 다른 사람에게 어떻게 행위를 할 것인가를 규정하는 '**명령**'의 표현으로 간주했다. 감정의 표현이나 명령은 어떤 '진리치'도 지니지 않으므로(즉, 참도 거짓도 아니므로), 세계 안의 사실을 기술하는 참된 진술이 될 수 '**없다고**' 보았다.

　논리 실증주의자들의 이러한 생각을 토대로 무어는, 우리는 윤리적 문제를 다루기에 앞서 **윤리적 용어의 의미**를 분명히 할 필요가 있다고 보았다. 그 가운데에서도 윤리학의 토대인 '선'의 개념을 명확히 이해할 필요가 있다고 생각했다. 우리는 도덕적 선에 관해 설명할 수 없으며, 오직 '**직관**'으로 그것을 인식할 수 있을 뿐이라고 주장했다.

　이처럼 무어는 '선'을 다른 개념이나 자연적인 사실과 구분하는 한편, 그 고유성을 주장하면서 도덕의 진리성을 옹호했다. 이러한 무어의 지적에 따라 기존의 도덕 지식은 '**경험적**'인 것으로서 자연현상과 관계하거나, 또는 도덕 지식은 '**선험적**' 인 것으로서 자연현상과 무관하게 독자적인 직관 능력을 통해 파악되는 것으로 인식되었다. 전자는 '**자연주의**'를 뜻하고, 후자는 '**비자연주의**'를 지칭하는데, 이 두 견해는 20세기 현대 **도덕 실재론 논쟁**을 일으켰다.

오늘날, 메타 윤리학은 도덕 판단을 인지설과 비인지설, 실재론과 비실재론 같은 구분으로 분석해 들어간다. 예를 들어 직관주의와 자연주의는 비자연적 실재 론과 자연적 실재론이라는 대립하는 형태로 정리된다.

그렇게 해서 메타 윤리학은 한편으로는 '**실재론과 반실재론**', '**인지주의와 비인 지주의**', '**자연주의와 비자연주의**'라는 상반된 입장을 따라 도덕 지식, 도덕 사실, 도덕 언어의 의미와 성격을 분명히 함으로써 윤리학의 논의를 학문적으로 한 차 원 높였다. 하지만 그와 동시에, 메타 윤리는 지나치게 논리적·과학적 분석에 치 우침으로써 도덕의 고유한 특성을 무시하거나 간과한 측면이 있다고 비판받는다.

21세기 철학에서 메타 윤리학이 중요한 이유는 분명하다. 신실재론, 신유물론, 심리철학, 인공지능의 철학은 물론이고 인류세의 철학에 이르기까지, 21세기 철 학은 물리주의와 자연주의라는 과학적 접근을 따라 사상적 내용이 전개됨에 따 라, 관련한 **언어의 '규명'**이 무엇보다 중요해졌기 때문이다. **인공지능 윤리**와 관련 하여 메타 윤리의 중요성은 특히 그러한데, 윤리적 언어가 **정확히 규정되지 않은** 상태에서 이를 기계에 입력할 경우 초래할 수 있는 위험은 우리의 상상을 초월할 것이기 때문이다.

⚜ 메타 윤리학

- **자연주의 윤리:** '선(善)'과 같은 윤리 개념을 과학적으로 설명할 수 있다고 보는 입장.
  (공리주의적 도덕 실재론)

- **직관주의 윤리:** 도덕(선)은 과학으로는 불가능하며, 직관으로밖에 파악할 수 없다는 입장.
  (무어의 직관주의 윤리)

- **비인지주의 윤리:** 도덕에 관한 주장은 진위를 판단할 수 없다는 입장.
  (에이어의 윤리적 정서주의, 헤어의 규정주의 윤리)

직관주의 윤리/ 조지 에드워드 무어

: 도덕은 직관으로만 파악할 수 있다.

벤담과 밀은 공리주의 입장에서 '선(善)'은 곧 '쾌락'이라는 말로 정의했다. 공리주의 윤리관에 따르면, 모든 도덕적 행위는 쾌락의 정도에 의해 평가된다. 도덕적 '선'은 사회 전체의 쾌락 증대와 고통 감소를 기준으로 판단 가능하며, 양적·질적으로도 계량화할 수 있다.

그러나 분석철학의 한 분파인 '일상언어학파' 사상가로 직관주의 윤리학을 제시한 무어에 따르면, 공리주의 윤리가 주장하듯 '선'과 '쾌락'이 같다고 증명하기란 어려우며, 실제로도 둘은 반드시 같다고 보기 어렵다. 자연주의 윤리 역시 과학적 사실과 도덕적 언명을 혼동하는 것이기에 옳지 않다. 과학의 언어는 명제로 전환할 수 있지만, 도덕의 언어는 명제로 전환할 수 **없는** 것이기에 그 본질을 달리한다는 것이다.

무어는 선·악 같은 도덕 개념을 과학적 사실과 동일 선상에서 분석하는 것 역시 그릇된 생각이라면서, 그러한 잘못을 **'자연주의 오류'**라고 주장했다. 자연주의 오류란 도덕에서 말하는 **'선(善)'의 정의(定義) 불가능성**을 뜻한다.

무어에 따르면, '선'이라는 도덕적 속성의 실체는 어떤 사건이나 현상에 내재하며, 우리는 '선'의 실체를 마치 지각하듯이 통찰할 수 있다. 무어가 말하는 '선'이라는 개념의 속성은 단순하고, 분석 불가능하며, **'비자연적'**, 즉 비과학적인 것이다.

무어에 따르면, 선(善)은 비자연적인 것으로서, 과학적으로 관찰 불가능하기에 어떤 속성으로도 환원할 수 없다. 선을 세계의 어떤 자연적 특성과 동일시하려고 시도하는 모든 이론은 이른바 '자연주의 오류'를 범하고 있기에, 선이 지닌 도덕적 특성은 **'비자연적'**인 것이다. 즉 자연주의 오류를 범한 모든 이론은 '선'을 다른 어떤 것, 이를테면 '쾌락'과 혼동하고 있다는 것이다.

이처럼 무어는 '선'은 가장 순수한 개념으로 인식하면서, '선'의 속성을 과학적으로 분석·해석하는 것은 불가능하다고 보았다. '좋음', '쾌락' 등 다른 언어로 바꿔 말할 수도 없다고 생각했다. '선'은 물적인 것이 아니며, 우리의 '**직관**'으로밖에는 파악할 수 없는 것이라고 보았다. '우리 인간이 직관으로만 파악할 수 있는 것', 이 것이 무어가 말하는 도덕의 본질인데, 이를 '**직관주의**'라고 한다.

　무어는 직관주의를 따라 도덕적 판단 능력으로서의 직관력, 곧 비자연적인 '선' 을 '극대화'하는 능력과 관련지어 무엇이 도덕적으로 '**옳은**' 행위인지를 개념적으 로 정의코자 했다. 행위의 옳고 그름을 **주관적**이고 **정서적(직관적)**인 체계 안에서 재구성하려 든다는 점에서 무어의 직관주의 윤리는 다분히 이상주의적 **공리주의** 윤리 입장에서 제시한 이론이라 할 수 있다. 이렇듯 무어의 직관주의 윤리는 한편 으로는 이상주의적 공리주의 입장을 추구하면서도 다른 한편으로는 공리주의 사 고에 의존하지 않는 방향으로 자신의 사상을 전개해 나갔다.

　무어의 뒤를 이어 많은 직관주의자가 옳음과 의무의 개념은 '선'으로부터 도출 될 수 없다는 '**의무론적 윤리관**'을 펼치기 시작했다. '의무론적 직관주의'를 대표하 는 사상가로 로스와 프리처드가 있다. 로스는, 어떤 의무를 규정하는 규칙은 우리 를 구속한다는 사실을 '**직관적**'으로 인식할 수 있다고 보았다. 프리처드는, 의무와 옳은 행위는 자기 이익이나 욕구하는 목적과 연결해서 정의할 수 없다고 주장했 다. 그 점에서 로스와 프리처드가 생각한 '직관' 개념은 버틀러의 '**양심**' 개념과 유 사하다.

윤리적 정서주의/ 알프레드 에이어
: 도덕은 사실이 아니라 정서다.

논리실증주의자들은 어떤 명제가 의미가 있는지 없는지를 가리는 기준으로 '검증 원리'를 제시한다. 검증 원리에 따르면, 모든 유의미한 문장은 동어 반복이거나 경험적으로 검증 가능한 것, 둘 중 하나여야 한다. **'검증 원리'**에 비추어 볼 때, '거짓말은 나쁘다'와 같은 명제는 동어 반복도 아니고 경험적으로 검증 가능한 진술도 아니기에 무의미하다.

이러한 주장은, 선과 악, 옳음과 그름, 좋고 나쁨과 같은 도덕적 개념을 포함한 모든 도덕적 명제는 그 참과 거짓을 가려내는 것이 어렵기에 무의미하다는 결론을 함축한다. 논리실증주의 입장에서 볼 때 '좋다', '나쁘다'와 같은 가치 판단은 객관적으로 검증할 수 없는 개인적인 심리 진술에 불과하다. 그렇다면 우리가 알고 있는 모든 도덕 언어는 무의미한 헛소리에 불과한 것일까?

영국의 논리실증주의자 에이어는 논리실증주의 입장에서 윤리를 고찰했다. 이를테면 '소는 여물을 먹는다'는 주장은 사실이지만, '거짓말은 나쁘다'라는 주장처럼 입증할 수 없는 것의 진위를 논리적으로 정할 수는 없다고 보았다. 세상에 소가 여물을 먹는다는 '사실'은 있지만, 거짓말은 나쁘다는 '사실'은 없기 때문이다.

에이어에 따르면, 도덕적 명제는 비록 어떤 사실을 전달하는 것은 아니지만, 대신 우리의 감정을 표현한다. 예컨대 '거짓말은 나쁘다'라는 말은 우리가 "거짓말은 정말 나빠!"라고 외칠 때와 같이, 거짓말에 대한 우리의 부정적인 감정을 표현하는 것이다.

이처럼 도덕 판단은 '정서적' 의미만을 지닌다고 보는 '비인지주의' 메타 윤리학 이론을 **'정서주의(이모비티즘)'**라고 한다. **'정동(情動)주의'**라고도 부른다. (윤리적) 정서주의에 따르면, 도덕은 '사실'이 아니라 그 도덕을 주장한 사람의 **감정, 표정, 행동** 같은 '정서'라 할 수 있다.

정서주의에 따르면, 도덕 판단은 발화자 자신의 태도를 표현하는 것이며, 비록 복잡한 심리 과정을 거치기는 하지만, 그것을 듣는 사람에게 유사한 태도를 일으키려고 하는 발화자의 시도이다. 이러한 '정서주의' 윤리와 관련한 분석 결과의 하나는, 도덕 판단과 관련한 논증의 타당성은 애초부터 **'존재'할 수 없다**는 것이다. 우리는 기껏해야 설득의 방법을 통해 다른 사람에게 우리의 태도를 전달하는 정도만을 성공적으로 수행할 수 있다.

에이어는 '실증(實證)'에 의해 진위를 물을 수 없는, 이를테면 '거짓말은 나쁘다'와 같은 문장은 올바른 언어 사용이 아니라고 보았다. 그러나 '나는 거짓말에 반대한다'라든가, 또는 '나는 거짓말이 싫다'고 한다면, 이것은 언어를 올바르게 사용한 것이다.

전통 규범 윤리는 어떤 명제의 참이나 거짓 여부를 판단할 수 있으며, 도덕 판단과 관련한 진술은 모두 의미가 있다는 **'인지주의'** 입장을 보인다. 하지만 정서주의에 따르면, 모든 인지주의 도덕 이론이 제시하는 명제는 검증 원리를 충족하지 못하므로 잘못된 것이다.

이렇듯 도덕 판단 명제를 비인지적인 것으로 보는 견해를 **'비인지주의'**라고 한다. 따라서 윤리적 정서주의는 **'비인지주의'** 입장이라 할 수 있다. 비인지주의는 도덕 판단에 대한 이성의 인식 가능성을 포기함으로써, 보편적이고 객관적인 도덕 진리의 존재를 부정한다. 그 결과 정서주의는 도덕 판단을 단지 개인의 주관적 감정이나 태도의 표출로 간주함으로써, 윤리적 상대주의와 윤리적 회의주의를 아우르는 대표 이론으로 자리매김했다.

규정주의 윤리/ 리처드 머빈 헤어

: 도덕 언어는 명령으로서의 규정적 가치를 지닌다.

과학은 세상에 있는 '사실'에 대한 지식을 탐구한다. 이에 비해 도덕은 '사실'이 아니며, 도덕 지식이라는 것도 '존재'할 수 없다. 이처럼 도덕은 '사실'이 아니므로 도덕에서 '**지식**'이란 것은 존재하지 않으며, 도덕에 관한 주장은 진위를 판단할 수 없다는 입장을 '**비인지주의**'라고 한다.

'비인지주의'에서 도덕은 과학의 '사실'에 대한 지식과는 다른 그 무엇이다. '**규정주의**' 윤리는 비인지주의를 따라 도덕 판단을 일종의 명령문과 같은 것으로 해석하면서, 도덕 판단은 그것의 규정적인 특성으로 인해 단지 사실의 기술로는 도출할 수 없다고 본다. 즉 사실의 기술(記述) 그 자체는 '**명령**'을 함축하고 있지 않다는 것이다.

대다수 규정주의자는 일종의 타당한 도덕적 논증이 존재할 수 있지만, 이러한 논증은 그 자체만으로는 참이라고 증명할 수 없는 어떤 궁극적인 도덕 원리를 전제하고 있다고 여긴다. 따라서 서로 다른 궁극적인 도덕 원리를 받아들이는 사람들 사이에는 합리적으로 해결될 수 없는 어떤 불일치가 존재할 가능성이 있다고 본다.

영국의 윤리학자이자 공리주의자인 헤어는 도덕 판단이 감정이나 태도의 반영이라는 '정서주의' 주장에 기본적으로 동의하면서도, 도덕 판단에는 규정적인 요소도 내포되어 있다는 점에 주목했다.

규정적 요소란 다른 사람들로 하여금 우리의 가치나 태도를 받아들이도록 명령하거나 권유하는 행동 성향을 말한다. 예컨대 '거짓말은 나쁘다'는 도덕 판단은 '거짓말은 고통을 증가시킨다'와 같은 **기술(記述)적 요소(도덕 언어)**와 더불어, '너는 거짓말을 해서는 안 된다'와 같이 다른 사람이 우리의 태도를 받아들이도록 권유하는 **규정적 요소(가치 판단)**를 동시에 지니고 있다는 것이다. 이처럼 도덕 언어는 모두가 어떤 경우든 그 행동을 선택하도록 명령(이를테면, 거짓말을 하지 않는다는 행동 선택)을 내린다는 점에서 헤어의 규정주의 윤리를 **'명령주의(지령주의)'**라고도 한다.

　헤어는 도덕을 주장하는 언술(말씀)은 그럴 생각이 없어도 모두에게 '그렇게 하라'고 강요하는 것과도 같으며, 따라서 도덕적인 언어를 사용할 때는 신중할 필요가 있다고 주장했다. 헤어의 '규정주의 윤리'는 도덕 판단에 내포된 **인지적 요소**를 어느 정도 인정함으로써 도덕을 **'이성'**으로 다룰 수 있는 여지를 남긴 셈이다. 도덕(윤리)에 대한 언어를 분석하는 것도 중요하지만, 윤리적으로 무엇을 할 것인가를 생각하는 것 역시 그에 못지않게 중요하다고 본 것이다.

　그 점에서 헤어의 규정주의 윤리는 메타 윤리학의 입장을 따르면서도 규범 윤리학에 대해서는 **'공리주의'**를 지지한다. 우리가 기꺼이 보편적으로 규정하고자 추론할 수 있는 도덕 원리는 관련된 당사자 모두를 위해서 전체적으로 선호와 만족을 극대화하는 원리이기 때문이다.

　결과적으로 헤어의 규정주의는 칸트의 도덕에서의 보편화 가능성 개념에 크게 의존하면서, 도덕적 추론에서 매우 영향력이 큰 규정주의 이론을 제시한 것이라 할 수 있다. 헤어는 도덕 판단을 내리는 데 있어서 우리는 동일한 상황에 있는 모든 사람에게 동일한 형태의 행위를 할 것을 규정하는 보편 명령을 기꺼이 받아들여야만 한다고 주장했는데, 여기에는 **공리주의** 사상이 분명히 드러나고 있음이 확인된다.

　헤어는 도덕 개념의 논리와 사실에 기초해서 황금률 논법을 발전시킴으로써 자연주의의 오류와 직관주의의 순환 논증의 오류를 피할 수 있는 **반직관주의·비인지주의** 도덕 추론이 가능하다면서, 도덕 추리의 중립성과 객관성의 토대를 제공하고자 했다.

　헤어는 메타 윤리학, 규범 윤리학, 응용 윤리학 세 분야 모두에서 사상적으로 크게 공헌한 20세기의 유일한 철학자로 평가받고 있다. 헤어는 지난 세기의 여러 도덕 철학자가 잘못된 도덕 철학 방법론에 매달림으로써 윤리적 비합리주의와 상대주의에 빠지고 말았다고 생각했다. 그래서 그는 무엇보다도 합리적인 도덕 사유의 방법론을 재정립하는 것이 중요하다고 보았다. 그 핵심은, 도덕의 물음을 (그 사실이 과학적 사실이건 도덕적 사실이건) 사실의 물음으로 만들어서는 도덕 사유의 객관성을 담보할 수 없다는 것이다.

✢ 현대 윤리학의 사상적 구분

(1-1) 자연주의 윤리: 도덕 판단은 객관적 도덕 속성을 따라 **경험적(과학적)**으로 검증할 수 있다. (공리주의)

(1-2) 비자연주의 윤리: 도덕 판단은 선험적인 것으로, 독자적인 **직관** 능력을 통해 파악되는 것이다. (무어의 직관주의)

(2-1) 도덕 실재론: 도덕 속성은 우리의 생각이나 감정과 **무관하게** 존재한다. (대부분의 규범 윤리)
  • 자연주의적 도덕 실재론: 아리스토텔레스, 공리주의
  • 비자연주의적 도덕 실재론: 플라톤, 비인지주의(직관주의, 정서주의, 규정주의)

(2-2) 도덕 반실재론: 도덕적 사실이나 도덕적 속성은 실재로서 존재하지 않는다.
  • 인지주의적 도덕 반실재론: 도덕 회의주의, 윤리적 주관주의
  • 비인지주의적 도덕 반실재론: 논리실증주의를 따르는 메타 윤리

(3-1) 윤리적 인지주의: 도덕 문장은 참이나 거짓인 진릿값을 가질 수 있다.
  • 주관주의: 도덕적 문장의 참·거짓은 이를 진술하는 사람의 심리 상태에 달렸다. (도덕 실재론, 도덕 상대주의)
  • 객관주의: 도덕적 문장의 참·거짓은 객관적인 그 '어떤 것'이다. (공리주의)

(3-2) 윤리적 비인지주의: 도덕은 '사실'이 아니기에, 도덕에 관한 주장은 진위를 판단할 수 없다. (직관주의, 정서주의, 규정주의)

계약주의 윤리/ 팀 스캔론

: 도덕의 원천은 욕구가 아닌 '이유'다.

도덕적인 행위를 가능하게 하는 동기적 요소는 욕구인가, 이유인가? 현존하는 최고의 윤리학자로 평가받는 팀 스캔론은 답하기를, 도덕이란 '자신의 행위를 타인에게 정당화하고 싶은 욕구'라고 정의했다. **정당화의 욕구**가 인간을 도덕적으로 만들며 타인과의 관계에서 오는 조화를 중시하기 때문에 도덕과 윤리가 생긴다는 것이다.

그랬던 스캔론이 저서 『우리가 서로에게 지는 의무』에서 그동안의 생각을 바꾸어서, 도덕의 원천은 욕구가 아닌 '이유'라고 주장했다. 우리가 서로에게 갖는 의무를 나타내는 도덕적 옳음과 그름을 일종의 계약론으로 설명하면서, 행위에 대한 근본적인 도덕 원칙으로서 '이유'를 옹호하고, 이것은 결코 욕구로 환원될 수 없다고 주장했다.

그렇다면 욕구가 아닌 이유가 어떻게 도덕 행동을 불러온다는 것인가? 스캔론은 행위에 대한 근본적인 도덕 원칙으로서 '**개인 사이의 도덕에 대한 계약주의**'를 제시했다. "사람들이 상대방도 충분히 받아들일 만한 정당한 토대를 마련하기 위해 자신의 개인적 필요를 바꿀 의지를 공유해야 한다."라면서, 그러려면 모든 사람의 의지와 욕구가 같아야 한다고 주장했다. 그리고 이것을 확인하는 방법으로 계약서에 모두가 서명하면, 이로써 개인 사이에 도덕을 지켜야 할 마땅한 '이유'는 확립된다고 보았다.

스캔론의 생각을 현실에 적용할 경우, 그의 '계약주의'는 나쁘거나 부정한 행동을 구별하는 좋은 잣대가 된다. 예를 들어 어떤 사람이 '긴급한 상황이 아니면 고속도로 갓길을 사용하면 안된다'는 규칙을 제안할 경우, 이는 모두가 똑같이 혜택을 보고 또 공공 안전에도 도움을 주기 때문에 그 아무도 비합리적인 '이유'로 이 규칙을 거부할 수 없다. 스캔론의 계약주의는 상호 인정과 협동, 공존에 기초해서 도덕의 토대를 닦아야 하는 '이유'를 제시했다. 스캔론의 '윤리적 계약주의'를 '**인간과 비인간 사물 사이의 윤리적 계약**'의 개념으로 확장하면, 인공지능과 인류세로 대표되는 오늘날의 윤리적 문제 해결을 위한 일련의 실마리를 얻을 수 있을 것이다.

캉탱 메이야수(Quentin Meillassoux, 1967~)
포스트 구조주의 이후 가장 주목받는 프랑스 철학자로, 칸트 이후 한 세기 넘게 이어진 주류 유럽 철학에 반기를 들었다. 그의 첫 저서인 『유한성 이후』는 출간되자마자 프랑스의 철학계뿐만 아니라 지성계 전반에 큰 반향을 불러일으켰으며, 이를 계기로 '사변적 실재론'이라는 신진 철학 운동의 중심 인물로 부상했다. 현재 파리 판테온소르본대 교수로 재직하면서 형이상학과 인식론을 지도하고 있다. 또 다른 저술로 『형이상학과 과학 밖 소설』이 있다.

마우리치오 페라리스(Maurizio Ferraris, 1956~)
이탈리아 철학자로 토리노대학교에서 박사 학위를 받은 후 국제철학학교 및 사회과학고등연구원에서 활동했다. 현재 토리노대학교의 철학과 교수로, 토리노대학교 산하 존재론연구소(LabOnt)를 창설해 소장으로 재직하고 있다. 일찍이 데리다 철학에 깊이 영향받았으나 최근에는 '사회적 존재론'의 주창자이자 21세기 사상을 뒤흔든 '신실재론' 사조의 일원으로서 연구 영역을 넓히며 분야의 독자적인 사상가로 자리매김하고 있다. 주요 저서로 『신실재론』이 있다.

마르쿠스 가브리엘(Markus Gabriel, 1980~)
스물여덟에 독일 본대학교 철학과 석좌교수에 오른 독일에서 가장 촉망받는 철학자다. 인식론과 근현대 철학을 강의하고 있으며, 동 대학의 국제 철학 센터 소장을 겸임하고 있다. 그가 주장하는 '신실재론'은 21세기 현대철학의 새로운 방향을 제시했다는 점에서 세계적으로 주목받고 있다. 가브리엘의 저술은 21세기 현대철학의 새로운 흐름을 선도한다는 점에서 높이 평가받고 있는데, 주요 저술로 『왜 세계는 존재하지 않는가』, 『나는 뇌가 아니다』가 있다.

캐런 버라드(Karen Michelle Barad, 1956~)
신유물론 페미니즘을 대표하는 연구자이자 가장 영향력 있는 신유물론 학자 중 한 명으로, 현재 캘리포니아대학교 산타크루즈캠퍼스(UCSC)에서 페미니즘 연구, 철학, 의식의 역사 교수로 재직하고 있다. 양자물리학의 중요 개념들을 발전시켜 세계가 물질과 의미의 '얽힘'과 '관계성'으로 생성된다고 보는 '행위적 실재론'을 자신만의 인식론적, 존재론적, 윤리적 틀로서 제안했으며, 이후 수행성 이론으로 발전시켰다. 대표 저작으로 『우주와 중간에서 만나기』가 있다.

브뤼노 라투르(Bruno Latou, 1947~2022)
프랑스 출신의 과학기술학자로, 과학·기술과 인문·사회를 아우르는 학제적 조류인 과학기술학(STS) 분야에서 가장 영향력 있는 학자 중 한 사람이다. 파리정치대학 교수로 재직했으며, 2022년

췌장암으로 사망했다. 현대 과학기술에 관한 인류학적이고 철학적인 연구로 널리 알려져 있으며, 오늘날 전 세계에서 **생태주의** 정치철학과 관련해 가장 많이 인용되는 학자로 꼽힌다. 주요 저서로는 『실험실의 삶』, 『**우리는 결코 근대인이었던 적이 없다**』가 있다.

그레이엄 하먼(Graham Harman, 1968~)

미국의 철학자로 현재 서던캘리포니아건축대 철학 특임교수로 재직 중이다. 현대철학의 '사변적 실재론' 운동을 선도한 핵심 인물로, 객체의 형이상학에 관한 사유 체계인 '**객체 지향 존재론**'을 창안했다. 전통에 구속받지 않는 사고로 철학, 과학, 예술을 넘나들면서 자신만의 독창적인 사상을 자유롭게 전개하고 있으며, ≪아트 리뷰≫에 의해 세계 예술계에서 가장 영향력이 있는 인물 100인 중 한 사람으로 선정되었다. 주요 저술로 『**사변적 실재론 입문**』이 있다.

도나 해러웨이(Donna J. Haraway, 1944~)

세계적인 **페미니즘** 이론가이자 생물학자, 과학학자, 문화비평가로, 미국 캘리포니아 주립대학교 산타크루즈의 의식사학과 명예 교수이다. 남성/여성, 인간/동물, 유기체/기계 같은 이분법적 질서를 해체하고 종의 경계를 허무는 전복적 사유로 명성이 높다. 인간중심주의, 반과학주의를 비판하고, 인문사회과학과 자연과학을 넘나드는 다학제 연구를 진행하면서 끊임없이 사상의 전선을 확장하고 있다. 주요 저서로 『사이보그 선언』, 『**반려종 선언**』이 있다.

제인 베넷(Jane Bennett, 1957~)

미국의 정치이론가이자 생태철학자로, 존스홉킨스대학교 정치학 교수로 재직하고 있다. 스피노자와 라이프니츠에 대한 질 들뢰즈의 해석으로부터 생기적 유물론을 주창한 대표적인 학자로, 인간중심의 접근법에서 벗어나 창조적인 물질의 힘을 포착하고, 자연을 무분별하게 소비하는 인간의 태도의 철학적 전환을 시도했다. 저서 『**생동하는 물질: 사물에 대한 정치 생태학**』은 그러한 '생기적 유물론'에 관한 관심사를 집대성한 책이다.

로지 브라이도티(Rosi Braidotti, 1594~)

페미니즘, 포스트구조주의, 비판이론, 문화 연구, 과학기술 연구를 넘나드는 철학자로, 현재 네덜란드 위트레흐트대 여성학과 석좌교수로 재직하고 있다. 스피노자와 들뢰즈의 철학, 포스트모던 페미니즘 등을 결합해 유목론적 주체성, 긍정의 윤리학, **포스트휴먼** 이론을 제시한다. 정보화 시대의 흐름과 변화를 면밀하게 포착하고 연구하는 포스트모던 페미니스트 철학자로서, 유럽 여성 연구 네트워크를 비롯하여 다양한 프로젝트를 지속해서 추진하고 있다. 주요 저서에 『유목적 주체』, 『**포스트휴먼**』이 있다.

닉 보스트롬(Nick Bostrom, 1973~)

스웨덴 출생의 철학자로, 영국 옥스퍼드대학교 철학과 교수이자 인류 미래 연구소의 창립 소장이다. 현재 인공지능과 기술적 특이점 분야의 세계적인 전문가로, **약한 기술결정론**을 긍정하고 있다. 취약한 세계 가설, 실존적 위험, 인공지능, 초지능, 모의실험 가설, 트랜스휴머니즘, 인체 냉동 보존술, 나노테크놀로지 등에 관해 연구하고 있다. 불가지론자로 보이며, 자유의지는 양립 가능하다고 주장한다. 저서로 『인류 편견』, 『**슈퍼인텔리전스**』가 있다.

레지스 드브레(Regis Debray, 1940~)

레지스 드브레는 프랑스의 철학자이자 언론인으로, 파리 고등사범학교를 졸업한 후 소르본대학에서 「매개론 강의」로 박사 학위를 취득했다. 언어와 이미지를 통한 사회 안에서의 문화적 의미 전달을 과학적으로 연구하는 '**의미 의학**' 분야의 주창자로 유명하다. 다수의 소설과 에세이, 학술 저작을 발표했으며, 페미나 문학상을 수상했다. 대표작으로 『**매개론 선언**』, 『우리 모두는 어떻게 미국인이 되었나』가 있다.

베르나르 스티글레르(Bernard Stiegler, 1952~2020)

베르나르 스티글레르는 프랑스의 기술철학자이자 문화 이론가로, 은행 강도 혐의로 복역하던 이십 대 시절에 철학을 시작한 독특한 이력을 가지고 있다. 당시 편지로 대화를 주고받던 철학자 제라르 그라넬 교수로부터 자크 데리다를 소개받아 수학하면서 박사 학위를 받았다. 이후 콩피에뉴 대학 교수 등을 역임했다. **기술과 매체**에 관한 독창적이고 주목할 만한 연구 성과를 통해 전 세계적으로 커다란 주목을 받고 있으며, 대표작으로 『**기술과 시간**』이 있다.

프리드리히 키틀러(Friedrich Kittler, 1943~2011)

독일의 문학평론가이자 미디어 이론가로, 특히 미디어, 테크놀로지, 군사 간의 역사적 관계를 중심으로 현대 문화를 비평하는 것이 주된 관심사다. 뉴미디어에 대한 새로운 시각을 제공했으며, **기술의 자율성**을 중요한 것으로 인식한다. 이러한 면에서 캐나다의 미디어 학자인 마셜 매클루언과 비교되는 경우가 많지만, 인간 주체를 보는 시각에서 매클루언과는 차이가 있다. 주요 저서로 『드라큘라의 유산: 기술적 글쓰기』, 『**광학적 미디어**』 등이 있다.

에두아르도 콘(Eduardo Kohn, 1968~)

캐나다 맥길대학교의 인류학 교수이다. 위스콘신 대학교에서 인류학으로 박사 학위를 받았으며, 코스타리카 열대학연구원이 주관하는 열대 생태학 과정을 수료하면서 생태학 분야에서도 전문성을 쌓았다. 대표작 『**숲은 생각한다**』는 숲과 인간의 관계에 관한 밀착 연구를 통해 그동안 우리를 지배한 인간 중심적 사고방식에 도전을 시도한 것으로, 새로운 인문학의 지평을 여는 대표적인 **포스트**

휴머니즘 기획으로 평가받고 있다.

메릴린 스트래선(Marilyn Strathern, 1941~)
영국의 인류학자로 현재 케임브리지대학교 명예 교수로 재직 중이다. 1964년부터 12년 동안 파푸아
뉴기니에 대한 현지 조사를 토대로 멜라네시아의 친족과 여성에 관한 연구에 몰두했으며, 이를 토
대로 21세기의 **새로운 인류학**을 예고하는 기념비적 저작 『**부분적인 연결들**』을 출간했다. 2003년 인
류학자의 최고 명예라 할 수 있는 '바이킹 재단상'을 수상했으며, 팔순이 넘은 나이임에도 왕성한
학술 활동을 이어가고 있다. 또 다른 저서로 『증여의 젠더』가 있다.

필리프 데스콜라(Philippe Descolan, 1949~)
히스패닉계 프랑스 인류학자로, 지구 생태계 인문학을 모색하며 21세기 '**존재론의 인류학**', '자연의
인류학'을 이끌고 있다. 레비스트로스의 지도하에 파리대학 고등연구원에서 페루 국경의 아추아르
족을 현지 조사하여 민족학 박사 학위를 취득했다. 콜레주드프랑스에서 석좌교수를 역임했으며, 레
비스트로스가 설립한 사회인류학연구소(LAS) 소장을 지냈다. 저서로 『자연의 사회에서: 아마존 원
주민의 생태학』, 『자연과 문화를 넘어서』, 『**타자들의 생태학**』이 있다.

존 로저스 설(John Rogers Searle, 1932~)
미국의 분석철학자로, 특히 언어철학과 심리철학으로 유명하다. 캘리포니아대학교 버클리(UC
Berkeley) 철학과 석좌교수로 재직 중이며, 세계 여러 대학의 초빙교수를 거친 현대의 지도적 철학
자이다. '**중국어 방**'이란 사고 실험을 제시함으로써 당시 팽배했던 기능주의와 고전적 인공지능에
강력한 도전을 했다. 언어철학은 오스틴의 언어행위론을 계승했으며, 한국에도 몇 차례 찾아와 강
연한 지한파이기도 하다. 주요 저서로 『**지향성**』, 『언어, 정신, 사회』가 있다.

프랭크 잭슨(Frank Cameron Jackson, 1943~)
호주의 분석철학자로 호주국립대학교(ANU) 명예 교수이다. 주요 연구 관심사는 인식론, 형이상학,
메타 윤리학, 심리철학으로, 특히 심리철학 분야에서 물리주의를 비판하고 '**수반 현상설**'을 제창했
지만, 후에 물리주의에 가까운 표상주의로 전향했다. 심리철학의 지식 논쟁으로 유명한 '**메리의 방**'
사고 실험을 통해 마음을 물질로 환원하는 물리주의를 비판하면서 지식 논쟁에 동기를 부여했다.
저서로 『조건문』, 『**형이상학에서 윤리로**』가 있다.

데이비드 차머스(David John Chalmers, 1966~)
호주 출신의 분석철학자이자 인지과학자로, 호주국립대학 교수이다. 대표적인 연구 분야는 심리철
학으로, 특히 의식의 어려운 문제를 공식화한 것으로 가장 잘 알려져 있다. '**자연주의적 이원론**'의

입장에서 '**철학적 좀비**'의 논리적 가능성에 대해 논의한 사고 실험으로 유명하다. 참고로 과학철학 논문이나 책에서 언급되는 차머스는 흔히 동명이인인 앨런 차머스(Alan Chalmers)를 가리킨다. 저서로 『**의식하는 마음**』이 있다.

길버트 라일(Gilbert Ryle, 1900~1976)
영국의 철학자로, 옥스퍼드대학 교수로 재직했다. 철학 잡지 《마인드》의 편집 책임자로서, **일상 언어학파**를 형성하는데 지도적 역할을 했다. 데카르트의 정신에 관한 사상을 일종의 '신화'라고 하여 배척하고 새로운 정신의 개념을 제창했다. 후기 비트겐슈타인의 언어게임 이론을 계승하면서 분석의 방향을 언어 문제로부터 전통적으로 문제가 되어 온 정신 개념으로 돌려 하나의 체계를 완성했다는 평가를 받고 있다. 저서로 『**마음의 개념**』, 『딜레마』가 있다.

폴 처칠랜드(Paul Montgomery Churchland, 1942~)
신경철학과 정신철학 연구로 유명한 캐나다의 철학자로, 그의 아내 패트리샤 처칠랜드도 같은 분야를 연구하는 유명한 철학자다. 캘리포니아대학교 샌디에이고 캠퍼스 철학과 명예 교수이다. 인식론과 과학철학, 뇌 과학의 관점에서 인공지능에 관심을 두고서 심리철학에 몰두하고 있다. 통속 심리학에서 말하는 믿음, 느낌, 욕구 등의 심적 용어를 과학적 언어로 대체해야 한다고 보는 '**제거적 유물론(소거주의)**'을 주장했다. 주요 저서로 『**물질과 의식**』이 있다.

J. J. C. 스마트(John Jamieson Carswell Smart, 1920~2012)
호주의 철학자이자 윤리학자로, 호주 모나쉬대학 명예 교수를 역임했다. 형이상학, 과학철학, 심리철학 등의 분야에서 활약했으며, **행위 공리주의**의 중요한 논객으로 주목을 받았다. 심리철학과 관련하여 물리주의 입장을 따르며, 마음의 특정 상태는 뇌의 특정 상태와 동일하다고 주장하는 '**마음-뇌 동일성 이론**'을 제창했다. 형이상학에서는 시간 철학 우주론인 4차원 물리적 사실주의를 제안했다. 저서로 『**공리주의 윤리 체계의 개요**』가 있다.

데이비드 암스트롱(David Malet Armstrong, 1926~2014)
심리철학·인식론·형이상학에 특히 많은 영향을 주었던 호주 출신 철학자로, 오랫동안 호주 시드니대학교 철학과 교수로 재직했으며, 이후 작고할 때까지 동 대학의 명예 교수로 활동했다. 심리철학·인식론·형이상학에서 다수의 저서와 논문을 남겼다. 대표작 『**어느 물질론자의 마음 이야기**』는 심리철학의 핵심 문제인 마음의 존재론적 위상을 다룬 저작으로, 감각·지각·심상·의식 같은 정신 작용이 비물리적 작용인지, 아니면 신체 작용처럼 물리적 작용인지를 물었다.

닐 레비(Neil Levy, 1967~)

철학을 바탕으로 신경과학과 뇌 과학의 발달로 인해 파생된 윤리적 문제에 집중하는 남아공 출신의 세계적인 **신경 윤리학자**이다. 특히 인간의 자유의지와 그에 따른 의사결정, 그리고 도덕적 책임에 깊은 관심을 두고 있으며, 중독 및 자기 절제에 관련한 심리적 메커니즘까지 연구의 영역을 넓히고 있다. 현재 영국 옥스퍼드대학교 연구교수로 재직 중이며, 철학과 신경과학을 접목한 다양한 논문과 책을 펴냈다. 대표작으로 『신경 윤리학이란 무엇인가』가 있다.

앨런 튜링(Alan Mathison Turing, 1912~1954)

영국의 수학자, 암호학자, 논리학자, 컴퓨터 과학자로, 컴퓨터 과학의 선구적 인물이다. 알고리즘과 계산 개념을 '**튜링 기계**'라는 추상 모델을 통해 형식화함으로써 컴퓨터 과학의 발전에 크게 공헌했으며, 발표 논문 '계산 가능한 수와 결정문제에 대한 응용'은 수리논리학이나 계산기 이론의 획기적인 실적으로 평가받고 있다. **튜링 테스트**의 고안으로도 유명하며, 이론 컴퓨터 과학과 인공지능 분야에 지대한 공헌을 한 이유로 '컴퓨터 과학의 할아버지'라고 불린다.

대니얼 데닛(Daniel Clement Dennett, 1942~)

과학의 최신 성과와 **진화적 관점**을 중시하는 미국의 분석철학자로, 옥스퍼드대학에서 길버트 라일과 함께 연구했다. 현재 미국 터프츠대학 철학 교수이며 인지과학연구센터 공동 책임자다. 최신 인지과학 연구를 인용하여 유물론적·진화론적 측면에서 심리철학을 설명하면서, 가장 독창적인 사상가로 정평이 났다. 심리철학, 인지과학, 생물철학의 선구자로서 마음과 인공지능 연구에 심대한 영향을 끼쳤다. 저서로 『마음의 진화』, 『내용과 의식』, 『지향적 자세』가 있다.

요제프 바이첸바움(Joseph Weizenbaum, 1923~2008)

현대 인공지능 아버지의 한 사람으로 추앙받는 독일계 미국인 컴퓨터 과학자로, MIT 교수를 역임했다. **컴퓨터 윤리** 분야에 상당한 공헌을 한 학자에게 수여하는 '바이첸바움 어워드'는 그의 이름을 따서 명명되었다. 인공지능의 의미를 철학적으로 고찰하기 시작하면서, 이후 인공지능의 주요 비평가 중 한 명이 되었다. 저서 『컴퓨터의 힘과 인간의 이성』은 컴퓨터 기술의 양면성을 기술하면서 인공지능이 중요한 결정을 내리게 해서는 안 된다는 주장을 담았다.

벤저민 리벳(Benjamin Libet, 1916~2007)

미국의 신경과학자로, 인간 의식 분야의 선구자다. 〈의식의 실험적 조사, 행동 개시 및 자유의지〉에 관한 선구적인 업적으로 오스트리아 클라겐푸르트대학에서 가상 노벨 심리학상을 수상했다. 미국 캘리포니아대학 샌프란시스코 캠퍼스 교수 시절 수행한 유명한 사고 실험인 '**리벳의 자유의지 실험**'은 뇌에 대한 환원적 인식, 그리고 물질의 운동은 예측 가능하다는 뉴턴 역학의 세계관과 맞물리며 자유의지 논란에 불을 붙였다. 주요 저서로 『**욕망에 관하여**』가 있다.

아이작 아시모프(Isaac Asimov, 1920~1992)

구 소련계 미국의 과학 소설가이자 저술가로, 보스턴대학교 생화학 교수를 역임했다. 죽기 전까지 500권 이상의 책을 쓰고 다듬었으며, **공상과학** 소설계의 3대 거장으로 불린다. 가장 유명한 작품은 『**파운데이션 시리즈**』로, 그 중 첫 세 권은 역대 최고의 시리즈로 여겨져 휴고상을 받았다. 그의 이름을 딴 소행성, 과학 잡지, 초등학교가 있고, SF 및 교양 과학 분야에 각각 그의 이름이 붙은 상이 있을 정도로 지금도 전 세계적으로 명성을 유지하고 있다.

주디스 자비스 톰슨(Judith Jarvis Thomson, 1929~2020)

미국의 도덕 철학자로, 콜롬비아 대학에서 박사 학위를 받은 뒤, MIT 등에서 윤리학을 가르쳤다. 주된 관심사는 도덕 철학과 형이상학이며, 길버트 하먼과 함께 쓴 『도덕적 상대주의와 도덕적 객관성』에서 도덕 상대주의를 비판한 것으로 잘 알려져 있다. 그녀의 작업은 다양한 분야에 걸쳐 있지만, 특히 '**트롤리 문제**'라는 사고 실험과 낙태에 관한 저술로 유명하다. 『**권리란 무엇인가**』를 비롯한 다수의 저술 및 논문 선집이 있다.

브루스 슈나이어(Bruce Schneier, 1963~)

미국의 암호학자이자 세계 최고의 **보안 전문가**로, 암호학 분야의 명저 『응용 암호학』을 비롯하여 열세 권의 책을 낸 유명 베스트셀러 작가다. 그가 발행하는 뉴스레터인 《크립토그램》과 그의 블로그 '슈나이어 온 시큐리티'의 구독자는 전 세계에 걸쳐 25만 명이 넘는다. 현재 보안 기업 리질리언트 시스템의 최고기술경영자로 재직 중이며, 주요 저서로 『**당신은 데이터의 주인이 아니다**』, 『**모두를 죽이려면 여기를 클릭하세요**』가 있다.

파울 크뤼천(Paul J. Crutzen, 1933~2021)

네덜란드의 저명한 대기화학자로, 오존층 파괴의 원인을 밝혀낸 공로로 노벨 화학상을 공동 수상했다. 그러나 크뤼천을 더욱 유명하게 만든 것은 노벨상보다 2000년 그가 주창한 새로운 지질시대를 뜻하는 '**인류세**(Anthropocene)' 개념으로, 2000년 '국제지구권생물권연구(IGBP)' 뉴스레터 기고문에서 지질 및 생태에 끼치는 인류의 역할을 강조하기 위해 현재의 지질시대를 인류세로 부르자고 주장했다. 저서로 『**인류세와 기후위기의 대가속**』이 있다.

주디스 버틀러(Judith Butler, 1956~)

미국의 철학자이자 젠더 이론가로, 개별 인간을 하나의 분류에 넣어 해석할 수 없다는 '**퀴어 이론**'의 창시자이자, 현대 페미니즘 이론 발전에 지대한 영향을 준 현존하는 최고 페미니즘 이론가다. 현재 UC 버클리대학교에서 비교문학·수사학과 교수로 재직 중이며, 『젠더 트러블』, 『안티고네의 주장』, 『젠더 허물기』, 『의미를 체현하는 육체』, 『불확실한 삶』 등 다수의 저작이 있다. 그의 이론과 저작은 정치, 철학, 문학, 여성주의, 퀴어 이론 등에 큰 영향을 끼쳤다.

디페시 차크라바르티(Dipesh Chakrabarty, 1948~)

인도 출신의 역사학자로, **탈식민 이론**을 선도하는 학자이다. 칼커타대학교에서 물리학을 전공하여 MBA 학위를 받은 뒤, 오스트레일리아 국립대학교에서 역사학 전공으로 박사 학위를 받은 독특한 이력의 소유자다. 현재 시카고대학교 역사학과 명예 교수이며, 2014년 '토인비 상'을 수상했다. 서벌턴 연구집단의 창립 일원이며, ≪아메리칸 히스토리컬 리뷰≫와 ≪퍼블릭 컬처≫의 편집위원으로 활동했다. 주요 저서로 『행성 시대 역사의 기후』, 『문명의 위기』가 있다.

티모시 모튼(Timothy Morton, 1968~)

영국의 영문학자이자 **생태이론가**로, 옥스퍼드대학교 모들린칼리지에서 영문학 박사 학위를 받았다. 현재 미국 라이스대학교 영문학과 석좌교수로 재직하고 있다. 그의 관심사는 다방면에 걸쳐 있는데, 밀턴과 셸리를 비롯한 영국 시와 여러 문학에 나타난 음식 및 육체 연구, 생태학, 객체 지향적 존재론, 생물학, 양자물리학 등 종횡무진으로 학제를 넘나들고 있다. 주요 저서로 『인류』, 『사실주의적 마술』, 『자연 없는 생태학』, 『생태적 사고』가 있다.

로이 스크랜턴(Roy Scranton, 1976~)

미국 오레곤 태생의 수필가, 소설가, 문학 평론가, 기후 철학자로, 전쟁 문학과 **인류세**에 관한 연구로 잘 알려져 있다. 프린스턴대학교에서 영문학 박사 과정을 밟았으며, 현재 노트르담대학교 인문학 교수로 재직하고 있다. ≪롤링 스톤≫, ≪뉴욕 타임즈≫, ≪보스턴 리뷰≫, ≪컨템포러리 리터러처≫ 등에 기사, 에세이, 소설을 폭넓게 기고하고 있으며, 대표 저서 『인류세에서 죽음을 배우다』가 2015년 미국 과학 및 자연 저술 부문 최고작으로 선정됐다.

사이토 고헤이(齋藤幸平, 1987~)

해외 마르크스 연구자 중 최근 가장 주목받는 청년 사상가로, 일본 도쿄대 종합문화연구과 교수이다. 독일 베를린 훔볼트대학교 철학과에서 박사 학위를 받았으며, 전문 분야는 경제사상, **사회사상**이다. 마르크스의 생태학과 자본주의의 자연 파괴와 관련한 중요한 통찰을 토대로, 마르크스, 생태학, 철학, 정치경제학, 인류세와 관련한 여러 논문과 저작들을 계속해서 발표하고 있다. 저서로 『마르크스의 생태사회주의』, 『마르크스와 생태주의』가 있다.

시노하라 마사타케(篠原雅武, 1975~)

교토대학교 인간·환경학 연구과 박사 과정 수료 후 인간·환경학 박사 학위를 취득했다. 현재 교토대학교 종합생존학과 특임 준교수로 재직 중이다. 전문 연구 분야는 철학, **환경 인문학**이며, 저서로 『공공 공간의 정치 이론』, 『공공 공간을 위해』, 『전(全) 생활론』, 『복수성의 생태학』, 『살았던 뉴타운』, **『인류세의 철학』** 등이 있다. 번역서로 마누엘 데란다의 『새로운 사회철학』, 티모시 모튼의 『자연 없는 생태주의』 등이 있다.

유발 하라리(Yuval Noah Harari, 1976~)

이스라엘의 역사학자로, 세계적인 스테디셀러 **『사피엔스』**의 저자이다. 영국 옥스퍼드대학교에서 중세 전쟁사로 박사 학위를 받았으며, 현재 예루살렘 히브리 대학교 역사학과 교수로 재직 중이다. '인문학 분야 창의성과 독창성에 대한 플론스키 상'을 수상했고, '영 이스라엘 아카데미 오브 사이언스'에 선정되었다. 2017년, 또 하나의 대표작 **『호모 데우스』**가 독일 유력 경제지인 ≪한델스블라트≫가 꼽은 '가장 통찰력과 영향력 있는 올해의 경제 도서'에 선정되었다.

캐럴린 머천트(Carolyn Merchant, 1936~)

미국의 대표적 **에코페미니스트** 철학자이자 과학사가이다. UC 버클리의 환경사, 철학, 윤리학 명예교수로, 환경철학과 사상, 과학사와 환경사, 여성 문제를 주제로 연구해 왔다. 전 세계에 '생태 여성론' 논의를 촉발한 미국의 대표적인 진보여성주의자로, 17세기 과학혁명을 과학이 자연을 원자화하고, 객관화하고, 해부하기 시작한 시기로 규정하고, 자연의 종말을 예언했다. 주요 저서인 **『자연의 죽음: 여성, 생태학, 과학혁명』**을 포함하여 총 12권의 책을 집필했다.

힐러리 퍼트넘(Hilary Whitehall Putnam, 1926~2016)

미국의 철학자이자 수학자이다. UCLA에서 라이헨바흐에게 과학철학을 배우고 하버드대학교에서 콰인에게 현대 논리학을 배웠다. 1965년 이래 하버드대학교 철학과 교수로 재직했으며, 미국 철학회 회장으로 선출됐다. 경험주의의 극복이라는 과제로 특징짓는 20세기 후반 후기 분석철학의 사상적 흐름을 이끌었던 철학자로, 분석철학, 심리철학, 언어철학, **과학철학** 등 다양한 분야에서 활약했다. 대표 저술로 **『이성, 진리, 역사』**가 있다.

토마스 네이글(Thomas Nagel, 1937~)

세르비아 태생의 미국의 철학자이자 윤리학자로, 자유주의적 평등주의 이론을 대표하는 학자이다. 환원주의와 물리주의에 대한 비판으로 잘 알려져 있으며, **의식**에 대한 신다윈주의적 관점의 비판으로 유명하다. 타인론, 인식론, 윤리학, 사회철학 등 광범위한 분야에 걸쳐 관심을 두고 연구하고 있다. UC 버클리, 프린스턴대학을 거쳐 현재 뉴욕대학 철학 교수로 재직하고 있다. 저서 **『이 모든 것**

은 무엇을 의미하는가는 현대철학 입문서로 세계 각국에 번역되었다.

솔 크립키(Saul Aaron Kripke, 1940~2022)
미국의 철학자이자 논리학자이다. 프린스턴대학교 철학 교수, 뉴욕시립대학교 철학 교수, 프린스턴 대학교 명예 교수를 지냈다. 어릴 때부터 신동으로 인정받았고, 17세에 ≪양상 논리의 완전성 정리≫라는 논문을 썼다. 수리논리학 및 언어철학 등의 분야에서 중심인물이었고, 특히 **양상논리학** 분야의 사상 발전에 크게 공헌했다. 2001년에 논리학 및 철학 분야에서 '롤프 쇼크 상'을 수상했으며, 주요 저서로 『**이름과 필연**』이 있다.

데이비드 루이스(David Kellogg Lewis, 1941~2001)
미국의 철학자이자 논리학자로, 영미 분석철학의 중심인물이다. 스와스모어대학교에서 학부를 졸업한 뒤, 하버드대학교에서 콰인의 지도를 받아 박사 학위를 취득했다. 이후 UCLA 및 프린스턴 대학교에서 작고할 때까지 교편을 잡았다. **언어철학**, 인식론 등 여러 분야에 걸쳐 많은 업적과 체계적인 이론을 남기며 엄청난 영향을 미쳤다. 솔 크립키의 『이름과 필연』과 더불어 20세기 후반의 대표적인 철학서 중 하나로 꼽히는 저서 『**세계의 다수성에 대하여**』를 남겼다.

로버트 노직(Robert Nozick, 1938~2002)
롤스와 함께 미국을 대표하는 또 한 명의 정치철학자로, 30세의 젊은 나이에 하버드대학교 철학과 정교수가 됐다. 프린스턴대학교 대학원 재학 시절부터 신동으로 이름을 날렸고, 특히 소크라테스적 논변술에 탁월한 재능을 보였다. 철학의 영역을 개척한 역작으로 평가받는 『**무정부, 국가 그리고 유토피아**』를 통해 전통적 자유주의를 토대로 정치철학의 한 대안인 **자유지상주의**를 철학사의 전면에 부각했다. 또 다른 저서로 『아나키에서 유토피아로』가 있다.

도널드 데이비슨(Donald Davidson, 1917~2003)
20세기 후기 분석철학을 주도한 미국의 대표적 분석철학자이다. 하버드 대학에서 철학 박사 학위를 받았으며, 작고할 때까지 UC 버클리 철학과 교수로 재직했다. 1960년대 이래 오늘날에 이르기까지 그의 철학은 언어철학, 심리철학, 인식론, 그리고 **인과와 행위에 관한 철학**을 아우르는 영어권 분석철학의 전 분야에 걸쳐 폭넓은 영향을 끼쳐 왔다. 저서로 『진리와 해석에 관한 탐구』, 『**주관, 상호주관, 객관**』, 『행위와 사건에 관한 논문』이 있다.

데릭 파핏(Derek Antony Parfit, 1942~2017)

개인 정체성, 합리성 및 윤리에 정통한 영국의 철학자로, 20세기 후반 이후 가장 영향력 있는 도덕 철학자로 알려져 있다. 평생을 옥스퍼드대학교에서 근무한 그는 첫 번째 논문 ≪개인 정체성≫을 발표하면서 두각을 나타냈고, 저서 『이유와 사람』은 출간되자마자 도덕 철학의 지침서로 자리 잡았다. 개인 정체성, 미래 세대를 위한 배려, **도덕 이론**의 구조에 대한 분석과 관련한 공헌으로 2014년 롤프 쇼크 상을 받았다. 저서로는 『중요한 것에 관하여』가 있다.

존 맥타가트(J.M.E. McTaggart, 1866~1925)

영국의 철학자로, 런던에서 태어났다. 케임브리지대학교 트리니티 칼리지에 입학하여 철학을 연구하기 시작했으며, 모교인 케임브리지대학교 철학 교수를 역임했다. 영국 관념론자로서 헤겔 연구로 높은 평가를 받았고, 1908년 철학 잡지 ≪마인드≫에 발표한 논문 ≪**시간의 비실재성**≫은 현대 시간론의 효시가 되었다. 그는 책에서, 시간에 관한 우리의 설명은 모순이 있거나 순환적이거나, 또는 부족하기에, 시간은 비현실적이라고 주장했다.

에드먼드 게티어(Edmund Lee Gettier, 1927~2021)

미국의 철학자로, 매사추세츠 애머스트대학의 명예 교수로 재직했다. 1963년, 최근 철학사에서 가장 유명한 논문 중 하나로 남아있는 단 세 쪽의 논문인 ≪**정당화된 참인 믿음은 지식인가?**≫를 통해 철학계에서 암묵적으로 전제된 지식 개념이 지닌 결함을 지적해 냈고, 그로부터 현대 인식론은 '**지식**' 개념 분석이라는 중요한 과제를 중심부로 가져오는 계기를 만들었다는 평가를 받고 있다.

조지 에드워드 무어(George Edward Moore, 1873~1958)

영국의 철학자이자 윤리학자로, 러셀, 비트겐슈타인, 프레게 등과 함께 현대 분석철학의 기초를 닦는데 크게 기여했다. 철학적 방법론의 하나로 상식을 강조했으며, 윤리학에서 **비자연주의**를 주장하면서 현대 윤리학에 결정적인 영향을 주었다. 영국 최고의 철학 잡지 ≪마인드(Mind)≫를 편집하였으며, 케임브리지 대학 철학과 주임 교수를 역임했다. 『윤리학 원리』, 『**윤리학**』 등의 저서와 ≪판단의 본성≫, ≪관념론 논박≫ 등의 논문을 남겼다.

알프레드 에이어(Alfred Jules Ayer, 1910~1989)

영국의 철학자로, 대표적인 논리실증주의 철학자 중 한 명이다. 러셀, 비트겐슈타인의 영향 아래 1935년 논리실증주의의 선언문이라고 할 수 있는 ≪언어, 논리, 진리≫를 발표하였고, 이후 옥스퍼드 대학 교수로 재직하면서 수많은 저서와 논문을 발표했다. '신은 존재한다' 같은 형이상학적 문장은 무의미하다고 생각하면서, 도덕은 사실이 아니라 '정동(情動)', 즉 정서의 움직임에 따른 것이라는 **윤리적 정서주의**를 제창했다. 대표 저서로 『경험적 지식의 토대』가 있다.